脱成長のポスト資本主義

白川真澄
SHIRAKAWA MASUMI

社会評論社

　私たちが生きている世界は、深い危機のただ中にある。ウクライナ戦争は終わりが見えず、新型コロナの世界的大流行は３年経っても収束しない。気候危機の被害は大洪水や熱波として現われ、ますます手をつけられなくなっている。社会内部の格差はいっそう拡大し、分断は深まるばかりである。資本主義という現在の支配的なシステムは、いたるところで格差と貧困であれ気候危機であれ深刻な問題を露呈して行き詰まりを見せている。このシステムは予想以上に強い延命力と統合力をもっているが、しかしその手直しや自己修正によっては問題を根本的に解決することはできない。

　この本は、ひたすら利潤と経済成長を追い求めてやまない資本主義という現在のシステムを真正面から批判し、それに代わるオルタナティブな社会を《脱成長のポスト資本主義》として構想したものである。

　「反資本主義」とか「資本主義を乗り超える」と言うと、日本では「まだ、そんなことを夢見ているのか」と嘲笑される。しかし、資本主義の本家である米国やイギリスでは、若い世代の半数が「反資本主義」を支持するようになっている。明らかに、時代は変わりつつある。

　問題は、資本主義を乗り超える社会の中身である。それは、国家が主役として振る舞う社会主義とは根本的に異なる。経済成長や生産性の向上や利潤の最大化ではなく、人びとの社会的必要性の充足を最優先する。金融や情報産業ではなく、ケアの活動が経済・社会活動の中心になる。自然生態系の循環のなかに経済と生活を埋め戻す。誰もが必要とするが誰のものでもない〈コモン〉を市民の手に取り戻す。「自己責任」ではなく、連帯と支え合いに依拠して生きる。大事なことは、こうした脱成長の経済や社会が人びとのさまざまな社会的実践の中で芽生え、力強く育ち、資本主義のシステムを蚕食していることである。その営みと運動に目を凝らしたい。

　この本は、3つの部分から成る。序文「危機の時代と歴史の岐路」（書き下ろし）は、コロナ・パンデミックとウクライナ戦争という衝撃的な出来事に見舞われた現代世界の行方について、3つの問いを立てて予測を試みている。第Ⅰ部「オルタナティブは何か——資本主義を超えて」は、脱成長のポスト資本主義とはどのような社会なのかを、さまざまの切り口や議論の吟味を通して論じている。第Ⅱ部「資本主義の現在と行方」は、リーマン・ショックから

立ち直った資本主義が、脱グローバル化、米中覇権争い、コロナ・パンデミックにどのように遭遇し変化してきたのかを考察している。そして、「成長か分配か」、「グリーン成長か脱成長か」、MMT（現代貨幣理論）は支持できるか否かをめぐる論争を取り上げ、脱成長の立場から検討を加えている。第Ⅰ部と第Ⅱ部の文章は、2017年から現在にかけて発表した論文に手を入れたものである（初出の雑誌名や新聞名は、各章の末尾に記してある）。

　私が脱成長の社会への転換という考えを主張したのは、30年前のことである。2011年3月11日の東日本大震災と福島第一原発事故を経験して、この考えにいっそう確信をもち、『脱成長を豊かに生きる』（2014年、社会評論社）を刊行した。この本はその続編でもあるが、変化する資本主義の捉え方や脱成長やポスト資本主義の内容については、この8年間で多くの研究や論争から学ぶことができた。とくに、斎藤幸平『人新生の「資本論」』（2020年、集英社新書）や岸本聡子『水道、再び公営化！』（2020年、同上）からは大きな刺激と示唆を受けた。

　論文の発表の機会を与えてもらった「季報　唯物論研究」、「季刊　社会運動」、「季刊ピープルズ・プラン」、「テオリア」に感謝したい。

　また、ますます厳しくなる一方の出版状況のなかで刊行を引き受けていただいた社会評論社の松田健二社長にも感謝する。

　2023年3月

白川真澄

第Ⅱ部　資本主義の現在と行方　　115

第1章｜立往生するグローバル化 ……117
　　　　──資本主義の行方

危機の時代と歴史の岐路に立って

■ はじめに

2020年代の入り口で、私たちは2つの大きな歴史的出来事に見舞われた。新型コロナ感染症の世界的な大流行とロシアによるウクライナ侵略である。私たちの予測能力や想像力をはるかに超えた2つの出来事は、この世界がかつてなく深刻な危機のなかにあることを思い知らせた。これに、ますます大きい被害を頻発させている気候変動の危機が加わる。

だが、現代世界は混沌と不確実性を増すばかりで、危機からの出口は見えない状況だ。新型コロナのパンデミックは、これまでに6億5961万人の感染者と668万人の死者（2022年12月末）を出した。だが、現在もあちこちで再燃し、社会・経済活動にブレーキをかけ、人びとを不安にさせている。ウクライナ戦争は二重性をもち、一方ではロシアの侵略に抵抗するウクライナ民衆の戦いという側面をもっている。しかし、それが米国の情報提供と武器支援にますます依存することによって、米国とロシアという大国間の代理戦争の側面を強めて長期化・泥沼化し、停戦への道すじが見えてこない[1]。戦術核の使用の危険性さえ増している。

さらに、ウクライナ戦争をきっかけにして、大多数の国は軍事力の増強と軍事同盟の強化に走り（ドイツの大軍拡、北欧2か国のNATO加盟）、軍事的緊張が高まっている。日本もまた、その流れに乗ろうと暴走しつつある。中国沿岸部への先制攻撃能力（「反撃能力」）をもつ長距離ミサイルやトマホークを南西諸島に配備し、軍事費を倍増させる。深刻なのは、世論調査では「反撃能力」の保有にも「防衛費の増額」にも賛成が過半数を超えていることである。これまで考えられなかった人びとの意識の変化が起こっている。戦後平和主義が音を立てて崩れはじめ、大軍拡に対する社会の抵抗力が失われつつある。

気候危機は、バングラディシュの国土の３分の１を水没させる大洪水に見られるような大災害を頻発させている。気温上昇を1.5度以内に抑えるためには、CO_2排出量を2030年までに５割削減することが無条件に求められている。しかし、各国が掲げている現在の削減目標では、とうてい1.5度目標を達成できない。むしろコロナ危機からの経済の回復過程で、排出量は増えている。先進国は現在の過剰な消費構造（便利で豊かな生活）の変革に手を付けようとせず、中国やインドは経済成長を優先している。

　コロナ・パンデミックは、社会内部で拡大し続けてきた格差を明るみに出すと同時に、格差の下層や底辺に位置する人びと（非正規労働者、女性、民族的マイノリティ）を直撃し、その生命や雇用や生活を破壊した。そればかりか、経済危機のなかで富裕層の金融資産を急増させて格差をいっそう拡大した[2]。コロナ経済危機からの回復過程で、40年ぶりの記録的なインフレが襲来し、ウクライナ戦争がこれに拍車をかけた。インフレも、けっして平等主義ではない。生活費の異常な高騰に苦しめられたのは、低所得層の人びとであった。

　インフレ対策としての急激な金利引き上げ（日本だけは例外）と物価高による個人消費の手控えは、不況を招きつつある。資本主義は、低インフレ・低金利に代わって高インフレ・高金利が出現することはあっても、低成長からは脱け出せない。経済成長の牽引役だった中国も深刻な経済危機に見舞われ、人口減少と高齢化が重く圧しかかりつつある。コロナ・パンデミックとウクライナ戦争が終われば、資本主義が高い経済成長を取り戻すという幻想は、早くも破れつつある。

　危機は、同時に岐路を意味する。少なからぬ人びとは、現在のシステム、つまりひたすら経済成長と利益だけを追い求める資本主義が行き詰まり、米国が覇権を握る国際秩序が衰退しつつあることに気づいている。また、米中両大国の覇権争いが、平和ではなく戦争の危機を高め、世界を不安定にしていることを知りつつある。

　とはいえ、現在のシステムに代わるオルタナティブは、いまだ明瞭な姿を地平線上に現わしていない。ここに、真の危機がある。しかし、目を凝らしてみれば、絶望したくなるような状況のなかに希望の芽も見いだせるだろう。国家権力の横暴に対する抵抗はやまない。ジェネレーションＺや女性の行動は活力に満ち、政治を変える力を発揮している。地域における脱成長・脱資

本主義の営みは、ミュニシパリズムの広がりと手を携えて活性化している。

　そこで、危機が深まる現代世界の行方について、3つの問いを立てて素描を試みたい。

　1）ウクライナ戦争の評価については、拙稿「ウクライナ戦争と私たちに問われるもの」（『季報　唯物論研究』No.161，2022年11月）を参照されたい。
　2）新型コロナ・パンデミックが社会に引き起こした作用については、拙著『コロナ・ショックは世界をどう変えたか』（2021年、研究所テオリア）で論じてある。

I　グローバル化は終わったのか

　1つ目の問いは、コロナ・パンデミックとウクライナ戦争によって、グローバル化は終わり、国家が主役となる時代に戻るのか、である。あるいは、米国と中国を覇権国とする2つの「帝国」が世界を分割し支配する時代に入るのだろうか。

■ グローバル化の進展と躓き

　東西冷戦の終焉とソ連の崩壊を転機にして、グローバル化が急速に進展した。大量のモノやサービス、マネー、人、情報が国境を越えて自由かつ迅速に移動した。米欧に本拠地を置く多国籍企業が「南」の世界（発展途上国）はむろんのこと旧ソ連圏や中国に進出し、すべての国を単一の世界市場に統合してきた。経済合理性を極限まで追求し、コストの最も安い場所で生産し流通させるサプライチェーンが地球大に張りめぐらされた。

　グローバル化は、経済的な相互依存関係の形成という流れや事実を指すだけではない。すぐれて、米国が推進した政治戦略でもあった。グローバル化による経済成長は所得水準を引き上げて中間層を創出し民主化を促進して、米国を盟主とする安定した国際秩序をもたらす、というシナリオが描かれた。これに歯向かう国や勢力は、米国が圧倒的な軍事力で叩きつぶす（イラク戦争）。こうして、米国の覇権、すなわち一極支配は揺るぎのないものになり、完成したかに見えた。

　グローバル化は、2001年の中国のWTO加入によって一気に加速された。

1990 年～ 2018 年の間に、世界の GDP は 3.8 倍に増えたが、貿易額はそれを上回るテンポで増えて 5.6 倍になった。それ以上に、マネーの移動が活発化し、直接投資額は 15.3 倍に伸びた。また、人の移動という点では、移民の数は 1990 年の 1 億 5271 万人から 2019 年の 2 億 7211 万人へと 1.8 倍に増えた。旅行者数も、1995 年の 5.4 億人から 2018 年の 14.4 億人にまで 2.6 倍増えた [1]。

　誰も押しとどめることのできない勢いで進んだグローバル化であったが、最初の大きな躓きが 2008 年に起こった。リーマン・ショック、世界金融危機の勃発である。

　グローバル化はマネーの自由な運動を可能にし、金融経済が実体経済から独立して肥大化する金融化資本主義を出現させた。先進国は製造業を「南」の世界に移転すると同時に、利益獲得の新しい源泉を金融化、さらに情報化に見出した。各国政府がグローバル化推進のために採った新自由主義の政策は、労働市場の規制緩和や民営化と並んで金融市場の規制緩和を進めた。そのため、大量の金融商品が出回ることになった。世界の金融資産（株式、債券、現預金）は、1990 年の 41 兆ドルから 2007 年 10 月には 187 兆ドル、2020 年には 325 兆ドルへと急増した [2]。GDP の 1.8 倍（1990 年）から 3.2 倍（2007 年）に、さらに 3.8 倍へと膨らみ、実体経済との不均衡が極度に大きくなったわけである。

　世界のマネーは、米国に大量に流れ込んでいた。その米国で住宅ブームが崩壊し、低所得層向けの住宅ローンを債券化した金融商品（サブプライムローン証券化商品）が暴落した。紙くずと化した金融商品を大量に抱えていた投資銀行リーマンが、突如として倒産した。疑心暗鬼に陥った金融機関相互の資金の貸し借りがストップし、マネーの流れが途絶した。金融危機は急激に実体経済（生産と貿易）を収縮させ、世界経済はマイナス成長に転落した。

　とはいえ、リーマン・ショックからの経済の回復は、予想外の速さで進んだ。それは、一方では国家の市場への強力な介入（公的資金の投入による金融機関と大企業の救済）によって、他方ではグローバル化のいっそうの進展によって可能となった。中国を招き入れて G20 体制を構築し、国際協調が強化された。中国は期待に応えて 4 兆元の財政出動を行い、「世界の工場」として高い経済成長を実現し、世界経済の回復を牽引した。ただし、リーマン・ショックから立ち直ったとはいえ、先進国は低成長から脱け出すことはできなかった。

■ 脱グローバル化の動きの登場

　2016年は、グローバル化を押しとどめる動き、すなわち「脱グローバル化」が明瞭に登場した転換点となった。「米国第一」を掲げたトランプが大統領に当選し、イギリスの国民投票でEU離脱が決まった。

　これらの政治的出来事をもたらしたのは、グローバル化とそれを後押しした新自由主義による格差のいちじるしい拡大と社会の分断であった。製造業の海外移転と労働市場の規制緩和は雇用の両極化を進行させ、中間層を形成する製造業の正規労働者の雇用と生活を掘り崩した。彼らの不安や不満は、急増する移民・難民を標的にした排外主義の意識や気分を高めた。グローバル化推進の中道政治勢力（保守と社会民主主義の二大政党）が衰退し、代わって右翼ポピュリズムの政治勢力が台頭した。このことは、経済成長が社会統合・国民統合の切り札になる力を失ったことを物語っている。

　右翼ポピュリズムの反グローバル化は、民衆の側からの反グローバル化の運動とは対極に立つものであった。両者は、グローバル企業を儲けさせる貿易や投資の自由化に反対する点で共通するが、後者は、移民・難民の受け入れと文化的多様性の尊重を主張してきたからである。しかし、排外主義を煽る前者のほうが勢いを増し、政権の座を窺うまでになった。トランプは、保守勢力と右翼ポピュリズムの連合によって政権の座に就いたのである。

　トランプ政権は2018年に、貿易赤字の削減を名目にして中国に対する貿易戦争を仕掛けた。米国は、ロボットや半導体や家具など中国からの輸入品1万品目・3700億ドルに対して25〜10％の関税を発動した。対抗して、中国は、大豆や自動車や液化天然ガスなど米国からの輸入品7800品目・1325億ドルに対して25〜10％の関税を課した。中国からの輸入品の約50％、米国からの輸入品の約70％に対して制裁関税が課されたことになる。

　こうした米中双方による大がかりな制裁関税の発動は、輸出向けの生産拠点を中国からベトナムなど東南アジア諸国に移す動きを生んだ。そして、対中貿易規制は、バイデン政権に代わっても引き継がれた。貿易戦争は単に貿易赤字の縮小にとどまらず、軍事にも密接にかかわる最先端技術をめぐる覇権争いがその核心にあったから、容易に妥協点を見出すことができないのである。

　しかし、注目すべきは、米中の経済的な相互依存関係が貿易戦争によって簡単に破壊されることなく、維持され続けてきたことである。中国の対米輸

出額は 2019 年には減少したが、2021 年には前年比 27.6％増の 5766 億ドルと過去最大になった。対米輸入額も、前年比 39.2％増の 1794 億ドルと、やはり過去最大になった。中国の対米直接投資は 2018 年以降も増え続け、同時に米国の対中直接投資も増え続けて 2020 年に最高に達した[3]。

■ コロナ・パンデミックとウクライナ戦争

　グローバル化に急ブレーキをかけたのは、2020 年春から世界を席巻したコロナ・パンデミックであった。国家が国境を封鎖し、ロックダウンに踏み切った。人の移動は、全面的にストップした。「世界の工場」の中国や東南アジアでの生産活動の休止は、グローバルなサプライチェーンを機能マヒに陥れた。部品の供給不足が起きて、世界各国で自動車や家電製品などが生産できなくなった。

　しかし、2021 年にはコロナ危機からの経済回復が急速に進んだ。家計への支援や賃金の立て替え払いなど各国政府の大規模な財政出動が行われた。また感染症の防止よりも経済活動が優先され、感染が広がってもロックダウンが回避されるようになったからである。経済回復の過程で、原油や食料品の価格が世界的に上昇しはじめ、欧米諸国ではインフレの兆候が現われた。

　そこへ、ウクライナ戦争が勃発した（2022 年 2 月）。欧米諸国によるロシアへの経済制裁、ロシアによるウクライナからの食料輸出の妨害によって、エネルギーと食料のサプライチェーンは寸断され、大混乱に見舞われた。

　ロシアとウクライナが世界経済に占める比重は、けっして大きくない。ロシアは世界全体の GDP の 1.8％、ウクライナは 0.2％を占めるにすぎない。だが、両国は、エネルギー・食料・鉱物資源の重要な輸出国であった。ロシアは、世界の原油の 12.1％（2020 年、第 3 位）、石炭の 5.2％（第 6 位）、天然ガスの 16.6％（第 2 位）を生産し、小麦と肥料の輸出では首位である。ウクライナは、小麦（第 5 位）、トウモロコシ（第 4 位）、ひまわり油（第 1 位）の輸出国として重要な役割をしてきた。また、ロシアはリチウム電池の材料になるニッケルや航空機部品に使われるスポンジチタンなどの重要な供給国である。ウクライナは、集積回路の製造工程に使われる希ガスの一種であるネオンガスの主要な生産国である[4]。

　そのため、戦争の勃発によって、小麦や肥料の供給不足と価格上昇は、とくに中東やアフリカの民衆を食料危機に追いやった。ドイツなど EU 諸国は、

ロシアに石油・石炭・天然ガスの供給を深く依存してきたから、経済制裁によってエネルギー価格が急騰し記録的なインフレを招くことになった。また、ニッケルなどレアルメタルのサプライチェーンの安定性が脅かされる事態となった。

■ 経済ナショナリズムの台頭——「経済安全保障」

2つの出来事によってグローバルなサプライチェーンが分断されマヒする危機を経験したことは、「経済安全保障」という名の経済ナショナリズムを台頭させた。軍事と経済、国家安全保障と重要な物資の確保を一体化する政策である。

米国に即して見ると、その柱は（1）半導体やレアメタルなど重要4分野のサプライチェーンの強化、（2）重要インフラとデータの保護（ファーウェイの製品やサービスの調達禁止）、（3）重要技術の流出防止（バイオなど14分野の軍事利用可能な技術による製品の対中輸出の規制、外国資本による企業買収の制限）、（4）重要な技術の開発への財政支援となっている[5]。

「経済安全保障」の核心は、サプライチェーンを戦略的に再編することにある。サプライチェーンはこれまで、最も安いコストで調達できるという経済効率性の観点でグローバルに張りめぐらされてきた。これを、米中間の覇権争いという政治的対立や国益の観点を採り入れて再編する。具体的には、欧米諸国は、「世界の工場」である中国への依存から可能なかぎり脱却することをめざす。米国は、同盟国や友好国に生産拠点を移す「フレンドショアリング」を進めようとする。対抗して、中国は、重要物資や技術の面で米国からの自立を強めることを目標とする。

その再編の焦点になっているのは、半導体の分野である。半導体の生産能力は現在（2021年）、韓国23％、台湾21％、中国16％、日本11％、米国11％となっている。米国も中国も、安定的に確保しているとはいえない。

2000年〜2020年の間に半導体生産への政府の補助金を、中国は500億ドル、韓国は70〜100億ドル支出している。そこで、米国は、これまでゼロだった補助金支出を527億ドルへと一気に増やすことにした。そして、世界最大のメーカー台湾のTSMCの新工場建設を米国内に誘致した。また、半導体製造装置の中国への輸出を禁止する措置を採った。中国も、半導体生産の自給率を現在の26％から2030年には60％近くに高めることをめざしている。

■ 市場・経済合理性の論理と国家・政治的対立の論理

　こうして、国家が再び主役として登場してきた。国家と政治の論理が市場と経済合理性（利潤とコスト）の論理を規制・誘導している。その意味では、グローバルな資本や企業が主役として振る舞い市場と経済効率性の論理が何の制約も受けずに貫徹したグローバル化の時代に終止符が打たれた、と言える。代わって、国家の利害や政治的対立の論理が前面に出る時代に入っている。

　しかし、グローバル化が終わり主権国家が主役となる時代に戻るという見方は、あまりにも単純すぎる。あるいは米中両大国が世界を2つの勢力圏に分割し「帝国」として争う時代に入ったという見立ても、図式的である。

　市場や経済合理性の論理よりも、国家や政治的対立の論理が優位に立ったのでは必ずしもない。2つの論理が拮抗し、せめぎ合い、交錯する複雑な関係が展開されているのだ。主体やアクターという点では、グローバルな資本・企業と主権国家あるいは米中両大国の間では、資本や企業どうしの競争と連携、資本・企業と主権国家との対立と結託、米中両大国間の競争・争いと妥協が繰り広げられている。

　立ち入ってみると、グローバル化は終わったというよりも、重大な軌道修正と形態変化を遂げつつある、と見ることもできる。コロナ・パンデミックの下で、人の移動は国家によって強権的に制限されモノの国境を越える移動も減少したが、情報とマネーのグローバル化はむしろ急速に進んだ。テレワークの広がりもあって、世界のデータ通信量は急増した。例えばオンライン会議システムの Zoom のユーザーは、2019 年 12 月の 1000 万人から 2020 年春には 3 億人にまで増えた。情報とマネーのグローバル化を背景にして、巨大 IT 企業 GAFA ※は、実体経済（生産と物流・人流）の落ち込みと対照的に、株価の急騰と利益の急増を手に入れた。

　しかし、情報の分野は、巨大 IT 企業だけが君臨し思いのままに振る舞える分野ではない。国家間、とくに米中両大国間の争いが火花を散らし、軍事と関連して国家的利害が作用する最先端の分野である。米国がファーウェイの製品の使用を禁止したのは、その例である。

　それだけではない。情報の分野では、資本と国家の関係は実に入り組んでいて一筋縄ではいかない。米国は、自国に本拠地を置く GAFA の自由な利益追求活動を守るために、EU と対立しグローバル・タクスの適用に抵抗してきた。しかし、GAFA への規制を求める国内の声に押されて、その適用

を容認した。また、米国をはじめ主要な国家は足並みを揃えて、フェイスブックの仮想通貨「リブラ」の発行計画にブレーキをかけた。国家主権の核心の一つである通貨主権を固守しようとしたのである。中国は、政府が巨大IT企業のアリババやテンセントやバイドゥやディーセントの急成長を後押ししてきた。だが、最近は独禁法の改正（22年8月）に見られるように規制を強化し、情報統制を厳しくしている。

※ GAFA：グーグル、アマゾン、フェイスブック（メタ）、アップル

■ サプライチェーン再編の経済的コストは高くつく

「経済安全保障」の政策は、経済における国家の役割の変化を意味する。冷戦終焉後のグローバル化の時期には、多くの国家は新自由主義の政策を採った。国家の主たる役割は、グローバル企業が市場競争を自由に展開するための条件や環境づくりに置かれた。国際競争や経済統合を促進するルールや制度の形成（法人税の引き下げ、TPPの結成など）、競争制限的なルールの改廃（規制緩和）、新しい市場やビジネスの場の創出（公共サービスの民営化）などであった。

対照的に、経済ナショナリズム（「経済安全保障」）が台頭すると、国家は「産業政策」の推進役を担う。戦略的に重要なモノを生産する産業の育成や先端技術の開発に巨額の財政資金を投入する。代表例が半導体生産への大規模な補助金支出である。また、安全保障や覇権争いに有利になるように、国家は貿易や投資の管理・規制を強化する。新自由主義から経済ナショナリズムへの転換が進行しているのである。

しかし、この転換は、グローバル化がその歩みを止めてしまうことを意味しない。「経済安全保障」の核心はサプライチェーンの再編、すなわち中国への依存からの脱却として試みられている。例えばアップルは、中国に集中していたiPhoneの生産拠点をベトナムやインドに移している。

とはいえ、いぜんとして米欧日のグローバル企業の多くは、中国に生産拠点を置き続けている。また、先に見たように、米国は中国との貿易や直接投資を増やしている。米中の政治的対立の激化にもかかわらず、経済的な相互依存関係は簡単には壊れないのである。やはり経済的合理性の論理が強く働くからである。アップルにしても、生産拠点をコストの高い本国に戻すのではなく世界各地に分散させるグローバル化を進めているのである。

国家と政治的対立の論理を優先して脱中国依存のサプライチェーン再編を実行しようとすれば、その経済的コストは恐ろしく高くつく。部品や製品のコストが上昇すれば、インフレを引き起こす、あるいはインフレ抑制政策の効力を失わせる。

　例えば日本にとって中国は、経済的には輸入額の26％を、部品輸入の37％（2021年）を占める深い依存関係にある。その一方で、日本は米国の対中軍事包囲網のお先棒を担いで、米軍と共同運用する先制攻撃能力（「反撃能力」）を保有しようとしている。この政治的対立の論理を優先して中国を除いたサプライチェーンを築くために、中国から調達している部材の全量を東南アジアや日本に移すとしよう。そのコストは生産拠点の移管だけで約5.3兆円、撤退費用などを含めると13.7兆円に上るという試算もある。その額は、東証プライムの上場企業（製造業）の純利益の7割にも当たる[6]。

　もちろん、国家的利害や政治的対立の観点を優先して経済合理性を犠牲にすることは、可能であり、現実に進行している。グローバル化は、政治的対立の論理と拮抗し、大きな制限を課せられつつある。しかし、そのことは、資本主義がインフレを招くコスト上昇という新たな困難を抱えこむことを意味するのである。

---

1) 『通商白書』2020年版
2) 「投資のデータ集・マイインデックス」、水野和夫『金融大崩壊』（2008年、NHK出版生活人新書）
3) 『通商白書』2022年版
4) 前掲
5) 国際通貨研究所「主要国の経済安全保障政策の概要」
6) 日本経済新聞（以下、日経新聞と略記）2022年10月22日

Ⅱ　米中覇権争いの行方──軍事衝突は起こるか

　2つ目の問いは、現代世界を動かす最大の要因である米中両大国間の覇権争いが、どうなるか、である。とくに、台湾をめぐる米中の軍事衝突は起こるのか。

　米中間の覇権争いは、脱グローバル化を促進する最大の要因だが、ウクライナ戦争の長期化にも濃い影を落としている。これまで米国は、停戦交渉に乗り出そうとしてこなかった。中国の潜在的な同盟国であるロシアの決定的

な弱体化を狙っていて、自らが人的な犠牲を払わないこともあり戦争の長期化に利益を見出しているからである。他方で、ロシアはウクライナの頑強な抵抗に遭って苦戦を強いられ、多数の死傷者を出し、欧米諸国による経済制裁を受け、巨額の戦費負担に喘いでいる。また、動員令の発動によって国内では反戦・非戦の動きが強まった。それでも、戦費を確保し大量の兵力と兵器を投入することができている。その最大の要因は、中国がインドとともにロシアから大量の原油を（安い価格であれ）買い取り、経済制裁に大きな抜け穴を作っていることにある。中国の2022年の対ロ輸入額は、前年比43%の高い伸びであった。

■「新冷戦」の特徴

　米中間の覇権争いは、「新冷戦」と呼ばれる。トランプが貿易戦争を仕掛けたのに続いて、2018年10月にペンス副大統領が激しい中国攻撃の演説を行なった。これが「新冷戦」の開始を告げたとされる。米国は中国を国際社会に受け入れて民主化を促す「関与」政策を採ってきた。だが、中国は米国の技術を取り入れて軍事力を強化し、米国の軍事的な優位を脅かそうとしている。米国は「関与」政策を撤回し、中国の挑戦を斥ける、と。

　「新冷戦」とでも呼べる事態が進んでいることもたしかである。米中間の対立は、かつての「資本主義 VS 社会主義」の対立に類似した政治的・イデオロギー的対立の色彩を帯びつつある。バイデンはしきりに、「民主主義 VS 専制主義」という「体制間競争」の構図を持ち出している。対して、習近平は、「中国の特色ある社会主義」が多くの国の発展モデルになりうる、と主張する。「中国式現代化は、人類が現代化を実現させるうえで新たな選択肢をもたらした」[1]と。米国流の市場主導型資本主義に対して、共産党一党独裁下の国家資本主義が優位に立つと自賛している。

　そして、米中両国とも互いに「帝国」、すなわち勢力圏を築く動きを強めている。中国は、東アジアでの軍事的な海洋進出、「一帯一路」構想の推進、アフリカでの資源独占などを強めている。対して、米国は、QUAD や IPEF（インド太平洋経済枠組み）の形成など対中国包囲網の確立に躍起となっている。

　しかし、「新冷戦」は、米ソ間の東西冷戦とは大きな違いがある。

　第1に、それぞれの勢力圏の結束力や求心力は、強くない。トランプ政権は、同盟国との間に摩擦を持ち込んで盟主の役割を果たそうとしなかった。バイ

デン政権は、ぎくしゃくした同盟国との関係を修復しようとしてきたが、そのヘゲモニーは限定されている。また、中国の「一帯一路」構想は閉鎖的ではなく、インフラ投資を担うAIIB（アジアインフラ投資銀行）には欧州諸国も参加している。

　第2に、インドやASEAN諸国のように、米中のいずれにも与しない国々が「第3の勢力」として存在している。インドはQUADに加わっているが、中国との軍事的対決には慎重な態度を採っている。ASEAN諸国は、フィリピンやベトナムが南シナ海の南沙諸島の領有権をめぐって中国と対立していても、米国主導の対中国包囲網には加わっていない。米中両「帝国」の勢力圏は限られている。

　第3に、米ソ間の冷戦とは違って、米中間には深い経済的相互関係が形成されている。中国が米国債の保有を減らしたり（2018年の1.2兆ドルから22年の9700億ドルへ）、米国が最先端半導体の輸出を規制したりする動きがある。にもかかわらず、貿易や投資における相互依存関係は壊されず継続している。

■ 米中覇権争いの行方

　いま進行しているのは、中国が経済・軍事大国として台頭し、米国の覇権に挑戦しているという事態である。対して、米国は、衰退してきた覇権を何とか守ろうとしている。そして、米中いずれの国も、決定力を行使できないでいる。そのことが、現代世界の不安定性や不確実性を増幅させている。

　資本主義の世界では、単一の世界市場は成立しても世界政府は成立しない。そのため、覇権国が世界政府の役割を代行することになる。覇権国になりうるのは、経済・金融・軍事の面で圧倒的な優位性を誇る国だけである。また、多くの社会や国が受け入れる普遍性のあるイデオロギーや文化をもっていることが不可欠の条件となる。覇権国は強大な支配力を行使して自国の利益を確保するが、同時に国際的な政治・経済秩序を維持し、そのためのコストを負担する。そして、その多大のコスト負担が覇権国の衰退と交代を招くのである。覇権国が交代する時期は、戦争や恐慌や内乱が頻発する混乱と不安定の時代となる。衰退するイギリスから勃興する米国への覇権の交代に長い時間がかかった1920年代〜1930年代が、そうであった。

　それでは、現在を米国から中国への覇権の移行期と捉えてよいだろうか。事柄はそう単純ではない。

第1に、中国は、米国に代わって覇権国になろうとする意志を必ずしも持っていない。中国は、米国が覇権を握って自分に都合のよい価値観やルールを押しつけてきた国際秩序（「リベラルな国際秩序」）を強く批判してきた。そして、米国中心の国際秩序が衰退していて、より多極的な世界が到来するなかで、大国として重要な役割を果たすことができると考えている。

　第2に、中国は、経済力・軍事力の点では米国に匹敵する（あるいは将来的には優越する）とはいえ、覇権国になるために不可欠の条件を欠いている。米国の「自由、人権、民主主義」に代わる普遍性のあるイデオロギーを持ち合わせていない。「中華民族の偉大な復興」あるいは"国家主権の優位性"といったイデオロギーでは、世界を統合する知的・道徳的ヘゲモニーを発揮できない。毛沢東思想は広く知られ国際的に大きな共鳴を呼んだが、習近平思想など中国以外の国では誰も知らない。

　また、人民元は、国際的な決済通貨になっているが、ドルに代わって基軸通貨の役割を担うほどの力をもっていない。世界の外貨準備に占める主要な通貨のなかで、ドルの比重が低下しているとはいえ58.8％（2021年末）を占めている。これに次ぐのはユーロ20.6％，円が5.6％、ポンドが4.8％であり、人民元は2.8％にすぎない。中国は、デジタル人民元の開発・発行を急いでいてドル支配を食い破ろうとしているが、そう簡単なことではない。

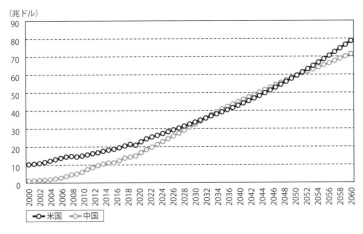

図1　米中の名目GDPの推移
資料：公益社団法人日本経済研究センター（2021年）
「2033年、中国が世界最大の経済大国に」から作成。

第3に、中国の経済力が近い将来に米国を上回るという予測自体が揺らぎつつある。日本経済研究センターの2020年時点の試算では、中国のGDPは2028年にも米国のそれを上回ると予測された。ところが、2021年時点の試算では米中のGDPは2033年にいったん逆転するが、2050年には再び米国が上回ると見込まれた（図1）[2]。さらに、2022年時点の試算では、米中のGDPの逆転は起こらないとさえ予測されている[3]。

ゼロコロナ政策による混乱や米国の対中輸出規制などの要因は別としても、中国が2022年から急速な人口減少に転じ、労働力不足に陥ることが基本的な要因である。対して、米国は先進国のなかでは唯一、人口が増え続けると予測されている。つまり、米国の経済力はそう簡単に衰退しないのである。

中国が新しい覇権国になることができず、さりとて米国が覇権国として復活することもありえない。とすれば、両国が覇権を争う不安定な状況、すなわち「覇権国なき世界」が何十年も続くと予想される。

■「台湾有事」は起こるか

米中覇権争いの焦点にせり上がりつつあるのは、「台湾有事」の勃発の危険性である。すなわち、中国が台湾に武力侵攻し、これに米軍が介入して米中両国が軍事衝突する事態が起こるか否かが重大な関心事になっている。ロシアのウクライナ侵略という衝撃的な出来事を東アジアの軍事的な緊張状態に投影して、「台湾有事」が近い将来必ず起こると喚き立てる言説が横行している[4]。

「台湾有事」が切迫していて避けられないとする見方は、何を根拠にしているのだろうか。例えば、習近平の共産党20回大会での台湾問題についての発言である。「祖国の完全統一は必ず実現しなければならず実現できる」、「最大の誠意をもって最大の努力を尽くして平和的統一の未来を実現しようとしているが、決して武力行使の放棄を約束せず、あらゆる必要な措置をとるという選択肢を残す」。これが示すように、習は台湾統一を自らの歴史的使命としていて、その3期目が2027年（その年はまた人民解放軍の創設100年に当たる）に終わるから、それまでに武力侵攻が行われるにちがいない、と。また、米インド太平洋軍のデービットソン前司令官は、2021年3月の上院公聴会で「今後6年以内（2027年まで）に中国が台湾に侵攻する可能性がある」と証言した。

しかし、米軍トップのミリー統合参謀本部議長はその３か月後に、「中国は台湾全体を掌握するだけの軍事的能力を持つまでには至っておらず、武力統一の意図や動機や理由もない。近い将来、起こる可能性は低い」と上院公聴会で証言している。米軍内部でも、予測が異なっているのである。また、習近平が武力統一に踏み切るのは、彼が「毛沢東を越える」という野望を抱いているからだ[5]、といった類の推測も少なくない。

　しかし、中国による台湾への軍事侵攻のリスクは、とてつもなく大きい。軍事侵攻するとすれば、中国は「一つの中国」原則を振りかざし、住民の自治を絞殺する国家主権の至高性というイデオロギーとしてこれを利用するだろう。だが、この時代遅れの国家主権（内政不干渉の原則）の絶対性という名分は、何の説得力も持ちえない。米軍が介入しないとしても、全世界から厳しい批判を受け、米欧日による経済制裁を必ず被ることになる。

　すでに見たように、米中の政治的対立の激化にもかかわらず、中国は「世界の工場」として資本主義世界にしっかり組み込まれていて、米欧日との経済的相互依存関係は維持されている。経済制裁による中国との経済関係の断絶は、日本をはじめ欧米諸国の生産活動に大打撃を与えるが、中国も経済成長が全面的にストップする。中国にとって５％以上の経済成長は、社会統合と共産党支配の正当化のためには至上命令である。人口減少とともに成長率の低下が予想されるなかで、「台湾有事」による経済活動の崩壊はどうしても避けたいことである。

　また、台湾に中国軍が侵攻すれば、台湾の民衆の激しい抵抗を受けるだろう。軍事侵攻のリスクがいかに大きいかを、中国はウクライナ戦争から学んでいるはずである。

　こうした要因、とくに経済合理性の論理からすれば、「台湾有事」は誰も得をしない愚かな行為である。その観点からすれば、「台湾有事」が勃発し、米中が軍事衝突する可能性は小さい、と私は考える。

■軍事的緊張の緩和によって「台湾有事」を勃発させない

　しかし、経済合理性だけでは割り切れない国家や政治の独自の論理（ナショナリズムや「帝国」復活の野望）が働く余地が大きくなっているのが、現代世界である。

　中国にとって最もリスクが小さく望ましいのは、台湾との「平和的統一」

である。サイバー攻撃と偽情報の発信（「認知戦」）と軍事的威嚇によって台湾社会を揺さぶり、親中派政権を成立させ、統一交渉の席に就かせる、というシナリオである。その意味では、2024年1月に行われる台湾総統選挙が重要な節目になる。

　しかし、仮に民進党に代わって国民党が政権に就いても、この政権が急速に中国に接近し統一交渉に応じることは難しい。人びとの強い「台湾人」アイデンティティが、そうしたことを許さないからである。自分が「台湾人である」と思う人は、1992年の18％から2020年には67％に増えている。逆に「中国人である」と思う人は26％から2％に激減している。「両方である」と思う人も46％から28％に減っている。そして、国家選択として「現状維持」が52％、「独立志向」が35％に対して、「統一志向」は6％にすぎない[6]。

　したがって、習近平政権は、可能性の乏しい平和的統一をあくまでも追求するのか、それともリスクの大きい武力侵攻に踏み切るのかという選択に追い込まれる。

　中国が武力侵攻に踏み切った場合に、米国は軍事介入するだろうか。バイデンは軍事的に関与すると発言している（2022年5月）。だが、ミリー統合参謀本部議長は「最善の台湾防衛は、台湾人自身が行うことだ。例えばウクライナで行なっているように、われわれは台湾を助けられる」と、上院広聴会で証言している（2022年4月）。情報と武器の提供によって支援するが、米軍を直接に派兵しないというわけである。

　核を保有する米中両大国間の全面戦争を回避するために、米軍が介入しないことは十分にありうる。そうした観測にもとづいて、習近平の野望が頭をもたげて軍事侵攻に踏みださせる可能性も否定できない。

　「台湾有事」を招きかねない最大の要因は、「台湾有事」が不可避だという言説を煽り立てて、米中双方が軍事力や軍事演習を増強して、軍事的緊張が極度に高まっている状況そのものにある。経済の世界では「予言の自己実現」と呼ばれる現象がしばしば起こる。確たる根拠のない予言でも、その予言を人びとが信じて、それに沿った行動をすることで、その予言が実現してしまう（例えば、ある銀行が経営破綻するという噂が立ち、それを信じた顧客が預金を一斉に引き出し、実際に銀行が破産する）。「台湾有事」という「予言の自己実現」は、政治の世界でも起こりうる。

　したがって、「台湾有事」を呼号して、軍事的緊張を高めている行為を米中双方にやめさせなければならない。例えば、中国が台湾への武力侵攻を行

なわないことを、米国が軍事介入しないことを宣言させる。中国による軍事的威嚇・挑発行動を停止させると同時に、米国と同盟国による台湾近海での軍事演習を中止させる。日本の自衛隊の南西諸島へのミサイル基地の建設を中止し撤去させる。日中間の外交・対話を回復する。そして、東アジアにおいて、米中両大国のいずれにも与せず、軍備縮小と対話による紛争解決をめざす諸国の連携を創り出す。とくに日本は、米軍と共同運用する先制攻撃能力（「反撃能力」）を保有する大軍拡を中止し、軍事費を抜本的に削減すべきである。非軍事・非核の東アジアをめざして、韓国や ASEAN 諸国と協力・連携する。そのためにも、植民地支配についての謝罪と補償を誠実に実行して韓国との緊密な協力関係を築くことが重要になる。

1）習近平「中国共産党 20 回大会活動報告」（2022 年 10 月）
2）『通産白書』2022 年版
3）日経新聞 2022 年 12 月 15 日
4）例えば、峯村健司他『ウクライナ戦争と米中対立』（2022 年、幻冬舎新書）、P.188、P.200 〜 201、P.281 など。
5）岩崎茂「台湾海峡危機に関する議論が伯仲」（「REUTER」2021 年 9 月 7 日）。岩崎は元自衛隊統合幕僚長。
6）台湾の政治大学選挙研究センターの世論調査（若林正丈「『台湾のあり方』を見つめ続けてきた世論調査」、『交流』No. 953，2020 年 8 月）

Ⅲ 資本主義はどこへ向かうか
──インフレ、気候危機、人口減少

3つ目の問いは、資本主義はどこへ向かうか、である。資本主義はデジタル化・グリーン化や金融化によって生き延びるとしても、高い経済成長を復活させることができるだろうか。

■ 世界的なインフレの波の到来

2022 年の世界は、40 年ぶりの歴史的なインフレの大波に見舞われた。
先進国は長きにわたって、低成長・低インフレ・低金利から脱け出せなかった。2000 〜 2020 年のインフレ率（消費者物価上昇率、前年同月比）は、米国が

平均2.1％、イギリスが2.0％、ドイツが1.5％であった。日本は際立って低く、マイナス0.1％であった。ところが、米国は2022年6月にインフレ率が9.1％まで上昇、通年（1〜11月）でも8.2％の上昇と、40年ぶりの高インフレに急転した。イギリスは2022年10月に11.1％上昇を記録し、通年では8.9％の急騰となった。ドイツは同じく10月にピークの10.4％上昇となり、通年で7.8％上昇であった。日本は、欧米に比べると低い水準ではあったが、それでも4月以降は2％台に乗った。12月には4.0％の上昇となり、年平均2.5％上昇のインフレに転じた。

　世界的なインフレの共通の原因は、エネルギー資源と食料の高騰が商品コストを押し上げていることにある。原油高は、コロナ禍からの経済回復に伴う需要増に加えて、脱炭素化の流れが避けられないと予測して増産を控えたことによって生じた。食料価格の高騰には、地球温暖化による異常気象の被害が影響した。そして、ウクライナ戦争が資源・食料高を加速している。

　同時に、それぞれの国に固有の要因が働いた。米国とEUでは、労働力不足による賃金上昇がコストを上昇させている。日本では、急激な円安が物価上昇を加速した（円は、2022年1月の1ドル＝115円から10月には150円台に下落し、その後130円台に）。急激な円安を引き起こした要因は、日米間の金融政策の違いによる金利差の拡大、貿易収支の赤字の拡大、さらに日本経済の先行きへの悲観的な評価である。

　インフレは、労働者と低所得・貧困層を直撃した。名目賃金は上がっているが物価高に追いつかず、どこの国でも実質賃金が低下した。ILOによれば、2022年1〜6月期の世界の月額実質賃金は平均で前年同期比マイナス0.9％と減少したが、これは2008年以来のことである。また、消費者物価上昇が家計に与える打撃は、食料や光熱費への支出の比重の高い低所得層ほど大きい。日本では、2.6％の物価上昇（2022年7月）が収入階層別に与える影響（「体感インフレ」）は、高所得層（年収962万円〜）が2.2％であったのに対して、低所得層（年収463万円以下）が2.7％であった[1]。低所得層は、物価高への対応として消費支出を大幅に減らすことを強いられている。

■ インフレの行方

　現在の歴史的なインフレは、上昇率は下がるものの2023年も継続し、2024年に入ってようやく収束すると予想されている。IMFの予測（2022年

10月）では、世界のインフレ率は2021年の4.7％から2022年の8.8％に上昇した後、2023年に6.5％となり、2024年には4.1％に減速する。先進国のそれは、2022年の7.2％から2023年に4.4％に、2024〜27年には約2％に下がる。

たしかに、各国が行なった急激な金利引き上げは、景気を下押さえする効果をそれなりに発揮している。とくに、住宅ローン金利の上昇（米国のそれは、20年ぶりに7％に達した）は住宅投資に急ブレーキをかけている。各国の中央銀行は、インフレ抑制＝物価安定を景気・成長の維持よりも優先している。その結果、景気の悪化と経済成長率の低下が避けられなくなる。インフレの勢いは弱まるが経済不況に陥る「スタグフレーション」に近い状態になりつつある。

しかし、現在のインフレは、需要の急増から物価が上がるディマンドプルインフレではない。供給不足によるコスト上昇から来るコストプッシュインフレである。急激な金融引き締めは、需要を冷やす上では効果が大きいが、供給面を改善しコストを下げることはできない。したがって、インフレ率は下がるだろうが、以下の要因を考慮すると、モノやサービスの価格は高い水準のまま維持され続けるだろう。すなわち、物価が下落するデフレに戻ることはないだろう。

第1に、資源や食料の価格が高止まりする。原油価格は、産油国が脱炭素化の進展による「座礁資産化」（無価値化）を見越して増産や設備投資を控える傾向にあることから、不況や低成長になっても大幅に下落せず高い水準を維持する（「グリーンフレーション」）。

また、銅・ニッケル・コバルト・リチウムなどは、脱炭素化に伴うエネルギーの貯蔵（EVの蓄電池など）に必須であることから、需要がかつてなく高まり価格が高騰する。リチウムの需要は2030年には2010年の25倍、コバルトのそれは6倍強、ニッケルは3.5倍になるという試算がある[2]。それに伴って2020年に比べて2030年には、ニッケルとリチウムは約5倍、コバルトは約20倍の値上がりが予測される。

食料価格も、ウクライナ戦争が終結しても異常気象の影響や肥料価格の上昇によって高止まりする可能性がある。

第2に、労働力不足による賃金上昇がコストを押し上げる。米国やEUでは経済回復に伴って労働力への需要が高まり、供給が追い付かず人手不足が生じている。

米国の失業率は、2022年（1〜11月）には平均3.7％と「完全雇用」に近い水準になっている。コロナ・パンデミックがもたらした変化として、職場に

戻らない「大離職」が起こり、労働参加率が低下しているのが、大きな理由である。その結果、平均時給は、2022年（1〜11月）に前年比5.2%の上昇で、2017〜2019年の2.9%を大きく上回っている。ユーロ圏の失業率も2011〜16年には10%を超えていたが、22年（1〜10月）は平均6.7%にまで低下している。その結果、賃金上昇率も、2022年前半期が3.9%と2010年代の1.5〜2.5%（妥結賃金）を上回っている。

　だが、賃金上昇よりも物価上昇率のほうが高いから、実質賃金は低下している。それだけに賃金引上げの要求は切実であり、ストライキが頻発している。人手不足のなかで「賃金の上昇が今後のインフレにまつわる問題の先行きを左右する極めて重要な要素になる」（パウエルFRB議長）。

　第3に、財政支出の膨張である。インフレの急激な進行に対して、各国政府は金融引き締め政策をとる一方で、物価高対策として電力会社や石油会社への補助金支出（電気料金やガソリン価格の抑制）、低所得世帯への給付などの財政支出を行なっている。この財政支出拡張政策が、金融引き締めによるインフレ抑制効果を弱める可能性がある。

　1980年代初頭の高インフレは、ボルカーFRB議長らの強烈な金融引き締めによって抑え込まれたとされている。だが、河野龍太郎は「厳しい金融引き締めだけ……ではなく、『小さな政府』路線の採用で、財政従属が終息したことがインフレ鎮静に大きく影響したということだ。つまり、強い金融引き締めに加えて、緊縮財政への転換が必要だった」[3]と指摘している。つまり、財政インフレの可能性を危惧している。

　第4に、脱グローバル化の進行である。すでに見たように、コロナ・パンデミックとウクライナ戦争を経て、また米中覇権争いのなかで、「安全保障」＝自国の利害優先の立場からグローバルなサプライチェーンを再編する動きが進行している。これは、グローバル化によるコストの最大限の低下という効力を失わせる[4]。すなわち、グローバル化というインフレ抑制の国際的な装置が十全に機能しなくなる時代に入っているのだ。脱グローバル化こそ、インフレを引き起こす長期的・構造的な要因になるだろう。

　現在のインフレが景気後退とともに鎮静化しても、インフレが再燃する可能性が高い時代に移った、と言える。しかし、そのことは、《低成長・低インフレ・低金利》に代わって《高成長・高インフレ・高金利》が復活することを意味しない。高インフレが出現し金利引き上げが行われると、すぐに景気が下降し低成長が続く。需要の爆発的な増大を呼ぶような新産業の出現は

望めない。そういう時代に、資本主義は入っている。

■ 気候危機に対処できない資本主義

　資本主義は、インフレを何とか抑制しながら、経済成長の活路をデジタル化（DX）とグリーン化（GX）に、さらに金融化に見出して生き延びようとしている。しかし、その前には大きな壁が立ちはだかっている。

　その1つが、気候危機の深刻化である。国土の3分の1が水没したバングラディシュの大洪水が示すように、地球温暖化による大災害が頻発している。にもかかわらず、CO_2 排出量の抜本的な削減は遅々として進んでいない。コロナ経済危機によって世界経済がマイナス成長（▲3.1%）に陥った2020年には、排出量は前年比5.2%減った。だが、2021年には景気と経済成長の回復（6.0%成長）に伴って6.0%も増大した。

　地球の気温上昇を1.5度以内に抑える目標を達成するためには、CO_2 排出量を2030年までに5割削減する必要性が国際的に合意されている。だが、このままでは逆に10.6%増える見込みである。国際共同研究GCPによれば、1.5度目標の達成にとって許容される CO_2 排出量（「炭素予算」）は、残り3800億トンしかない。毎年の排出量は330億トンを越えているから、あと10年で使い切ることになる。1.5度目標の達成のためには、2030年まで毎年7.6%の削減が必要とされる。

　しかし、各国が掲げている削減目標では、5割削減は実現できない。だが、2022年11月のCOP27は、多くの国に削減目標を引き上げさせることに失敗した。また、全化石燃料の段階的廃止という合意もできなかった。

　ひたすら経済成長を追い求める資本主義と各国政府は、経済成長と CO_2 排出削減（脱炭素化）の両立に固執し、再エネや省エネへの大規模な投資（グリーン投資）にだけ力を注ごうとしている。いいかえると、先進国の過剰消費、つまり便利で快適な消費生活、大都市への人口集中、クルマや航空機の過度の利用といった現状を抜本的に変えることに手をつけない。経済成長をダウンさせたり経済を縮小することにつながる変革を回避しようとする。

　コロナ・パンデミックは、私たちに現代文明のあり方を根底から問い直すことを迫った。新しい型のウィルスによる感染症を大流行させたのは、巨大開発による自然生態系の破壊、巨大都市への人口集中、無制約なグローバル化であったからだ。自然の征服に突き進む経済成長と巨大開発から転換して、

自然生態系の循環のうちに経済活動と日常生活を埋め戻す。巨大都市化をストップして、自立した小規模分散型の地域社会の形成に移る⁵⁾。脱成長への大転換を試みるこうした変革は、そのまま気候危機に直面した私たちがめざすべき変革とぴったり重なる。

資本主義は、抜本的な変革に踏み込めず問題解決を先送りし続ける。その結果、気候危機であれ新しい型の感染症のパンデミックであれ、多くの人びとの命と生活が奪われるだけではない。経済活動の基盤自体が破壊される危機に直面することになるだろう。

■ 人口減少が経済成長を脅かす

世界の人口が 2022 年 11 月 15 日、80 億人に達した。国連の推計（2022 年 7 月）では、人口は 2050 年には約 97 億人（2058 年に 100 億人）に増え、2080 年代中に約 104 億人でピークに達し 2110 年までそのレベルにとどまると予測されている。ただし、人口が増えるのは、サハラ以南のアフリカとインド・フィリピンの 8 か国に集中している。2050 年までに 61 ヶ国の人口が 1％ないしそれ以上減少すると見込まれる。

さらに、米国ワシントン大学は、世界人口は 2064 年の 97 億人をピークに減少に転じると発表した（2020 年 7 月）。国連の推計よりも 20 年も早くピークを迎え、人口も 100 億人に達さない。出生率が想定以上に落ち込んで、少子化が進んでいることが根拠とされる。合計特殊出生率は、世界全体で 2.4（2017 年）に、発展途上国でも 1950 年代の 6.0 から 2010 年代後半には 2.6（人口置き換え水準は 2.1）にまで落ち込んだ。出生率の低下には、女性の社会進出、子育て費用の負担の大きさ、さらにコロナ禍による雇用や医療への不安も影響している。

1960 年代後半に世界の人口増加率はピークの 2.09％に達したが、2020 年には約 80 年ぶりに 1％を切った。それに先立って 2017 年には、15 ～ 64 歳の働き手の増加率が 1％を下回り、世界の約 4 分の 1 の国で働き手が減りはじめた。

世界人口は 1800 年には約 10 億人だったが、80 億人にまで増えてきた。人口が爆発的に増えたのは人類史で直近の 200 年間だけだった。その間、人口急増と経済成長は、密接に連動してきた。人口あるいは労働力人口は経済成長の唯一の要因ではないが、最大の要因である。人口が減少に向かってい

けば、経済も成長できなくなる。典型的には、中国が人口減少社会に入り、経済成長率の低下に苦しみはじめている。

労働生産性の上昇や資本ストックの増大によって人口減少を補うことには限界がある。世界的な人口減少と少子化が予想以上に早く始まることは、経済成長を追い求めるシステムとしての資本主義に暗く大きな影を落とす。

▉ 希望は見出せるか

資本主義は、もはや高い経済成長を取り戻すことができないとしても、自己修正と対抗物の包摂を重ねて生き延びようとしている。その自己変革による延命能力は、過小評価することができない。資本主義に代わるオルタナティブな社会システムを一挙に創り出すことはできない。

しかし、資本主義と国家の支配を下から食い破る、つまり「蚕食」する民衆の力と営みは衰えていない。むしろ強まりつつある、と言える。その力と営みは、国家権力に対する激しい直接行動として間欠泉のように噴き上がるが、強権によって封じ込められ、いったんは地下に潜伏する。そして、自治・協同・連帯の多様な運動や事業を組織して対抗力を蓄積する。そして、地方自治体や議会への進出、あるいは直接行動として再び姿を現わす。

例えば、米国のオキュパイ運動として表出した抵抗のエネルギーは、民主党左派の政治的進出を支える活動につながり、地域の自立的なコミュニティを創る活動に蓄積され、さらにブラック・ライブズ・マター（BLM）やMeTooの運動として再現された。スペインの広場占拠のM15運動の担い手たちは、地域に戻って社会的連帯経済を組織しながら、左派政党ポデモスを押し上げた。

若い世代（ジェネレーションZ）と女性のエネルギーが、最近の民衆運動を彩っている。BLMやMeTooの行動を担い、中間選挙でトランプ派の進出を食い止める働きをしたのは、彼ら／彼女らである。イランでは、女性たちが命がけでヒジャブ抗議行動に立ち上がった。中国でも、ゼロコロナ政策に抗議する若者たちの「白紙革命」運動は、野火のように燃え広がり政権を震え上がらせた。

また、さまざまの地域において、グローバル企業に対抗して住民の参加・協同と地方自治体によって公共サービス（水道や給食やケア）の民主的管理を実現する試みが展開されている。ミュニシパリズムと呼ばれる国際的に連携

した地域主義の新しい流れである。そこには、経済成長と巨大開発に対抗して、脱成長・ケア中心・連帯・グリーンへの強い志向が育っている。

　深刻な危機にはまりこんでいる世界を前にして、絶望と無力感に身をゆだねるのか、それとも希望と出口を見出し連帯するのか。大きな岐路に私たちは立たされている。

1）日経新聞 2022 年 8 月 20 日

2）『通商白書』2022 年版

3）河野龍太郎「財政インフレならボルカー以上の金融引き締めと緊縮財政が不可避」、『週刊エコノミスト』2022 年 12 月 13 日

4）このことについては、渡辺　務も指摘している。『世界インフレの謎』（2022 年、講談社現代新書）P.149 〜 150。

5）前掲『コロナ・ショックは世界をどう変えるか』

第Ⅰ部
オルタナティブは何か
資本主義を超えて

脱成長のポスト資本主義へ

新しい社会構想と運動

I コロナ・パンデミック、気候危機と資本主義

3つの危機

　私たちはいま、命と生存と社会生活を危機に陥れる3つの問題に向き合っている。コロナ・パンデミック、気候危機、深刻化する格差と貧困である（さらに、ウクライナ戦争の勃発が示す戦争の危機が加わる）。

　気候危機と格差・貧困が現代社会の部分的な欠陥や政策的失敗から来るのではなく、資本主義というシステム自体に起因している──この認識が広がりつつある。地球温暖化は、石油と自動車を基軸にした大量生産・大量消費・大量廃棄の20世紀文明の帰結である。だが資本主義にとって、利潤の最大化のためにはたとえ不要であっても新しい製品やサービスを次々に作り出し消費させ廃棄させる以外の選択肢はない。地球の有限性に合わせて経済を縮小して定常化する内在的な論理や装置を欠いているからだ。

　また、21世紀に入って世界で労働分配率が目立って低下してきた。資本主義にも労働者の賃金を引き上げて消費財を買わせ、個人消費の拡大による経済成長に成功した時代（フォーディズムの時代）があった。だが、それは高インフレの招来で行き詰まり、グローバル化と労働コスト切り下げ競争によって利潤の最大化を図る時代（新自由主義の時代）に移った。そのテコとされたのが、不安定就労＝非正規雇用の低賃金労働者の急増である。これが格差を急拡大させた。

　新型コロナ感染症の発生の原因は、自然生態系を破壊し野生生物の棲み処を奪った巨大開発（輸出用作物を作る農場と道路の建設）にある。そして、感染拡大を媒介し加速したのは大都市への一極集中、グローバル化の無制約な進

行、社会内部の格差と貧困（貧困層ほど予防や治療を受けられず感染・死亡した人が多い）である[1]。これらもまた、利潤の最大化と経済成長を追い求める資本主義に深く関わっている。

▌資本主義の自己修正とその限界

もちろん、資本主義も3つの危機への対策に積極的に乗り出している。とくにコロナ危機をきっかけに、資本主義はさまざまな自己修正を試みている。

ワクチンの急速な開発と接種は、その見本である。だが、それは感染症の拡大を繰り返し招く現代文明のあり方（巨大開発、大都市一極集中、グローバル化）には手をつけないままの技術主義的な対応にすぎない。そればかりか、ワクチンを先進国が独占して貧しい国へは後回しにする、またワクチンという公共財に知的所有権を設定して莫大な利益を上げる。資本主義の本性があらわになっている。

先進国は、コロナ感染拡大による経済と雇用の落ち込みに対して、大がかりな財政出動と金融緩和を行った。賃金や休業手当の立て替え払い、家計への現金給付などの対策が失業と貧困の急増を抑え、景気の急速な回復に役立ったことはまちがいない。しかし、財政出動を支えた金融緩和は、大量のマネーの資産市場への流入による株価の異常な上昇を招いた。その帰結は富裕層の金融資産の急増であり、資産格差のいちじるしい拡大であった。

そして、先進諸国は、ポストコロナの成長戦略として一斉に「グリーン化」（GX）と「デジタル化」（DX）を打ち出している。CO_2排出削減のための技術開発とインフラへの巨額の投資によって、経済の回復と新たな成長をめざすというグリーン・ニューディール政策である。たしかに再生可能エネルギーや電気自動車（EV）へのシフトは、排出削減に役立つと同時に経済成長と雇用創出に効果があるだろう。

しかし、2050年CO_2排出ゼロのためには2030年50％削減が無条件に求められるのだが、その目標達成はグリーン・ニューディールでは不可能である。再エネやEVへの全面的な転換は2030年以降とされていて、それまでは石炭火力発電やガソリン車も動き続ける。現在の便利で快適な生活様式を維持し経済の規模を拡大しようとするかぎり、それらに頼らざるをえないからだ。また技術的に脱炭素化を進めても、生産や消費が増え続ければCO_2削減の効果は相殺される。走行中はCO_2を出さないEVも、生産工程ではガ

ソリン車の2倍超のCO_2を排出する。EVへシフトしたクルマが大量に走り回り、省エネが進んでも電力消費の多いタワマンや高層オフィスビルが林立し続けるならば、排出削減は思い通りには進まない。

　世界のCO_2排出量が減ったのは、リーマン・ショックとコロナ危機の2つの時期、つまりマイナス成長になって経済が縮小した時期だけである。2030年に50％削減を達成するには、毎年7.6％の大幅な削減が必要とされる。そのためには、経済成長を追い求める「グリーン資本主義」を超えて、経済成長をダウンさせ経済を縮小する脱成長への転換が求められる。

　デジタル化は、利益を上げる主役が石油と自動車から情報へ移ることである。それは資本主義の「脱物質化」と呼ばれ、石油など資源の大量消費を減らし脱炭素化に貢献すると言われる。しかし、デジタル化に伴う電力消費が急増していて、莫大な電力を再エネ100％で賄わないかぎりCO_2排出は増え続ける。

　そして、デジタル化資本主義は生産性を向上させる一方で、格差と貧困を新しい形で拡大再生産する。コロナ危機下ではテレワークが急速に広がった。だが、テレワーク可能な情報・通信や金融の部門の労働者の対極に、感染の脅威に身をさらしながら医療・介護・保育、食料の販売や配送など対面の仕事に従事する大勢の労働者の存在が浮かび上がった。しかも、そこには低賃金の非正規労働者が圧倒的に多い。

　コロナ危機と前後して、「株主資本主義」から「ステークホルダー資本主義」への転換も試みられてきた。株主への配当の最大化を制限し、従業員や消費者や地域社会の利益にも配慮する経営への軌道修正である。コロナ危機では、政府が金融支援の条件として自社株買いの禁止や従業員の雇用維持を企業に求めた。また、石油メジャーやメガバンクの株主総会で、脱炭素化対策と情報開示を求めるNGOや投資会社の提案が多数の支持を獲得する動きが起こった。株主資本主義が揺らぎはじめていることはたしかだ。

　しかし、従業員や消費者や市民の発言権が強まり企業の利益が大きく制限されるならば、経営者は猛烈な抵抗を試みるだろう。「ステークホルダー資本主義」は、利潤の最大化という資本主義の本性を変えるものではない。それは、資本家・大株主と労働者・消費者・市民との争いの場が広がり、激しくなることを意味する。

　3つの危機の解決のためには、資本主義の手直しではなく、それを乗り超える挑戦が避けがたく問われる。

1）コロナ・パンデミックについては拙著『コロナ・ショックは世界をどう変えるか』
（2021年、研究所テオリア）を参照されたい。

Ⅱ 乗り越えるべき資本主義とは

■ 5つの特徴

　第1：利潤の最大化を唯一の目的としてモノやサービスを生産する。人び
とにとって必要なもの・有用なもの（使用価値）の供給ではなく、「価値の自
己増殖」のために経済活動が行われる。だから、それがどんなに有害なもの
（武器、欠陥のある製品）であっても、儲かればどんどん作る。

　さらに、資本主義は人びとの欲求や必要自体を、膨れあがる欲望として人
工的に創出し続ける（そのために投入される広告産業の人材と資金は巨大なもので
ある）。利益獲得のための生産も人びとの欲求や必要を充たすためという姿
をとる。高級車でも毛皮の豪華なコートでも、他者との差異化という自然な
欲求になる。

　第2：あらゆるモノや活動を商品化し、市場で売買して利益を上げる。モ
ノやサービスの商品化は、それを生みだした人間や労働とそのつながりを
すっかり覆い隠してしまう作用をする。私たちが消費する製品や食べ物が誰
の手で、どのように作られたのかを見えなくさせる。そして、より高く売れ
ること、つまり利益を上げることが自己目的化される。本来は"誰のもので
もなく誰もが利用できる"共同の富、すなわち〈コモン〉まで商品化される。
森林・土地・水から医療・介護や情報・知識までも私的に囲いこんで売り、
儲けようとする。あるいは家事代行サービスのように、自分たちでやれる活
動まで商品化される。

　第3：人間の労働、正確には労働する能力そのものを商品化する。労働者
が時間決めで売った労働力をどのように使うかは、雇い主の自由になる。だ
から、労働者はどんなにイヤな労働でも指揮・命令に従って働かざるをえな
い。心身を壊す長時間労働、意味のないクダラナイ仕事、汚染物資を垂れ流
す有害な作業であっても、拒否できない。労働力の商品化は、労働者が尊厳
を奪われ単なるモノとして扱われることである。

第4：経済成長を無限に追い求める。資本主義はたえず新しい市場を開拓し、新しい欲望を創りだすことによって拡大再生産を続けようとする。いわば、アクセルしかなくブレーキがないシステムなのだ。地理的なフロンティアはアフリカを最後にして消滅したが、いまでは金融や情報というバーチャル空間の創出と拡大に活路を見出している。

しかし、金融化・デジタル化の資本主義も、「南」の世界からの資源収奪（たとえばレアアース）という物質的制約から逃れられない。さらに有限な地球の生態系、そして21世紀後半から減少に転じる世界の人口は、経済成長のシステムとしての資本主義の根本的な制約となる。

第5：グローバル化を無制約に進行させる。国境を超える経済活動は資本主義の成立の前提条件だったが、商品貿易のみならず資本の移動、生産拠点の移転、労働力の移動へと進んできた。それは、先進国による「南」の資源と労働力の収奪（不等価交換）の構造が確立・固定される過程でもあった。そして、1990年代以降、多国籍企業の主導する単一の世界市場が全地球を覆いつくす新自由主義的グローバリゼーションが進展してきた。

▌資本主義と市場

グローバル市場が全世界を覆ったと述べたが、資本主義の市場はけっして単一で均質的なものではない。グローバル市場とそれに直結する国内市場以外に、さまざまな市場や「交易圏」が存在している。地元の商店や地場産業が主役のローカルな市場、インフォーマルな市場、使わないモノを取引するシェアリングエコノミーがある。また協同組合、NPO、農水産物の産消連携、フェアトレードなど社会的連帯経済も活発である。医療・介護・保育などは多くの国では、「準市場」あるいは「疑似市場」を通じて公共サービスとして供給される。さらに、隣近所の助け合いやボランティア活動も、社会生活を支える不可欠の役割を果たしている。

人びとがモノや活動（サービス）をやり取りする場は、「交易圏」と呼べる。貨幣を介さない無償の助け合いは、交易圏だが市場ではない。協同組合や産消連携も、価格をつけた商品の形式をとるといえ「非市場」的交易圏である。ローカルな市場やシェアリングエコノミーは商品を取引するが、コストを切り下げ利益の最大化を求めて競争する資本主義的市場の論理とは異なる論理で動いている。つまり相互に利益を分かち合う互恵の論理が働く。公共サー

ビスの「準市場」も、商品の形式をとったり民間企業が供給主体になったりするが、政府が価格を定めコストを税で負担する。

このように、資本主義の下では多様で異質な市場や交易圏が並存している。もちろん、これらは、多国籍企業の支配するグローバル市場の激しい競争に巻き込まれ、圧迫されて存立を脅かされている。

しかし、資本主義の乗り超えを展望するとき、私たちは資本主義と市場をはっきり区別して扱わねばならない。さらに、市場にもさまざまな市場や交易圏があることに注意を向ける必要がある。

Ⅲ 人びとの社会的必要性を充たすための経済
── ポスト資本主義（1）

資本主義に代わるオルタナティブは、どのように構想されるのか。その原型＝モデルは、現在のシステムの支配に抵抗するたたかいの過程で人びとが自立の拠り所として創出してきた自治・連帯の営みのなかに見出すことができる。例えば民営化された水道の再公営化、食やエネルギーの地産地消、地域通貨、労働者協同組合、倒産企業の自主管理。大事なことは、これらの豊富な実践や試みを資本主義とは別の原理や論理によって意味づけ、新しい社会構想へと編み上げていく作業であろう。

以下では、オルタナティブな社会構想の柱を素描する[2]。

■ 社会的必要性を人びとが決める

〈1〉利潤の最大化のための経済から人びとの社会的必要性の充足を優先する経済に転換する。「価値の自己増殖」のための経済から「『使用価値』に重きを置いた経済」[3] への転換と言い換えてもよい。

ここで問題になるのは、人びとにとって真に必要なもの、「社会的必要性」とは何か、それをどうやって決めるのかということである。資本主義の下では人びとの命・生存・生活に必要不可欠なニーズと人工的に膨らませられた欲望とが混然一体となり、両者を切り分けることが難しい。市場原理に立てば、1000万円を超える高級車でもお金を出して買う人が現れれば、それが社会的に必要なモノと評価される。

しかし、コロナ危機は、私たちに２つの大事な事柄を気づかせてくれた。１つは、尊厳をもって生きる上で本当に必要なものは何かということである。生存と社会生活をぎりぎりの所で支えたのは医療であり、介護や保育であり、食べ物の販売や配送であり、ゴミ処理の作業であった。いいかえれば、外出用の何着もの高価な衣服、高級な腕時計などはなくても済んだのだ。この経験は、私たちがどうしても必要なものとなくても済むもの（ゆとりがあれば欲しいもの）を自覚的に区別し選り分ける重要性を教える。何が本当に必要なものかは、市場や国家（旧ソ連のように）が決めるのではなく、人びとが経験を持ちより民主的に協議を重ねて決める。そうやって決めた社会的必要性を充たすことを最優先する経済に組み替えていくのである。

　その中心に置かれるのは、命や生存に直結するケア（医療・介護・保育など）、農業、再生エネなどの分野であろう。ケアの分野を経済の中心に据えることは、ケアをもっぱら女性に、それも家族内の無償労働（やその延長上の低賃金労働）に押し付けてきたジェンダー不平等の根幹を覆すことにつながる。

■ 儲かる仕事よりもエッセンシャルワークが高く評価される

　コロナ危機が気づかせてくれた２つ目は、命と生存と社会生活にとって必要不可欠なものを提供する労働、すなわちエッセンシャルワークが、正当に評価されていないことである。コロナ感染の危険に身を置いて働く彼ら／彼女らの報酬は、あまりにも低い。現金給与額（月、2020年度）では、情報・通信49.1万円、金融保険48.6万円、製造業37.7万円に対して、医療・福祉は29.9万円にすぎない。最大20万円の慰労金を１回だけ払ったり９千円の賃上げで埋め合わせできる格差ではない。

　この格差は生産性、すなわち労働者１人あたりの付加価値（売上高）の差から来ている。生産性の産業平均を100とすると、情報・通信175.0、金融保険167.0、製造業137.7に対して、医療・福祉は57.7にとどまる（2018年）。医療や福祉では、より良いケアには人手をかけるから、当然にも生産性は低くなる。利潤の最大化を原理とする資本主義の下では、その労働がどれほど人びとの切実な必要性を充たすものであっても、労働者１人あたりの儲けが小さい、すなわち生産性の低い分野の賃金は低く抑えられる。D・グレーバーは、社会生活に役立つ、つまり「他者のためになる労働であればあるほど、受け取る報酬がより少なくなるという一般的法則が貫徹している」と批判し

ている[4]。

　資本主義はより大きな利潤と経済成長を求めて、労働力と資本を生産性の低い分野から高い分野に移動させようとする。それが成長戦略である。そして、労働者の賃金も生産性の高い分野に移ることによって上昇する、という。

　しかし、人びとの必要性の充足を優先する経済では、医療・介護であれ農業であれ再エネであれ生産性が高くない分野が中心になる。そこでは、働く人の報酬は、生産性という基準ではなく社会的必要性の充足という基準によって決定される。すなわち、その人がどれだけ社会的に必要な仕事をしているかによって決まるようになる。

2）ここで論じる内容は、いくつかの点で斎藤幸平の「脱成長コミュニズム」の5本の柱（『人新生の「資本論」』、2020年、集英社新書）と共通する所がある。

3）斎藤、前掲 P.300

4）D・グレーバー『ブルジッド・ジョブ』（2018年、酒井隆史ほか訳、岩波書店）、訳　P.277

IV 〈コモン〉を人びとの手に取り戻す、　働き方を抜本的に変える
—— ポスト資本主義（2）

〈2〉商品化を抜本的に制限し、〈コモン〉を人びとの手に取り戻す。〈コモン〉は "誰のものでもなく誰もが利用できる" 共同の富であるが、これを企業による商品化から取り戻し、人びとのコントロールの下に置く。

　例えば、民営化された水道を再公営化し、市民の参加・監視の下で自治体の手に移す。これは、国有化社会主義とは根本的に異なる社会的所有の新しい形態である。再生可能エネルギーの地域自給は、気候危機の解決に貢献するだけではない。メジャーの独占する化石燃料への依存から脱却し、地域住民の協同組合によるエネルギーの生産と管理を可能にする。あるいは個人情報がターゲッティング広告に利用され巨額の利益を GAFA にもたらす仕組みは、禁止される。ワクチン開発の知的所有権は撤廃され、「南」の世界の人びとが安いコストで使えるようにする。

　また、医療・介護・保育などは、民営化を止めて「準市場」を拡大し、公共的なサービスに変える。これによってお金がない人でも自由に利用できる、

つまり〈コモン〉にすることができる。さらに、労働時間の大幅な短縮によって自由な時間を手に入れ、地域コミュニティでの無償の助け合い・支え合いの活動を発展させる。これは〈互酬〉の領域を再拡大し、商品化の流れを押し返すことになる。

〈3〉働き方を根本的に変える。すなわち、労働力の商品化から脱却し、協同労働に移る。

　労働力商品化からの脱却は、イヤな労働を拒否する自由の獲得である。その第一歩は、労働時間の抜本的な短縮である。それは自由な時間を増やし、《より少なく働き、より豊かに生きる社会》に近づく歩みとなる。

　次に、イヤな労働を拒否してクビになっても何とか生活できる仕組みを作る。その点で、すべての人に最低所得を一律に給付するベーシックインカムは、重要な役割を担う。生活費を稼ぐという目的や縛りから労働を限定的であれ解放し、働くか働かないかを選択する自由を保障するからだ。この制度は、医療などの社会サービスの無償の提供（ベーシック・サービス）と合わさることで、より少ない現金収入でも暮らしていける条件を作りだす。

　そして、雇主の指揮・命令に従って働くのではなく、自分が主人公になって働くあり方を創りだし拡大する。ナリワイ（自営業）もその一つだが、重要なのは協同労働である。自分たちが資金を出しあい、経営方針を決め、自主管理して働く。労働者協同組合は19世紀の時代から資本主義を乗り越えていく試みとして実践されてきたが、現代では社会的連帯経済の中心に位置してさまざまの事業に取り組んでいる。利潤の最大化ではなく人びとの社会的必要性を充たす経済にふさわしい働き方であり、事業体である。

　しかし、自営業はむろんのこと労働者協同組合など協同組合は、グローバル企業が支配する資本主義的市場の激しい競争にさらされている。そのため倒産・解散に追い込まれることも少なくない。またコスト切り下げ競争の論理に巻き込まれ、生き残るために規模拡大だけを追い求めたり低賃金・長時間労働を強制したりするなど、営利企業と変わらないものに変質する危険も大きい。

　したがって、協同組合が資本主義を乗り越えていく拠り所になるためには、多様な協同組合やNPOの相互協力のネットワークの形成が欠かせない。それだけではなく、資本主義的市場そのものを全面的に組み替えて、「社会に埋め戻す」（K・ポラニー）ことが課題になる。

V 市場を全面的に組み替える、脱成長へ転換する
―― ポスト資本主義（3）

▌コントロール可能な市場の発展、グローバル市場への規制

〈4〉多様な市場や交易圏を発展させ、グローバル市場を規制する。

　すでに見たように、グローバル市場が圧倒的な支配力をもっているとはいえ、実際にはさまざまな市場や交易圏が存在する。そこでまず、人びとがコントロールできる市場や交易圏を発展させる。とくに、モノ・お金・仕事が地域内で循環するローカルな市場は、重要な役割を演じる。住民による助け合いや地域通貨は地域に固有の活動だが、協同組合あるいは信用金庫や信用組合も地域に深く根ざすことでその強みを発揮できる。

　シェアリングエコノミーを発展させることも重要である。使われていないものを相互に交換するこの仕組みは、利益を稼ぐことよりも有用性（使用価値）を手に入れることを優先する。たしかに、ギグワーカーを低賃金で酷使して巨利を得ているウーバーのような大企業もある。しかし、例えば過疎地で高齢者と運転できる時間のある人をネットを介して上手くマッチングして送迎する事業のように、地域の経済の重要な要素となりうる。

　公共サービスを無償で提供する「準市場」の拡大は、資本主義的市場競争の範囲を大きく限定し、抑え込む。社会サービスを公的な管理の下に置くのか、それとも民営化して利益獲得の対象に変えるのか。この攻防は、脱資本主義的な公共性・〈コモン〉と資本主義的市場とがぶつかる最前線となっている。

　その上で問われる最大の難問は、グローバル市場をどう扱うかである。そこでは多国籍企業が支配し、マネーが独走し、南北間の収奪構造が隠されている。これを一夜で覆し、別のオルタナティブな世界システムに置き換えることは不可能であり、幻想である。

　まず必要かつ可能なことは、国境を超える市民・労働者・農民やマイノリティや自立した自治体の連帯を発展させながら、国家の力を利用してグローバル経済を規制することである。例えば、巨大IT企業に対するデジタル課税や共通の法人税最低税率、金融取引税などを導入する。食の分野で市民と農民の自己決定権（主権）を取り戻す。農産物の輸入自由化を制限する、遺

伝子組み換えやゲノム編集の作物を禁止する、種子の自家採取の権利を保障する。また、多国籍企業による「南」の世界での劣悪な低賃金・長時間労働を禁じたり、移住労働者の権利を保障する。輸出向けの農業や資源採掘のための巨大開発を中止させる。

　グローバル市場の暴力的な作用をさまざまな次元で抑えこみながら、フェアトレードのようなオルタナティブな事業や活動を拡大していく。そうした運動や事業の展開の上に、貨幣や金融のシステムを含む世界経済のオルタナティブな将来像を探求していくことが課題になる。

▍脱成長の経済へ

〈5〉経済成長を思い切ってダウンし、脱成長社会に転換する。

　差し迫った課題である気候危機の解決、とくに 2030 年 CO_2 排出 50％削減には、最初に見たようにグリーン・ニューディールでは間に合わず、経済成長の減速と経済の縮小が求められている。例えば、新しい高層ビルを大量に建てるのではなく、人口減少を見通して空き家・空き室を活用する。新型モデルのクルマやファストファッションの衣料を次々に作り続けるのではなく、シェアリングする。これは脱炭素化に役立つと同時に、新しいモノを大量生産し続けるフロー（＝ GDP）重視の経済から、蓄積されたストックを活用し共有する経済への移行である。GDP で表される富は増えないが、私たちが手にする豊かさ（有用性）は増える。

　ポスト資本主義への移行は必然的に、脱成長への転換となる。労働時間の大幅な短縮は、その重要な要因になる。そして、社会的必要性の充足を優先しケアや農業や再エネが経済の中心になることは、人手を多く要するため生産性の高くない分野が大きな比重を占めることを意味する。したがって、経済は成長しないが、雇用や働く場を多く創出することができる。

　これまでの常識では、雇用を確保するためには高い経済成長がなくてはならない、とされてきた。だが、それは、自動車に代表される製造業を中心にした経済成長の時代の話である。情報や金融が主役となる資本主義の時代になると、むしろ経済成長は雇用の拡大を伴わなくなる。先端部門の雇用創出力は大きくなく、不安定就労の低賃金労働という劣化した雇用をサービス部門で大量に生み出す。

　ケアや農業や再エネが中心になる脱成長経済は、むしろ多くの雇用や働く

場を創出する。しかも社会的必要性を充たす労働に対する評価を高くすることによって、劣悪な労働を大きく減らすことができる。

　脱成長の経済への転換にとって解決すべき大きな課題は、「先進国は脱成長、『南』の世界は経済成長」という二元論から、どのように抜け出すかである[5]。「南」の世界では、資源輸出に依存したり多国籍企業の工場を誘致する経済は、GDPの成長に貢献するが、人びとから食べ物や土地を奪いコミュニティを破壊している。そこでも、脱成長・脱開発の独自の経済発展の道が探られる必要がある。例えば、石油やレアアースなど資源輸出に依存する経済から脱却する。先進国向けの農水産物の輸出に特化するのではなく、小さな農家を主体にしたコミュニティ単位の循環型農業を発展させる。零細な自営業が多いインフォーマルな部門で協同組合や互助組織を作る。こうした試みは、すでに芽生えている。先進国の私たちは、どのような有効な支援を行うべきなのかが問われている。

5）この問題については、鴫原敦子・白川真澄・武藤一羊・長澤淑夫「ポストコロナ時代の世界と社会の変革——斎藤幸平『人新生の「資本論」』を読んで」（『季刊ピープルズ・プラン』No.94、2021年12月）が議論している。

VI 社会変革をめざす政治と社会運動

▌社会運動と政府の役割

　それでは、ポスト資本主義への大転換を実現するための政治と社会運動には何が求められるのだろうか。

　20世紀の社会主義運動の大きな教訓は、《国家権力の奪取を最優先する革命》が壁にぶつかり挫折したということである。そうした革命によって勝利したロシア・中国・ベトナムの社会は、国家＝党の官僚支配の下で無残に変質した。国家権力の奪取をめざした武装闘争の試みも、次々に挫折してきた。《国家権力を取る革命》から《自治を実現する革命》への転換を告げたのが、1968年の世界的な青年・学生の反乱（フランス5月革命、大学占拠）であった。1994年のサパティスタの武装蜂起は、先住民を主体にして自治の空間の樹立を宣言し実現した。2011年の「アラブの春」に触発されて、スペインの

M15 運動や米国のオキュパイ運動は広場やウオール街を占拠する大衆的直接行動を甦らせた。そこでは、「1％」による富と権力の独占に異議を申し立て、決定権を自分たちの手に奪い返すことが主張された。自己決定権という原理は、その後の香港の抵抗運動や米国の BLM 運動にも引き継がれた[6]。

さらにスペインや米国では、占拠に加わった若者たちが地域に戻ってコミュニティの自治・自立や社会的連帯経済の活動に粘り強く従事してきた。そうした草の根の営為を基礎にして、「反資本主義」を掲げる新しい左翼政治潮流（ポデモスや米国民主党サンダース派）が台頭してきた。

自治を実現する民衆運動の活性化は、しかし、社会変革の運動にとって政府や選挙の役割を否定することを意味しない。政府の果たす限定的ではあるが重要で不可欠の役割をきちんと位置づけなければならない。

社会変革の運動の発展に不可欠な要素は、（1）国家や大企業の支配に対する不断の抵抗、（2）自治と連帯の原理に立つ新しい社会モデルの創出、（3）法や行政を利用した制度的変革、の3つである。制度的変革は、運動の成果や獲得物を定着させ、全体に普及する。民衆の側に立つ政府の登場は、この制度的変革を実行し、また民衆運動の自由な空間を守るという役割を担う。さらに、ポスト資本主義における政府は、「大きい地方政府」と「弱い中央政府」となる。

▎支配システムを蚕食する

支配システムを一挙に覆すのでないとすれば、無数の地点から支配システムを蚕食するたたかいの持続的な展開が選択肢となる。

第1は、**ローカルな場**である。地域では、民衆の抵抗力と創造力が最も生き生きと発揮される。先に述べた運動の3つの要素が結びついて力関係を変え、支配的なシステムを蚕食できる可能性が最も高い。実際に、新しい社会モデルになる食とエネルギーの地産地消や公共サービスの無償化といった事業が、市民参加によって数多く実現されている。

ここでは、地方自治体が「住民の政府」として重要な役割を演じる。市民や住民の運動を基礎に市民プラットフォーム政党を作り、選挙で市長を当選させる。そして、条例や予算を使ってジェンダー平等やマイノリティの権利保障を推進したり、市民の自主的事業を支援したり、公共サービスを拡充する。

こうした市民・住民の運動と自治体が連携する地域自治の流れは、ミュニ

シパリズムと呼ばれる[7] フランスでは、この流れが次々に緑の市長を誕生さ
せた。しかも、ミュニシパリズムは国境を越えて広がり、「フィアレス・シティ
（恐れぬ自治体）」という世界的な運動に発展している。インターネットを介し
て情報と経験を共有して、すぐに実践するという新しい時代のローカリズム
である。

　２つ目は、**ナショナル、国民国家の場**である。ここでは、資本主義の維持
や強化、その修正や規制強化、さらに少数だが「反資本主義」をめざす政治・
社会勢力が対抗し争う。また、他国への軍事介入、移民・難民政策、気候危
機、最近ではコロナ対策などのイシューをめぐる衝突や争いが展開される。

　ポスト資本主義をめざす運動や政治勢力は、先進国では資本主義の修正・
規制をめざすリベラル政治勢力と連携して、新自由主義や国家主義的保守や
排外主義的右翼の勢力と対抗する。このたたかいの重要な到達点は、リベラ
ル・左翼の"よりましな政権"を誕生させ、一連の制度的変革を実行させる
ことである。例えば富裕層と大企業への累進課税の強化、高い炭素税の導入
やガソリン車の速やかな禁止、限定的なベーシックインカムの導入、ジェン
ダー平等、マイノリティや移民の権利保障など。また、米中の覇権争いに与
しない諸国の連合や協力を進める。「南」の諸国では、多国籍企業と結託し
て市場化を進める新自由主義の勢力や権威主義の勢力と対抗し、左翼政権を
出現させる。それをテコにして、資源輸出依存経済からの脱却と資源・環境
の保全、巨大開発の中止、小さな農家への支援、最低賃金の引き上げ、公的
な医療の拡充などの制度的改革を行う。

　これらの改革は、支配システムのある部分の取り換えではあるが、ポスト
資本主義を構築する足がかりともなる。しかし、こうした制度改革はしばし
ば骨抜きにされ切り縮められる。政権が変われば潰されたり、政権自体が変
質することも多い。左翼政権と社会運動の間の協力と対抗の緊張関係を持続
することが問われる。

　３つ目は、**グローバルな場**である。ここでは、「南」の世界の民衆——多
国籍企業の工場の劣悪な労働環境に抗議する労働者、農産物の買い叩きに怒
る農民、巨大開発に抵抗し土地を守る先住民——の抵抗運動が最前線を形成
する。移住労働者やギグワーカーの権利要求の運動もこれに加わる。現場の
たたかいを支援し国際的な連帯運動へ媒介するのが、国際 NGO や先進国の
市民運動である。

　多国籍企業の支配に抵抗するなかから、「南」の世界でも協同組合や互助

組織が作られ、フェアトレードも展開される。しかし、先進国のローカルの場での優れた運動が、「南」の民衆のたたかいへの眼ざしをもっているとは限らない。「北」と「南」の運動の間にある分断の克服が大きな課題である。

多国籍企業や大国の横暴を縛る制度の構築は、社会運動が各国政府や国連機関に働きかけ、国家間の交渉や協定締結を促すという回路で行われる。そのため、国際的な制度は抜け穴が多く、不安定なものにならざるをえない。しかし、気候危機をめぐって、グレタに象徴される若い世代の世界的な行動の高揚が各国政府や企業を動かし、脱炭素化に本腰を入れさせている。グローバルな場でも、市民の運動はパワーを発揮できる。

ポスト資本主義をめざす運動は、数多くの多様な抵抗運動の展開を基礎にして、まずローカルな場で支配システムを食い破る。つまり自治・連帯の社会モデルを創造し、自治体＝地方政府による制度的改革を実現する。次に、全国的な運動の発展によって、この獲得物を国民国家の次元に押し広げ、リベラル・左翼の政権樹立によって制度的に定着させる。同時に、多国籍企業と大国を縛る国際的な仕組みの構築に進む。

しかし、民衆運動が獲得した成果は、権利であれ自治・連帯の社会モデルであれ、たえず切り縮められ、変質してシステム内に吸収される。再び、抵抗と自治・連帯のモデル創出と制度的変革のたたかいが始まる。支配システムを蚕食し、押し戻され、再び蚕食する。この半ば永続的な攻防のプロセスを通じて、ポスト資本主義の拠り所と輪郭が地平線に姿を現してくるだろう。

▍戦争と戦争準備をなくす

最後に強調しておきたいのは、資本主義を乗り越える社会変革の運動は、その発展に好都合な政治的環境を自ら創り出していかねばならない、ということである。

そうした政治的環境は、かつては戦争であった。戦争が長期化すれば、自国の軍隊は疲弊し兵士や民衆の不満が高まり、政府は窮地に立たされる。ましてや敗戦ともなれば、国家権力は弱体化し、旧秩序は崩壊の危機にさらされる。社会変革の運動が国家権力の獲得を最優先でめざすのであれば、これを最大の好機として利用できる。「帝国主義戦争を内乱へ」、「自国政府の敗北」（レーニン）というシナリオが描かれたのである。

第一次世界大戦という環境の下で、ロシア革命はこのシナリオ通りに勝利

した。しかし、それに踵を接して試みられたドイツ革命は無残な敗北に終わった。国家が社会と経済をすみずみまで統制する戦時体制は、変革を担う政治的・社会的な主体とその活動を準備することを妨げたからである。

　いま、ウクライナ戦争が長期化し、台湾をめぐる米中両大国間の軍事的衝突の危険性さえ生まれている。資本主義を下から蚕食するたたかいを中心にする社会変革の運動にとっては、戦争はその発展を阻害する政治的環境でしかない。戦争自体はむろんのこと、軍備が増強され軍事的な緊張が高まることが、重大な障害となる。なぜなら、戦争の勃発や軍事的緊張の高まりは、政治的自由や言論の自由を奪い、国家や大企業に対する人びとの抵抗運動を抑え込む。国家が経済を強く統制・管理し、市民参加型の事業や自主的な連帯・助け合いの活動が窒息させられる。国の財政は軍事費の支出が膨らみ、公共サービスや最低生活保障のための支出が削減される。ナショナリズムや排外主義が吹き荒れ、社会の多様性が破壊されるからである。

　したがって、戦争を準備し軍事的緊張を高める国際政治の流れを逆転させることが、ポスト資本主義をめざす運動の発展に不可欠な政治的環境づくりとなる。ウクライナにおける停戦の実現とロシア軍の撤退は焦眉の課題だが、「台湾有事」を起こさせない国際関係を東アジアに構築する課題が問われている。最新兵器の開発と配備、軍事演習と軍事的威嚇行動を止めさせる。軍事同盟の解消と軍備縮小への交渉を開始させる。軍隊の縮小と廃止をめざす。これらの目標実現をめざして、国境を越えた市民の連帯した行動を創り出すことが最も重要である。

　さらに、米中いずれにも与しない国々による「第3の勢力」を拡大し、その発言権を強めることが、対話と交渉にもとづく国際関係の再建のカギとなるだろう。そのためにも日本は、米国との軍事的一体化をすみやかに解消し、軍事費の削減と自衛隊の縮小・廃止に踏み出し、アセアン諸国や韓国と連携して新しい国際秩序を築くことを求められている。日本の私たちの責任は、重く大きい。

6）第Ⅰ部のコラム「国家権力を取る革命から自治の革命へ」
7）岸本聡子『水道、再び公営化』（2020年、集英社新書）

[初出：「季報　唯物論研究」No.157、2021年11月]

気候危機と
脱成長・ポスト資本主義

　モノがあふれ、お金さえあれば何でも手に入る時代。人びとは豊かで便利な生活を謳歌している。一方で、近年多発する地球規模の災害に、世界は翻弄されている。ところが、世界は大量にCO_2を排出しつづけていて、気候変動を止めるには程遠い現状だ。同時に、2020年からのコロナ禍を機に、人びとの生活スタイルは大きく変化した。気候危機を引き起こしている資本主義のシステムはどう変えるべきなのか。「脱成長ミーティング」を主催する白川真澄さんに伺った。

I　ブレーキがなく、アクセルしかない資本主義では
　　気候危機は解決しない

気候危機の根本的な解決に向けて、
高まる資本主義への批判と懐疑

――斎藤幸平さん[1] やグレタ・トゥンベリさん[2] などの若い世代は、「深刻化する気候危機を解決するためには、資本主義そのものを変えることが必要だ」という意見を強めています。

　「気候危機の解決には脱成長のポスト資本主義に転換しなければならない」と斎藤さんは書いています（『人新世の「資本論」』）。グレタさんも「利益と経済成長ばかりを追い求める、今のシステムを変えるべきだ」と主張しています。私も同じ立場です。
　斎藤さんの主張の新鮮さは、「グリーンな経済成長[3]」やグリーン・ニュー

ディール[4]では、気候危機の解決は困難である。資本主義そのものへの正面切った挑戦が必要だ」と提起している点です。しかも「従来の脱成長論[5]も、資本主義の枠内に留まっている」と批判しています。

　斎藤さんの本が40万部以上も売れたのは、日本でも今の経済や社会の仕組みに問題があると考え、資本主義そのものに不信を感じる人が少しずつであれ増えているからでしょう。

―― これまで、グリーンな経済成長やグリーン・ニューディールは気候変動に対する解決策として多くの人々に歓迎されてきました。なぜ斎藤さんはそれを批判しているのでしょうか。

　ポストコロナの経済政策の主流になっているのが、「脱炭素化を推進することによってこそ、新しい経済成長が可能である」という主張です。脱炭素化のための技術やインフラに、大規模な投資が計画されています。米国ではバイデン大統領が8年間で2兆ドル（約200兆円）を支出し、その多くを電気自動車（EV）や充電装置の増設などに投入する計画を発表しました。EUはグリーン・リカバリー[6]に7年間で7500億ユーロ（約98兆円）を投資します。これによってGDP（国内総生産）を1%押し上げ、100万人の雇用を作り出す計画です。日本の菅政権がグリーン成長戦略で提示した脱炭素基金は2兆円ですが、民間からの投資15兆円を誘発し、2030年には140兆円の経済効果と870万人の雇用を生むと試算しています。

　さらに、国際エネルギー機関（IEA）の「持続可能なリカバリー」（2020年）では、3年間で3兆ドル（300兆円）を投資すれば経済成長率が約1%増え、コロナで失われた900万人の雇用を取り戻せるとしています。確かに脱炭素化に向けた太陽光やEVへの巨額投資や技術開発は、コロナ危機からの景気回復と経済成長に一定の効果があるでしょう。

　しかし、肝心なのは脱炭素化がどこまで進むかです。2050年までにCO_2排出量を実質ゼロにするためには、2030年までに50%削減しなければ間に合いません。現在、世界全体のCO_2排出量は300億トンを超えています。半減して150億トンにするためには、毎年7.6%のペースで排出量を減らす必要があるのです。

―― コロナ禍で CO_2 の排出量はどの程度、減りましたか。

　1992 年のリオ地球サミットで「気候変動枠組条約」が成立し、環境（脱炭素化）と経済成長を両立させることが主張されてきました。ところが実態はどうだったでしょう。1990 年から 2018 年の間に世界の GDP は約 3.7 倍に増えました。それに伴って CO_2 排出量は、1990 年の 206 億トンから 2018 年には 335 億トンへと 1.6 倍も増えたのです。

　これまで CO_2 排出量が減ったのは、世界経済が危機に陥ったリーマン・ショックの時期（2009 年）だけです。経済成長がマイナス 0.1 ％になり、CO_2 排出量は 1 ％減少。20 年のコロナ禍で世界中の経済がストップしたことで、GDP はマイナス 3.1 ％に陥り、CO_2 排出量は 5.8 ％、約 20 億トン減りました。経済が縮小した時しか、CO_2 は減っていないのです。リーマン・ショック後もそうだったのですが、21 年には経済が回復し GDP が 6.1 ％増えると、排出量は 6.0 ％も急増しました。

■ CO_2 を多く排出する産業や企業を海外に移転する先進国

―― なぜ、世界の CO_2 排出量は削減できないのでしょうか。

　確かに先進国はこの 20 年間で 1.9 ％の低成長率で、CO_2 排出量も漸減しています。そのため、「経済成長と CO_2 削減は両立できる」（GDP の成長と CO_2 排出量の増大とを切り離す、つまりデカップリングが可能である）と考える環境経済学者は少なくありません。

　しかし、中国をはじめとする途上国は高い経済成長を続けており、それに伴って CO_2 排出量は中国では 1990 年からの 30 年間で 5 倍近くに急増しています。結局、先進国は、CO_2 を大量に排出する産業や企業を海外の途上国に移転することで、経済成長と CO_2 削減を見かけ上は両立させてきたにすぎません。それを斎藤さんは「（先進国は CO_2 の排出を）グローバルサウスに転嫁している」と指摘します。それでも一人当たりの排出量は、米国が 15.5 トン、日本が 8.5 トン、中国は 6.8 トン、インドは 1.7 トンと、先進国のほうがはるかに多いのが実態です。先進国の私たちは CO_2 削減により大きい責任を負っています。

──自動車メーカーをはじめとする企業は、脱炭素化への取り組みをアピールしていますが…。

「脱エンジン」を宣言したホンダをはじめ、日本の自動車メーカーも電気自動車（EV）に方向転換しつつあります。またEUは2021年7月に、「2035年完全EV化」の方針を発表しました。しかし、自動車のCO_2排出量が減っても、車の台数や走行距離が増加したら問題は解決しません。そもそもEVを製造する過程で排出されるCO_2は、ガソリン車の2倍超と言われます。例えば、蓄電池に必要なリチウムを採掘して精製する過程では、膨大な電力が消費されCO_2が排出されます。外装部材のガラス繊維強化樹脂や炭素繊維強化プラスチックの生産においても同様です。EVでも、大量に生産し続ければ資源の「南」の世界からの略奪や浪費につながり、地球環境にダメージを与えます。

また近年はIT産業が急成長を遂げ、コンピューターの生産やデータセンターの巨大化で電力使用量は激増しています。2030年には世界の電力消費量の2割がIT産業で使用されると言われています。その電力をすべて再生可能エネルギーに転換できなければ、石炭火力や原発が残ることになります。結局、個々の製品が排出するCO_2を減らしても、生産量が拡大すれば電力需要は増え、CO_2は減らないのです。

日本の政権が掲げる「グリーン成長戦略」も、水素、アンモニア、洋上風力発電など、将来的に実現や効果が不確実な技術の開発頼みで、生産と生活様式の全体をどう組み替えていくのかという一番重要な問題には、ほとんど踏み込んでいません。

▌過剰なモノ・サービスの生産、大量消費、 ▌大量廃棄の生活様式からの脱却へ

── EUと日本の違いはどこにあるのでしょうか。

EUでは交通部門のCO_2削減に取り組み、例えばフランスは、近距離の航空路線を廃止し、鉄道に置き換える方針です。このようにEUは交通体系全体を見直そうとしています。

ところが日本にはその方向性が全く見られません。日本の都市構造は大都

市への一極集中で、巨大な高層マンションやビルを建て、膨大な電力を消費しています。ポストコロナと脱炭素化を考えるならば、人口の地方への分散、空き家活用、都市農業の再生など、大都市の縮小に向かって政策の抜本的見直しが必要になります。そもそも自動車依存の社会からの脱却をめざして、ヨーロッパのように都心へのクルマの乗り入れ禁止、路面電車の復活やコミュニティバスなどの公共交通機関の整備・拡充を進めるべきです。また、クルマなしでは生活が困難な地域の住民には、公共交通サービスの確保が必須です。

コンビニには日に何度もトラックが商品を配送し、生活のニーズよりむしろ売れ筋の商品を絶えず棚に並べています。また、流行をすばやく取り入れて大量生産するアパレル産業は、CO_2 の全排出量の 10％を占めます。2000年から 2014年にかけて衣料の生産は 6 割も増加。日本では同じ服を 2 回着る率は約 26％で、あとは 1 回着ただけで廃棄されます。わざわざ捨てるために作っているようなものです。

資本主義は、絶えず拡大再生産し成長しなければ存続できない、「アクセルしかなく、ブレーキがないシステム」です。必要がなくても、とにかく新しい製品やサービスを作って売る。消費者はどんどん買い込む。私たちが必要なもの・不必要なものを区別せずに消費する生活様式に巻き込まれてきたのです。

── 経済の成長・拡大が止まったら、社会はどうなりますか。

コロナ禍の中で多くの人たちが、生活に本当に必要なものは何か、改めて気がついたのではないでしょうか。外に出ないわけですから、外出着やスーツはいらない。必要もないのになぜ何着も持っていたんだろうと考える。航空機が飛ばなくなると CO_2 の排出も減るし、航空機に乗らなくても車で遠出しなくても、生活できるのだと身をもって知ったわけです。生活様式を転換する大きなきっかけになってほしいと思います。

成長・拡大が止まることは、資本主義にとっての「死」を意味します。先進国では、移民に頼る米国を例外として、労働人口が減少に転じていて低成長に移らざるをえなくなっています。中国も、これから労働人口が減少しますから、間違いなく経済成長率は下がります。ゼロ成長に近づくことは、資本主義にとっての脅威です。水野和夫さん[7]も、成長ができなくなり利子率（利

潤率）がゼロに近づいている「資本主義は終わりを迎えている」と言っています。

　地球の資源は有限ですから、無限の成長・利潤を追求する資本主義とぶつかるのは必然です。その意味でも、資本主義からの脱却は避けられません。ただし資本主義が「自然死」することはありえません。不必要なモノやサービスを新しく作りだし、情報や金融の仮想空間を肥大させながら成長を追い求めようとするでしょう。したがって資本主義を変革できるかどうかは私たちの生き方と社会運動にかかっています。企業による脱炭素化の試みは大事です。しかしそこで立ち止まることなく、成長・拡大型の生産・生活様式、つまり資本主義のシステムをどうするのかという問題に、真正面から議論し、取り組まなければいけない時だと思います。

1）斎藤幸平：経済思想史研究者。東京大学大学院総合文化研究科准教授。人類の経済活動が地球全体に影響を及ぼす時代＝「人新世」の環境危機の解決策を、マルクスの新解釈の中に見いだす。著書『人新世の「資本論」』（2020年、集英社新書）他。

2）グレタ・トゥンベリ：スウェーデンの環境活動家。

3）グリーンな経済成長：地球環境の保全や脱炭素化を実現しながら、経済成長を続けること。

4）グリーン・ニューディール：再生可能エネルギーへの転換、車や建築物の脱炭素化、技術開発やインフラへの投資、脱炭素の新製品の大量販売によって、経済成長とCO_2排出削減を両立させる政策。

5）従来の脱成長論：広井良典他。緩やかな経済成長の中での持続可能な福祉社会を提唱。

6）グリーン・リカバリー：新型コロナによる経済の停滞を環境分野への投資などで回復させようとする政策。

7）水野和夫：経済学者。「資本主義の限界」に警鐘を鳴らしている。著書『資本主義の終焉と歴史の危機』（2014年、集英社新書）他。

（構成：猪俣悦子）

Ⅱ「脱成長社会」は可能か
── 利潤と経済成長を無制限に追い求める資本主義に対し、脱成長のポスト資本主義とはどんな社会か

── これまでの社会主義・共産主義との違いはどこにあるのでしょう

　斎藤幸平さんは、資本主義を超えて「脱成長コミュニズム」へと主張しています。20世紀には、資本主義を超えるためには、企業の所有する工場などの生産手段を全て国家の所有に移せばよいという考えに基づき、ソ連や中国のような社会主義国家が誕生しました。しかし、生産手段の国家的所有によって官僚が全権を握る独裁的な政治体制が生まれてしまいました。経済成長のために経済資源を国家に集中したソ連の計画経済は失敗して1991年に崩壊し、中国は経済成長のために市場経済を取り入れましたが、今も共産党の一党支配下で人権抑圧が続いています。

　資本主義の暴走を放置しておくと気候危機のような取り返しのつかない問題を制御できないことは、Ⅰでお話ししました。それでは、ソ連や中国とは違った方法で資本主義を乗り超えるにはどうしたらよいのでしょうか。資本主義の特徴は「利潤を最大化する」ことにあり、そのためにありとあらゆるモノを商品化します。人が生産するモノだけでなく水や森や土地といった自然、目に見えない情報や知識まで、価格をつけて商品として取引することで利潤を上げようとするのです。

　そこで私たちは価値観を変える必要があります。とにかく儲かればよいという利益優先の経済から、本当に「社会的に必要な」もの、すなわち「使用価値」を満たすための経済に変えることです。

　今の社会は、1000万円の高級車でも100万円の腕時計でも、お金を出して買う人がいればそれが「社会的必要性だ」という見方に支配されています。ところがコロナ危機は、人の生命や生存や生活に関わるニーズを満たすものこそが本当に社会的に必要なものだということを、私たちに教えました。これまで当たり前に提供されると思っていた、医療・介護、保育、ゴミ収集・清掃、生活必需品を販売する小売店、配送など品物を提供するための様々なサービス、つまりエッセンシャル・ワークの重要性に気づかされたのです。

　今後は気候危機がさらに深刻化して、日本や地球上のどこでも大災害が起

きる危険性が高まっています。被災した時に絶対必要なのは、水、食料、電気、医療、薬です。それらの提供を利益優先の私企業まかせにしていては、生命が維持できない事態が起こります。コロナ禍ではマスクや消毒液でさえ買えない経験をしました。残念ながら、今後も大災害やパンデミックが起こるでしょうし、その度に、人間にとって本当に必要なもの、使用価値より、利益が上がるものを優先する資本主義の論理は、揺らいでいくでしょう。

■ 経済成長がなくても働く場が維持される社会を作る

—— 確かに多くの人がエッセンシャル・ワーカーの重要性に気づきました。しかし今も、報酬は著しく低いままです。

　就業人口をみると、製造業と卸・小売り業はそれぞれ約1000万人、先端分野とされる情報通信は250万人。対して、医療・福祉分野は現在850万人で、間もなく1000万人に届くと予測され、基幹産業になりつつあります。ニーズが多いので就業者は増えていますが、「生産性」は高くありません。

　ここで言う「生産性」とは「必要性」を意味するものではありません。1人の労働者が新たに作り出す価値、分かりやすく言えば「1人当たりの売上高」です。全産業平均の生産性を100とすると、情報通信が175.0、金融が167.0。それに対して医療・福祉の生産性は57.7と、3倍の差があります（日本生産性本部：2018年データ）。医療・福祉の分野はたくさんの人手が必要なので、コスト（人件費）が高くついて利益が少ないので「生産性」が低いと評価されてきたわけです。

　政府や経済界は、「経済が成長して国際競争に勝つためには、生産性の低い産業を整理・淘汰して、生産性の高い分野に資金と労働力を移動させるべきだ」と主張してきました。しかし、今後、経済の中心になるのは、コロナ禍を通じて価値が見直された医療・介護・子育てなどのケアの分野なのです。

　確かにこうした「生産性」の低い分野が経済の中心になれば、経済は減速し、成長率は落ちていきます。しかし、私はそれでよいと思います。それがまさに脱成長なのです。見方を変えれば、医療・福祉あるいは農業や中小企業など生産性が低いとされる分野は、経済成長にはあまり貢献しないけれど雇用が維持できる分野です。たとえゼロ成長でも、きちんと雇用が維持・確保できる経済のあり方のほうが望ましいのです。

―― どうしたらエッセンシャル・ワーカーの報酬が上がるのでしょうか。

　確かに、社会的必要性が高くても、生産性の低い分野は評価が低く、賃金がものすごく安いことが問題です。2019年の日本全体の平均賃金は月30.8万円で、情報通信が37.5万円、金融部門が36.6万円、製造業が29.5万円でした。ところが、医療・福祉は28.5万円、飲食サービスは25万円です。「生産性が低ければ賃金は低くて当然だ」とする資本主義の論理が浸透した結果、社会的に有用な仕事でありながら「報酬は低くてよい」というのが社会常識になってしまいました。

　人類学者のデヴィッド・グレーバー[8]は著書『ブルジッド・ジョブ』で、資本主義は生き延びるために不必要な「クソくだらない労働」をどんどん作り出すと書いています。そして、銀行家の仕事は（バブルを生む投機などによって）社会に損害を与えているのに、社会的貢献度の高い保育士の500倍近い報酬を得ていると批判しています。

　ですから脱成長の社会では、労働を評価する基準を根本的に変えます。その仕事がどれだけ生産性が高いか、つまりどれだけ利益を稼いだかではなく、その労働が社会的にどれだけ必要かを基準にして報酬を決める仕組みにする。その変革が資本主義を超えていくことになります。

　あらゆるものを商品化する資本主義は、労働という人間の活動も商品化します。賃金を得て生活するためには長時間労働や危険な労働や無意味な仕事でも拒否できず、嫌でも働かざるをえないわけです。

　経済学者の宇野弘蔵[9]は、「資本主義の乗り越えとは、労働力の商品化の廃棄だ」と指摘しましたが、その内容は具体的に述べていません。労働力商品化からの脱却の第一歩は、労働時間を短くして、自由な時間を手に入れることです。労働時間が短くなれば、1人当たりの生産性が上がっても、GDPは増えません。それでも脱成長社会は、GDPや経済成長率では評価できない豊かさを、手に入れた自由な時間で実現できるでしょう。

　しかし、嫌な労働を拒否するには、最低限の生活ができるだけの所得が保障されなければなりません。今、世界中で導入が議論されている「ベーシックインカム」[10]は、人間が労働力の商品化から脱却するための条件の1つとなります。

　労働力の商品化から脱却するもう1つの方法が、企業に雇われた労働では

なく、自営業のような独立した働き方や労働者協同組合のような協同労働を増やすことです。経営者の指揮・命令に従うのでなく、自分たちの創意・工夫で仕事の内容や働き方を決定し、労働現場を自主管理する協同労働は、自由な労働に近づく1つの方法でしょう。ただし、労働者協同組合といえども、グローバル資本主義の激しい市場競争の波にさらされます。そのため潰れたり、事業の継続が主目的になって資本主義的企業のような事業体に変質する危険性もあります。それを労働者協同組合だけで防ぐことは困難です。したがって、協同労働を発展させるには、資本主義が支配する市場経済を、市民社会全体の力で制御・コントロールしていく試みが不可欠です。

人々がモノやサービスを交換する場や仕組み「交易圏」を広げる

—— 日本では何でも民営化しようという傾向が今も進んでいますが、海外では民営化された公共事業を、市民の自治によって公有・公営化する活動が始まっていると聞きます。

　資本主義は人間の労働力だけでなく、「コモン」も商品化します。コモンとは水、土地、エネルギー、医療や介護サービス、住宅、知識や情報など、本来、誰のものでもなく、誰でも使える共同の富のことです。資本主義では、それを特定の企業が私有財産として囲い込み、商品化し、利益を得ます。例えば水道の民営化、グーグルなど巨大IT企業による情報の囲い込み、コロナワクチンの特許権などがその一例です。米国の医療のように、コモンが商品化されると、生きていくために絶対必要なモノやサービスも、お金を出して買うしかなく、貧しい人は手に入らなくなります。
　コモンを企業の金儲けの手段から取り戻すため、市民や住民がコモンを民主的に管理し、コントロールする具体的実践が世界各地で始まっています。日本は世界の流れに逆行し、水道法を改正して民営化しようとしていますが、スペインやフランスでは、民営化された水道を再び公有・公営化する運動が広がっているのです。そこに、国有化社会主義ではなく、コモンを住民が自主的・民主的に管理する新しい社会的所有のあり方が展望できます。斎藤さんは「民営化」をもじって「〈市民〉営化」と呼んでいます。

── グローバル市場に対抗することは可能でしょうか

　私は、人びとがモノやサービスを交換する場や仕組みを「交易圏」と呼んでいます。そこには商品ではないモノやサービスをやりとりする場も含まれます。ご近所のお裾分けや助け合い、ボランティア活動は商売ではありませんし、協同組合やNPOが担う「社会的連帯経済」では、サービスやモノの交換にお金を使っても利益が目的ではありません。地元の商店や地場産業が主役の地産地消型のローカルな市場や、シェアリングエコノミーも「交易圏」と言えるでしょう。介護や医療といった公共サービスは民間事業者が担っていますが、コストの大半を税金で負担しているので「準市場」と呼ばれます。誰もが利用できる安い価格あるいは無料で提供されねばならないからです。つまり私が主張したいのは、「交易圏としての市場」と「資本主義的な市場」とを分けて考える必要があるということです。「交易圏としての市場」は多様な形で私たちの暮らしに存在しており、資本主義を超えていくことは、市場をなくすことではありません。

　ただし多様な交易圏は、強力なグローバル市場に常に脅かされています。社会学者のピエール・ブルデュー [11] は、今の世界は「市場の独裁」だと、グローバル化を批判しました。グローバル市場のコスト切り下げ競争の暴力に対抗するためには、多様な「交易圏」を重層的に構築し、またコモンの民主的管理によって公共サービスを無償あるいは低料金で提供する「準市場」を広げていき、大企業主導の市場競争を制限していくことが重要です。同時に、国家の力を使いながら、多国籍企業が牛耳っているグローバル市場を規制していく必要があります。現在、法人税に世界共通の最低税率を導入したり、巨大IT企業にデジタル課税を課すグローバル・タクスのルール作りも進んでいます。

── 最後にあらためて、脱成長社会を作るための具体的方針をお聞かせください。

　第1に、ローカルな場でのコモンの自主的・民主的な管理の実現、地域内循環型経済の形成、社会的連帯経済の発展といった新しい社会モデルを、自分たちの手で草の根から創っていくことです。それを社会運動として推進する。市民の手で実現したヨーロッパの水道再公営化のように、コモンを取り

戻すには、地方自治体の役割が重要です。日本でもかつて市民派によって試みられましたが、大きく発展していないので、今後の展開が課題でしょう。

第2に、十分な公共サービスの提供（ベーシックサービス）を政府に実現させることです。財政支出は増えますが、市場競争を制限して商品化に歯止めをかけるためには市民の「共同の財布」である税の役割が大きくなります。公正な税負担を増やし、貯金に頼るしかない「自己責任」型社会から抜け出すのです。これを徹底的に実行するためには、「大きな政府」への転換を進めるリベラルな政権への交代が必要です。

第3に、多国籍企業の支配や金融・株式の投機的動きを監視し、国家間の協力・協調を強めながらグローバル市場を規制していくことです。国家だけに委ねず、市民が国際的なネットワークを形成して動くことが重要です。資本主義を乗り越えていくには、こうした多様な営みと運動が協力しあい連帯していく必要があります。

---

8) デヴィッド・グレーバー：アメリカの人類学者。研究分野は経済人類学、社会人類学。著書『負債論―貨幣と暴力の5000年』(2011年、邦訳2016年、以文社) 他。

9) 宇野弘蔵：カール・マルクスの『資本論』に基づく経済学研究で知られる。

10) ベーシックインカム：すべての市民に対して生活できる最低所得（例えば月8～10万円）を無条件に、すなわち働いているか否か、所得や資産があるかないかに関わりなく支給する制度。なお、「自己責任」を強調し社会保障の費用削減を主張する新自由主義の立場からは、現金給付1本に絞って医療や介護や教育などの現物サービスをなくしてしまう（お金を払って商品として買わせる）、また少ない金額のベーシックインカムの給付で済ませる（例えば生活保護の生活扶助費を下回る5万円）という提案が出されている。しかし、ベーシックインカムは、医療や介護などの公共サービスの無償化や拡充と組み合わされることで、生活保障の仕組みとして機能する。

11) ピエール・ブルデュー：フランスの社会学者・哲学者。研究分野は教育社会学、社会学理論。文化資本、社会関係資本、象徴資本等の概念研究で知られる。

[原題「気候危機の解決には脱成長・ポスト資本主義への転換が不可欠」、
初出：『季刊　社会運動』No.444, 2021年10月]

（構成：猪俣悦子）

ポスト資本主義の構想
オルタナティブは何か

I なぜ、ポスト資本主義への移行が求められているか

■ 資本主義の統合力・延命力の強靭さに抗して

　資本主義は歴史的に特殊な社会システム、つまり終わりのある（はずの）経済体制である。それは繰り返し大きな危機に直面し、その限界をさらけ出したり対抗物にその存立を脅かされてきた。例えばロシア革命とソ連社会主義の出現、世界大恐慌（1929～32年）の勃発、中国やベトナムなど第三世界解放闘争の勝利、オイルショック（1973年）の勃発などである。しかし、資本主義はそのつど危機を乗り越え、対抗物を包摂・統合しながら自己修正を繰り返して生き延びてきた。批判者の予想をはるかに超える統合力と耐久力を見せつけてきた。

　そのため、資本主義は社会・経済システムの「永遠の自然的な形態」[1]である、というイデオロギー・常識が人びとを深く捉えてきた。とくに、東西冷戦の終焉とソ連の消滅の後の1990年代以降、グローバリゼーションが全世界を覆う過程で、資本主義に代わるオルタナティブなどありえないという神話が大手をふって通用してきた。「資本主義に代わる社会をめざす」と言うと、まだそんなことを考えているのかと嘲笑する風潮が強かった。

　しかし、リーマン・ショック（2008年）を転機にして、資本主義というシステムそれ自体を問題にし「反資本主義」を明確に掲げる人びとの大きな運動が欧米で登場してきた。2011年のウォールストリート占拠運動（オキュパイ運動）は、その象徴的なものである。資本主義の本家アメリカでも、資本主義を批判し「社会主義」を支持する声が若い世代を中心に急速に強まってきた。そして、資本主義に代わるオルタナティブを地域から小さなかたちで

創り出す活動が活発に展開されている。

　いま、私たちの前には、資本主義のさらなる自己修正＝変態によっては解決できず、資本主義を乗り越える、つまりポスト資本主義へ移行することが強く迫られている課題が立ち現れている。

■ 気候危機／グリーン資本主義では危機は解決できない

　私たちが直面している最大の課題の１つであり、資本主義の修正によっては解決できない課題は、深刻化する気候危機である。

　地球の気温上昇を 1.5℃以内に抑えこみ気候変動による被害を可能なかぎり小さくするためには、2050年までに温室効果ガス（CO_2）排出量を実質ゼロにする。そのために2030年に50％削減することが至上目標になっている。この目標を達成するために打ち出されているのが、「グリーン・ニューディール（GND）」である。

　EUは、太陽光や風力など再生可能エネルギーへの全面転換、建築物のエネルギー効率を高める改修率の２倍化、輸送分野での排出量９割削減などに大規模な投資を行う。グリーン化とデジタル化を進める「グリーン・ディール」をコロナ経済危機からの回復政策の柱に据え、10年間で1.1兆ユーロ（約130兆円）を投入する。また、新たに補助金と融資からなる7500億ユーロ（約90兆円）の「Next Generation EU」を補完措置として決定。財源確保のために排出権取引制度の対象拡大や国境炭素税の導入を進める。

　米国では、民主党内の左派（サンダース、オカシオコルテスら）がグリーン・ニューディールを主張し、バイデン次期大統領がこれを受け入れて2050年にクリーンエネルギー100％をめざす政策を発表した。４年間で２兆ドル（約207兆円）を環境と公共インフラに投資し、５億枚の太陽光パネル設置、政府公用車300万台とスクールバス50万台の排出ゼロ化、商業用ビル400万棟と住宅200万棟の省エネ改修などを行う。

　世界的に、投資家が脱炭素化を進める企業や事業に投資する動きも高まっている。EV（電気自動車）メーカーのテスラの株価が急上昇し、時価総額がトヨタを抜いて業界トップに立った。

　再生可能エネルギーへの転換などGNDの個々の具体的政策は、CO_2の排出削減に貢献する。トランプ政権の進めた石炭・石油産業の利益を擁護する路線と対決して、GNDを実際に推進することは、当面の重要な課題である。

しかし、各国の GND には、グリーン投資による経済成長という志向が色濃く見られる。**GND によって CO$_2$ 排出の削減やエネルギー効率の向上に成功したとしても、経済の規模を拡大し続ける成長路線をとるならば、その効果は相殺されてしまう。**

2030 年までに CO$_2$ 排出量を半減する目標を達成するためには、毎年 7.6%のペースで排出量を減らす必要がある。2020 年の排出量は、前年比 5.8%（約20 億トン）減少した（IEA）。これは、コロナ危機によって世界の経済成長率がマイナス 3.1% になったことによって可能となった。航空機も飛ばず、車の走行も減り、工場の操業も休止・短縮される、つまり経済活動の縮小によって CO$_2$ 排出量の削減がようやく実現されたのだ。

再生可能エネルギーへの転換、例えば EV への転換は CO$_2$ 排出削減に効果を発揮するが、欧州諸国でさえもガソリン車・ディーゼル車の販売を禁止するのは 2030 年以降である。いくつかの先進的な都市がその走行を制限する（マドリードは 25 年までにすべてのディーゼル車の通行禁止）とはいえ、EV の普及と並んで CO$_2$ を排出する車がどんどん走り回るのだ。また、EV を大量に製造・販売する過程でも、電池の生産から CO$_2$ が排出される。

2030 年までの排出量半減目標を達成するためには、経済活動を縮小することになっても、CO$_2$ を排出する自家用車やトラックの走行を全面的に禁止したり、工場の操業を縮小する必要がある。クルマや航空機に全面的に依存する経済や生活のあり方から脱却しなければならない。

経済成長を最優先する資本主義は、成長と両立するグリーン化を進めることができても、縮小・定常化を強いるグリーン化を受け入れることはできないのである。

■ コロナ危機が加速する巨大格差

コロナ危機で巨大格差が加速している。しかし、いま提唱されている「ステークホルダー資本主義」、あるいは「社会的投資国家」によっては格差や不平等を解決することはできない。

21 世紀は、格差がもっとも拡大している時代になっている。とくにリーマン・ショック後の 2010 年代には格差拡大が急速に進んだが、さらにコロナ危機が追い打ちをかけた。

米国では、上位 10% が所得全体の 51% を、トップ 1% が 22% を独占している。

逆に、下位 60% は 25% を得ているだけである（2015 年）。また、上位 10% の富裕層が株式など資産全体の 64%、トップ 1% の超富裕層が 29% を独占している。逆に、下位の 50% はわずか 5% を保有しているにすぎない（2019 年）。

米国では、コロナ危機下で巨大 IT 企業 GAFAM が牽引して株価が急速に回復したが、それに伴って富裕層の資産は 20 年の 3 〜 5 月だけで 5650 億ドル（約 62 兆円）、19% も増大した[2]。なかでも超富裕層トップ 8 人の純資産額は年初から 1337 億ドル（約 14 兆円）増えた[3]。また、上位 1% による株式・投資信託資産の保有割合が 4 〜 6 月期に 52% と、過去 30 年で最高になった[4]。

格差拡大をもたらしている主要な要因は、**①金融化の進展と株価の上昇、②デジタル化とグローバル化に伴う労働の両極化**である。

先進国の実体経済は低成長から抜け出せないが、大規模な金融緩和によって供給された大量のマネーが株式や証券の市場に流入し、株価の上昇が続いている。その結果、株式や証券を保有する富裕層の所得（配当や株取引の利益）は増え続けるが、それらを保有しない低所得層との格差がますます拡大する。米国では、上位 1% が株式全体の 50% 強を、上位 10% が 88% 強を保有するが、対照的に下位 50% は 0.5% しか保有していない[5]。したがって、株価の上昇の恩恵を受けて資産を増やすのは上位 10% に限られ、格差がますます拡大する。

また、デジタル化とグローバル化の進展によって、先進国では生産拠点の海外移転に伴って製造業の労働者が減少する反面、IT を駆使して情報・通信・金融部門で働く労働者とケア（医療、介護）・飲食・宿泊・レジャーなどのサービス部門で働く労働者が増大している。前者は高度のスキルや知識を身につけ高い賃金を得るが、後者は低賃金と不安定な就労を強いられる。そのため、労働者内部の賃金格差が拡大する。

さらに、新自由主義の経済政策の席巻と労働組合の弱体化は、格差拡大に対する社会的抵抗力を後退させ、所得再分配政策が有効に機能しなくなった。その結果、労働分配率がいちじるしく低下し続けてきた。

巨大格差の出現は、それが個人消費の停滞を招いて経済成長の足枷になるという懸念（OECD、2014 年報告）を生んだ。また、資本主義そのものへの強い疑問や批判を呼び起こした。そこから、格差拡大に対処する道として、①「株主資本主義」から「ステークホルダー資本主義」への転換、②「社会的投資戦略」あるいは「社会的投資国家」の実行が提唱されてきた。

「ステークホルダー資本主義」では
格差や不平等は解決できない

　「ステークホルダー資本主義」への転換は、自社株買いによって株価を吊り上げ株主への配当を最大化する「株主資本主義」に制限を加え、従業員や消費者や地域住民の利益を尊重する方向へ転換することを意味する。

　2020年1月のダボス会議（世界経済フォーラム）は、「ステークホルダー資本主義への転換」を打ち出した。コロナ危機のなかで、世界の機関投資家たちは連名で、株主への配当よりも従業員の雇用維持を優先することを求める見解を表明している。欧米諸国の政府は、企業の資金繰りへの支援を行う条件として自社株買いの禁止を盛り込み、資金を雇用維持に使うことを求めた[6]。

　社会運動の力によって「ステークホルダー資本主義」への転換を推し進めることは、たしかに大きな意味がある。それは、企業の巨額の内部留保を従業員の賃上げや安全性強化のための投資に振り向けさせることを意味するからだ。ここで最大のポイントになるのは、企業の経営方針の意思決定に従業員や住民・消費者が参加する仕組みをどう確立するかである。

　例えばドイツには、企業における経営者と労働者の共同決定のシステムがある。労使同数の代表を監査役会に送りこむ制度（2000人以上の企業）および従業員代表制＝事業所委員会である。

　従業員が企業の経営の意思決定に参加する仕組みは、経営者の専横を規制するために有効であるだろう。イギリス労働党が提案している「包括的所有基金」（Inclusive Ownership Funds）は、従業員による一部の株の所有を義務づける仕組みであり、企業は毎年少なくとも1％の株を従業員が所有する基金に繰り入れることを義務づけられる[7]。たしかに、従業員が株の大半を保有したり、さらに株主として1人1票の投票権をもつようになれば、その企業は資本主義企業、つまり株式会社から協同組合型の事業体に近づくと言える。

　しかし、労働者の経営参加や自社株の保有を手放しで評価することはできない。労働者代表が労働者の利益を企業の利害と同一視して企業の利益擁護に走り、住民や消費者と敵対する危険性が不断に生じる。日本のビッグビジネスユニオンは、脱原発に反対する電力会社の労組に見られるように、企業利益の露骨な代表者として振舞っている。また、政府による規制や監視（自社株買いの禁止、公的資金の投入による一時的国有化など）も、経済危機の時期での一時的・経過的措置にとどまる。

したがって、その企業の従業員だけではなく、**地域の住民・市民の代表が外部から企業の経営方針の決定に参加する仕組みの確立**が決定的に重要になる。例えば、JR東海の取締役会や監査役に住民代表が参加すれば、経営方針の影響や被害をうける沿線住民の発言権が確立され、リニア新幹線の建設計画は強行できなくなる。

　しかし、「ステークホルダー資本主義」は、従業員や地域住民の利益を尊重するとしつつも、ステークホルダーどうしの利益が衝突する場合には**株主や経営者の決定権が優先される**ものにならざるをえない。従業員や地域住民の利益は、部分的・限定的あるいは形式的に反映されるにすぎない。実際に反戦株主や反原発株主の運動があったが、市民が株主として発言権を行使しようとしても徹底的に排除あるいは無視された。

　「ステークホルダー資本主義」が地域住民の管理や監視を受け入れる仕組みにまで進めば、それは資本主義を超えるものになる。すなわち、住民・市民が主体の社会的所有のかたちになる。「ステークホルダー資本主義」の提唱者たちは、それに対して激しく抵抗するにちがいない。

■ デジタル化と「社会的投資戦略」

　巨大格差に対するもう一つの戦略として提起されているのが、「社会的投資戦略」である。

　「社会的投資戦略」は、政府が人的資本投資、すなわち教育訓練投資（学校教育、職業教育・訓練）を積極的に行い、労働者の能力を高めて低技能の職種から高技能の職種への移動を支援する。言いかえると、生産性が低く低賃金のサービス部門から生産性が高く高賃金の情報・通信、金融などの先端部門への労働力移動を促進することによって、労働の両極化を防止しようという戦略である。

　諸富徹によれば、デジタル化の進行に伴って多くの労働者が低賃金の就労を強いられ格差が拡大するのは、彼らが産業構造の変化に見合う能力（創造性、コミュニケーション能力、問題発見・解決能力など）を身につけていないからである。したがって、政府の役割は、失業者や低所得層への現金給付に終わることなく、労働者に「教育訓練投資の機会を提供し、新しい経済構造の下で、新しい雇用機会を掴むことができるように支援する」[8]、「中・低技能労働者の雇用可能性を高めることで、格差が拡大することを未然防止する」[9] こと

である。

　さらに、「社会的投資戦略」は、労働の両極化や格差拡大を防止すると同時に、生産性を高める「人的資本投資を通じて経済成長を促す」とされる。すなわち、「脱成長論のように、経済成長から降りてしまうのではなく、あくまでも経済成長を追求しつつ、同時に平等な社会を構築しようとする第三の道」である[10]。そのモデルは、スウェーデンである、と。

　しかし、「社会的投資戦略」は根本的なジレンマを抱えている。多くの労働者が教育訓練投資を通じてスキルや知識を向上させ「雇用可能性」を高めたとしても、そのすべての人が先端部門で雇われることは不可能である。ITやAIを駆使して**高い生産性を発揮する先端部門は、相対的に人手を必要とせず雇用吸収力が限られている**からである。米国でも日本でも情報・通信・金融などの先端部門に就労する人は増え続けているが、それをはるかに上回るペースで就業者が増えているのは、ケアをはじめ低生産性・低賃金のサービス部門なのだ。この部門でもAI搭載のロボットなどが導入されていくが、人間は不要にならず、むしろより低賃金で働く労働者が増えると予想される。「社会的投資戦略」は、労働の両極化、とくにサービス部門で増える低賃金労働者の困窮を解決する方策にはなりえない[11]。

　この点について興味深いのは、これまで精力的にスウェーデンの取り組みを紹介してきた宮本太郎が「社会的投資戦略」の限界を指摘し、「先端部門ではなくても」地域や社会的経済の場で雇用を創出し、人びとの「多様な潜在的力」を高める必要性を主張していることである[12]。

　「社会的投資戦略」はそもそも、①**生産性が低い産業や企業は、経済にとって解消されるべきマイナス要因である、**②**生産性が低ければ、当然にも賃金が低くなる、**という常識＝固定観念に強く縛られている（生産性は、労働者１人当たりの製品やサービスの付加価値、つまりコストを差し引いた売上高を指す）。その呪縛から、次のような誤った評価が生まれてくる。

　サービス部門の労働の役割（社会的価値）を低く評価する。つまり、介護・医療、スーパー、配送、清掃などエッセンシャルワークに対する不当に低い評価に陥る。

　また、中小企業や農業の位置づけが低くなる。すなわち、中小企業や農業は国際競争力を阻害する要因であり、整理・淘汰すべき対象とされる。

　そして、地方の経済に対する評価も低くなる。大都市への一極集中が合理的なこととされる。

資本主義の利潤最大化と競争優先の原理に立つかぎり、生産性が低い状態は解消されるべきであり、生産性の向上なしには賃金は上昇しない、という観念の呪縛からは自由になれない。

　エッセンシャルワークや中小企業や農業は、生産性という基準よりも、人間の生存や生活の維持、働く場の確保といった社会的必要性、あるいは資源の有効利用や自然環境の保全といった基準によって評価されるべきである。すなわち、**社会的必要性や環境保全の優先性という基準**は、生産性の優先という資本主義的基準＝原理と対立する。社会的に必要であれば、生産性が低くても高い報酬を払わなければならない。

1）K・マルクス『資本論』I、国民文庫版、第1分冊、P.149。以下、K I ① P.149と表記。
2）CNN. co. jp 2020年6月5日
3）日経新聞 2020年7月18日
4）同 2020年10月22日
5）Bloomberg 2020年10月9日
6）拙著『コロナ・ショックは世界をどう変えるか』（2021年、研究所テオリア）
7）岸本聡子『水道、再び公営化』（2020年、集英社新書）、P.109
8）諸富　徹『資本主義の新しい形』（2020年、岩波書店）、P.156
9）同上、P.164
10）諸富「経済成長を通じて平等な社会を築く」（『思想』2020年8月号）
11）第II部第3章を参照されたい。
12）宮本太郎「社会的投資戦略を超えて」（『思想』2020年8月号）

II ポスト資本主義の議論から

■ 乗り越えられるべき資本主義とは

　資本主義という経済・社会システムは、歴史的に特殊なシステムであるが、その特徴や独自性は、次のことにある。

① あらゆるモノやサービスを商品化する【全面的な商品化】。人間の労働によって生産された物だけではなく、自然（例えば水）や人間のあらゆる活動（例えば他人の世話をする）に価格を付けて市場で取引しようとする。

「資本主義的生産様式は、その生産物を商品として生産する。商品を生産するということは、この生産様式を他の生産様式から区別するものではない。しかし、商品であることがその生産物の支配的で規定的な性格であるということは、たしかにこの生産様式を他の生産様式から区別する」[1]。

　商品化は、労働における人間と人間の社会的関連を生産物の物象的な関係としてだけ出現させる。私たちが手にする便利で安い電化製品が、「南」の世界の労働者の過酷な長時間労働によって作られたという痕跡は見事に消されてしまう。

② とくに、**労働力を商品化する【労働力の商品化】**。どのように嫌な労働であっても、生活するために労働者は自分の労働力を時間決めで売らざるをえない。労働者は、尊厳ある人間としてではなく、資本主義的企業の下で単なるモノとして扱われる。

　「資本主義的生産の全体制は、労働者が自分の労働力を商品として売るということを基礎にしている」[2]。

　労働力の商品化は、しかし大きな矛盾と限界を抱える。労働者はモノと違って商品として生産することはできないから、周期的あるいは構造的に労働力不足が出現する。また。生身の労働者は、人間として資本の専横に対して抵抗する。

③ **利潤の最大化を優先する【利潤の最大化】**。資本主義の最大で唯一の推進動機は、利潤（剰余価値）の最大化である。

　「剰余価値の生産が資本主義的生産の直接目的でもあれば規定的動機でもある」[3]。「欲求の充足ではなく利潤の生産が資本の目的なのである」[4]。

　その製品が社会的に有害なものであっても（例えば武器、人体に危険な農薬）、大きな利益が得られるならば製造される。安全性を軽視しても、コスト削減によって利益が増えるならば許される。現代では、株主の利益（配当や株価）を最大化することを至上目的にする「株主資本主義」が支配的な傾向になってきた。

④ **経済成長を無限に追い求める【無制限の経済成長の追求】**。価値（付加価値、貨幣で評価された富）の自己増殖がなければ、資本主義は存立できない。資本主義は、人口の増大と資源の開発・浪費に支えらえて経済の拡大再生産を続けてきた。

　「競争は個々の資本家に資本主義的生産様式の内在的な諸法則を外的な強制法則として押しつける。競争は資本家に自分の資本を維持するために絶え

ずそれを拡大することを強制するのであり、また彼はただ累進的な蓄積によってのみ、それを拡大することができる」[5]。「蓄積のための蓄積、生産のための生産」[6]。

⑤ **不断に国境を越える経済活動を展開する【グローバル化】。**資本主義の経済発展は、商品の貿易のみならず資本の移動、生産拠点の移転、労働力の移動に至るまで世界市場の形成・拡大と不可分に結びついている。

「世界市場こそは、一般に資本主義的生産様式の基礎をなし、その生活環境をなしているのである」[7]。

この世界市場は、先進国の資本主義による周辺部（非資本主義的な生産・社会関係が色濃く存在する）からの資源と労働力の収奪、つまり不等価交換の構造を形成し拡大再生産する。その意味で、資本主義は「本源的蓄積」の過程を、歴史的に一回切りの出来事としてではなく世界的な規模で継続している。この収奪の構造なしに、資本主義は成り立たない。

■ ポスト資本主義のいくつかの社会構想

ポスト資本主義とは、どのようなものか。いくつかの社会構想が出されているので、見ておこう。

J・リフケンは、「**協働型コモンズ**」という構想を主張している。その特徴は、プロシューマー（消費者が同時に生産者となる）が主体になる。財やサービスの共同管理と共有が行われる（シェアリングエコノミー）。非営利である、といったことである[8]。

M・ハートは、「**コモン**」の民主的管理を強調している。

「新しい時代のコミュニズムを考えるならば、まず〈コモン〉から出発しなければなりません」。「〈コモン〉とは、民主的に管理された社会的な富のことです」[9]。〈コモン〉は、宇沢弘文が提唱した「社会的共通資本」とほぼ重なる概念である。

「社会的共通資本は自然環境、社会的インフラストラクチャー、制度資本の３つ（からなる）……。自然環境は、大気、水、森、森林、河川、湖沼、海洋、沿岸湿地帯、土壌などである。社会的インフラストラクチャーは、道路、交通機関、上下水道、電力・ガスなど、ふつう社会資本とよばれているものである。……。制度資本は、教育、医療、金融、司法、行政などの制度をひろい意味での資本と考えようとする」[10]。

〈コモン〉は、すべての人の生存と生活にとって必要不可欠な共同の富であり、私的に独占されてはならない共有物である。この〈コモン〉を、誰が、どのように管理し利用するのかは、新しい社会を構想するときの最重要なカギの1つとなる。

　また、ハートは、ベーシックインカム（BI）の導入を提唱している。

　「BIを導入すれば、収入を仕事から切り離すことができます。……BIがきちんとした生活のために十分な金額で支払われれば、わざわざ劣悪な労働環境で働くことはなくなります」[11]。

　P・メイソンは、IT（情報技術）の高度な発展が**「持続可能な協働型経済」を生み出すと主張している。**

　「情報技術の発達によって、協同型経済が台頭してきている……。持続可能な協同型経済の完成形が、ポストキャピタリズムなのです」[12]。

　リフケンやハートやメイソンらは、ITの高度な発展による情報＝デジタル資本主義の進展の上にポスト資本主義を展望している。これとは違って、松尾　匡は、生産手段の社会化という視点から、**政府の公的な投資によって景気を安定させることで、労働者の自主管理企業の変質を防ぎ発展させることを**主張している。さらに松尾は、**民間銀行による信用創造＝貨幣供給の制度をなくし政府（国立銀行）による一元的な信用創造＝貨幣供給の制度をつくる、**という構想を提唱している。

　「労働者自主管理企業は、さまざまなルートで、資本主義企業同様の階級システムに変質する危険性を持っている」。「（政府による）公的投資のバックアップのもとにはじめて、従業者や利用者が自主管理する事業体は、資本制的変質を相対的に免れて発展していくことができる」。

　「貨幣を作る力を公的に集中していくことをテコにした生産手段の社会化の道に乗り出すことで、草の根からのアソシエーション的事業の経済が発展していくことを決定的に支える」。「景気が安定して無用な市場リスクが最小化されてこそ、資本主義的変質の危険も最小化できるのである」。

　「私銀行による信用創造制度は『貨幣民営システム』である。私的利潤目的のための私的意思決定によって、私的生産手段の蓄積のために、社会的に機能する貨幣が創造されるのである。そのために、社会の正常な再生産が撹乱され、時には破壊される」。したがって、「（設備投資補助金や居住者全員への一律給付金の支給は）究極の理想としては、中央銀行制度を廃止した政府通貨でなされるのが望ましい」[13]。

たしかに松尾が指摘するように、労働者による自主管理企業や協同組合は、市場競争の論理に規定されて収益＝売上げの増大を最優先する事業体に変質し、労働者の労働条件を切り下げたり民主的な決定を空洞化する危険性をたえず抱えている。この危険性とたたかい、**自主管理企業や協同組合相互の協力と助け合いネットワークをどのように形成していくのか**が、難題として社会的連帯経済に問われる。

　しかし、松尾は、協力と助け合いのネットワーク形成を具体化する作業を素通りして、政府のマクロ経済政策（完全雇用の実現、景気の安定）に解決のカギを求めている。相も変わらずマクロ経済政策への過信が見られる[14]、と私には思われる。そのオルタナティブは、銀行の国有化を要とする古典的な社会主義像に戻っている。

　これに対して、斎藤幸平は「**脱成長コミュニズム**」を主張し、その社会構想として次の5つを提示している。

　①「『使用価値』に重きを置いた経済に転換して、大量生産・大量消費から脱却する」。
　②「労働時間を削減して、生活の質を向上させる」。
　③「画一的な労働をもたらす分業を廃止して、労働の創造性を回復させる」
　④「生産のプロセスの民主化を求めて、経済を減速させる」
　⑤「使用価値経済に転換し、労働集約型のエッセンシャルワークの重視を」[15]。

　斎藤は、地球環境の危機の深刻な現状から脱成長のリアリティを明確にし、脱成長を資本主義の乗り越えとして提示しているが、この5点については大いに共感できる。

■ ポスト資本主義論の問題点

　ポスト資本主義をめぐる議論において、リフケンやハートやメイソンの見解は、ITの高度な発展が資本主義を終わらせ、ポスト資本主義への移行を可能にするといった発想に流れている。**技術の発展＝ITの高度化に過度に期待・依存する生産力主義に陥っている**。そこでは、ポスト資本主義への移行を担う主体や変革のプロセスが十分に検討されていないという大きな欠陥がある。リフケンやメイソンは、次のように述べている。

　「IoT は早くも生産性を押し上げ、多くの財やサービスを生産する限界費用※をほぼゼロに近づけ［初期の固定費を別にすれば］、それらの財やサービス

を実質的に無料にし」ている（リフケン）16)。「限界費用は、ほぼゼロになる……と、財やサービスはほぼ無料になり、利益は枯渇し、市場における財産の交換は停止して、資本主義体制は最後を迎えることになる」（同）17)。

「限界費用ゼロ社会の到来が資本主義を終わらせ、ポストキャピタリズムへと導いていきます」（メイソン）18)。

では、ポスト資本主義への移行を担う**主体や変革のプロセス**はどのように考えられているのだろうか。

ハートは、ポスト資本主義への移行を担う主体を「マルチチュード」に求めている。これは、工業化時代に見合う労働者階級という枠組みを超えて「非物質的労働」に従事する多様な労働者（ソフトウエア開発者やプログラマー、医師や看護師や介護士など「感情労働者」、コンビニやファストフード店で働く人）を指す19)。

メイソンは、リフケンの「限界費用ゼロ社会」の理論を受け入れているが、同時に「人間の主体性」の必要性という点でリフケンとは違うと主張している。

「資本主義の危機から、利潤に左右されないポストキャピタリズム社会にどのように移行するのかのプロセスについて、限界費用ゼロという概念だけでは説明できないのです。未来をつくるには、私たち人間の主体性が必要なのです」20)。

ハートもメイソンも主体の問題を提示しているが、いずれも抽象的である。

次に、移行のプロセスにおける国家、すなわち国家権力の獲得は、どのように位置づけられているか。松尾の場合、**国家権力を握る**ことは、政府の反緊縮経済政策を公的資金で実行するためには死活的な重要性をもつ、とされる。マルクス主義左翼の古典的な考え方に立っている。

「（NPOや協同組合が）自活のために、並みの株式会社をしのぐ資本主義企業へと変質してしまっている。……。こうした閉塞を打ち破るためには、反緊縮政策のために政治権力を握る課題を避けて通るわけにはいかない」。「マルクスがアナキストを排撃し、協同組合工場に未来社会の萌芽を見つつも、労働者が政治権力を握り全体的変革をすることなしにはそれは成功しないとみた」21)。

これに対して、メイソンは国家権力奪取を優先する発想を否定し、草の根からの抵抗や対抗社会の創出を重視する。

「小規模な抵抗、（オキュパイ運動に代表される）水平主義のプロジェクトが重要です。ポストキャピタリズムとは、そうした人々の実践から立ち上がっ

てくるものだからです。国家が上から押し付ける目標ではなくてね」[22]。「ポストキャピタリズムへの道は、古臭いレーニン主義者が主張する国家社会主義への道であってはなりません。資本主義経済と並行しながら、非資本主義経済を小さいスケールからつくっていくことが、ポストキャピタリズムへの移行プロセスなのです」[23]。

斎藤幸平も、「国家という解決手段を拒否することは愚かでさえある」が、「国家に頼りすぎること」は避けるべきだ[24]と主張する。バルセロナの事例に学んで「自治体と協同組合のつながり」[25]を発展させ、水やエネルギーの社会的所有＝「〈市民〉営化」と参加民主主義を実現していく。そして、「ミュニシパリズム」に希望を見出す。「コミュニティや地方自治体をベースにして信頼を回復していくしか道はない。そんな地道な活動では間に合わないと焦る人もいるかもしれない。だが、ここでの希望は、一見ローカルに見えるコミュニティや地方自治体、社会運動が、いまや世界中の仲間とつながっているということだ」[26]。

その通りである。リベラル・左翼勢力が政権を獲得することは必要不可欠なことであるが、しかし国家権力を握ればポスト資本主義への移行が実現するわけではない。資本主義に抵抗する運動のなかで人びとの自治と自立・連帯の営みや小さな仕組みが無数に生まれ、育ち、いったん潰されてもまた再生するという半永続的なプロセスこそが、決定的に重要なのである。

私も以前から、資本主義と対抗する３つのレベル（ローカル、国民国家、グローバルな世界）があるが、ローカルなレベルにおけるオルタナティブを創出する実践が資本主義を蚕食していく基本的な場となる、と主張してきた。

「先進国でも新興国・発展途上国でも、ローカルこそ脱資本主義的あるいは反資本主義的な社会のモデルが芽生え、たくましく育つ舞台となります。そこに、資本主義の世界システムを草の根から蚕食するオルタナティブの確かな手応えを、人びとは手に入れることができるでしょう」[27]。

※ 限界費用：財やサービスの供給を１単位増やすのにかかるコスト

1) マルクス『資本論』Ⅲ、国民文庫版第８分冊、P 434。以下、K Ⅲ⑧、P 434と略記する。

2) 同上、K Ⅰ②、P.345

3) 同上、K Ⅲ⑥、P.399

4) 同上、K Ⅲ⑥、P.418

5) 同上、K Ⅰ③、P.152

6）同上、K Ⅰ ③、P.157

7）同上、K Ⅲ ⑥、P.186

8）J・リフケン『限界費用ゼロ社会』（2015 年、柴田裕之訳、NHK 出版）

9）M・ハートの発言、斎藤幸平編『未来への大分岐』第 1 部（2019 年、集英社新書）、P.66、P.63

10）宇沢弘文『社会的共通資本』（1974 年、岩波新書）、P.5

11）ハート、前掲、P.110

12）P・メイソンの発言、斎藤編『未来への大分岐』第 3 部、P.255

13）松尾　匡「反緊縮派経済理論の体制変革展望」、（季刊経済理論）2020 年 4 月）

14）松尾も、『左翼の逆襲』（2020 年、講談社現代新書）においては、「マクロ的な総需要コントロールだけではなくて、ミクロ的な部面で、労働者や利用者が運営する事業体や、農家や、中小個人事業者や、労働運動、消費者運動などが、商品生産関係を乗り越えた連携のネットワークを組織していくことが必要です」（P.251）と述べている。「マクロ的な変革は、ミクロ的な変革が長い目で見て進展していくために有利になる条件を作ります」（P.250）という指摘も、間違っていない。しかし、肝心のマクロ的な変革の内容は、「公的に創出された資金で完全雇用を維持するように総需要を管理する政策」（同）に限られている。これでは、自主管理企業や協同組合のネットワークを支援・促進することが十分にできない。

15）斎藤幸平『人新生の「資本論」』（2020 年、集英社新書）、P.300 ～ 318

16）リフケン、前掲『限界費用ゼロ社会』、P.25

17）リフケン、同上、P.108

18）メイソン、前掲、斎藤編『未来への大分岐』、P.245。なお、メイソンは、『ポストキャピタリズム』（2015 年、佐々とも訳、東洋経済）のなかで、コストがゼロで私有できない情報が中心の経済は「資本主義であるはずがない」（訳書 P.297）、と述べている。

19）ハート、前掲、斎藤編『未来への大分岐』、P.90 ～ 91

20）メイソン、前掲、P.296

21）松尾、前掲「反緊縮派経済理論の体制変革展望」

22）メイソン、前掲、斎藤編『未来への大分岐』、P.295 ～ 296

23）メイソン、同上、P.303。また『ポストキャピタリズム』でも、同じ内容を主張している（訳書 P.397）。

24）斎藤、前掲『人新生の「資本論」』、P.355

25）同上、P.335

26）同上、P.357

27）本書第 Ⅱ 部第 1 章 P.150

Ⅲ 大まかなスケッチ／
　ポスト資本主義の社会の原理と特徴

■ 5つの柱

　ポスト資本主義（反資本主義的な社会ないし資本主義を乗り超える社会）は、どのような特徴や原理をもつのだろうか。さまざまな実践的試みを参照しながら、簡単にスケッチしてみたい。以下は以前に述べたことだが[1]、再録しておく。

① 脱労働力商品化／労働のあり方を変革する。

　労働者が労働時間を自由に定める権利を行使する。業務量（ノルマ）の決定に参加する権利をもつ。社会的に不公正な仕事を拒否する権利をもつ。これらは、まだ労働力商品化そのものの否定とは言えないが、その第一歩である。

　ナリワイ（自営業）、つまり賃金を得て労働する以外の働き方が成り立っていて、人びとがいずれかを選択することができる。労働力商品化からの脱却になる。

② 脱成長／経済成長主義から脱却した経済・社会のモデルを創出する。

　地域の資源を生かし、モノ・おカネ・仕事が地域内で循環する経済システムを創る（例えば、エネルギーや食の「地産地消」、半農半Xの働き方など）

　蓄積されたストックを活用した共有する経済を発展させる（空き家・空き室やクルマのシェアリング、耕作放棄地の再生）。

　互酬と助け合いの活動を活性化する（地域のケア、地域通貨）。

　労働時間を抜本的に短縮する（年1300時間、週3日労働あるいは毎日4時間労働）。

　経済の中心をモノづくりから人へのサービスにシフトする。製造業は高付加価値のモノづくりに集中する。

③ 脱利潤原理／利潤の最大化を優先することから脱却した企業や経営・事業のあり方を創出・拡大する。

　協同組合や社会的連帯経済を発展させる。

　巨大企業を頂点とするピラミッド型の生産・供給システムから中小・零細企業・自営業・協同組合が主役の自律・ネットワーク型のシステムに転換する。

④ 脱商品化／市場（商品化）に依存しない活動や取引を広げる。

　医療や介護や子育てや教育は、誰もが利用できるように無償で提供する。

人間の生命・身体や自然は、商品として取引することを禁止する。

　さまざまの活動を商品化されたサービスとして購入することを抑え、自分たちの手で行う（料理、悩み事の相談）。無償の助け合いや共同の活動として行う（子育て）。

⑤ **脱グローバル化／連帯する（開かれた）ローカリズムを発展させる。**

　過剰なマネーのグローバルな投機的移動を禁じて、マネーをローカルな経済やコミュニティに埋め戻す。

　マネーの移動は制限し、モノの交易は適正に規制し、ヒトと文化の移動は自由にする。

1）本章第Ⅱ部第1章 P.149

Ⅳ 脱労働力商品化
── 重要な論点の考察を深める（1）

▌労働力商品化とは

　労働力の商品化とは、人びとが自らの労働力（労働する力能）を商品として資本家に売る以外に生活手段を手に入れることができないという社会的関係性である。労働者は尊厳ある人間としてではなく、単なるモノとして扱われる。

　労働者は、市場における商品交換の原理にしたがって自らの自由な意思で経営者(資本家)との間に契約を結び、時間決めで労働力を売るとされる。だが、現実にはそれ以外の選択肢が奪われているため、事実上の強制された関係の下に置かれる。

　しかし、労働力の商品化＝モノ化は、大きな矛盾と限界を抱えている。モノと違って労働者は商品として生産することはできないから、周期的あるいは構造的に労働力不足が出現する。また、生身の労働者は、感情と意志ある存在として資本の専横に対して必ず抵抗する。

　マルクスの社会変革構想には限界があるが、その資本主義批判は優れていて、とくに労働力の商品化についての批判的分析は他の追随を許さないものである。K・ポラニーも、本来は商品ではない労働（および土地と貨幣）が価格を付けられて市場で売買される「擬制的商品」になることに、市場経済が

社会全体を呑み込み支配する秘密を見出した[1]。

　労働者は、それがどんなにイヤな労働であっても、拒否すれば失職し生活する手段を失うことを恐れて、命じられた労働に従事せざるをえない。それは、長時間の労働であったり、過重な業務量（ノルマ）の達成であったり、他人の生命や健康を脅かす労働（有害な物質を排出する公害など）であったり、働く意味をまったく感じない《クソどうでもいい仕事（ブルシット・ジョブ）》（D・グレーバー[2]）であったりする。

　ブルシット・ジョブの例としては、リスクの大きい金融商品を大儲けできるからと言って売り込む仕事がある。また、消費者の購買意欲を無理やり掻き立て衝動買いに走らせるための商品広告を次々に作る仕事もそうだろう。クリエーターと呼ばれ、創造的な要素もあるとは思うが、資源を浪費し不要な買い物をさせる広告の仕事に創造力が費やされていることに無意味さを感じる人も少なくないだろう。

■ イヤな仕事を拒否する／脱労働力商品化へのステップ

　そこで、労働者が働く時間を自分で決めたり、業務量（ノルマ）の決定に参加する権利を行使できるようになれば、どうだろうか。それは、労働力商品化を否定する決定的に重要な第一歩となるだろう。

　さらに、他人の健康や命を脅かしたり、自然環境を破壊する仕事、あるいは《クソどうでもいい仕事》を拒否する権利を行使できるようになれば、それは労働力商品化から脱却しつつあることを意味する。

　労働者がイヤな仕事を拒否する権利の行使は、実は戦闘的な労働組合が経営者に対する抵抗行動（ストライキ）としてしばしば行使してきたのである。例えば、三井三池労組は、安全性が確認されるまで炭鉱に入坑して作業をすることを拒否するたたかいを組んだ。ゼネラル石油精製労組は、不当処分撤回闘争のなかでクルマの排気ガスによる健康被害という公害を生む加鉛ガソリン（猛毒の四アルキル鉛を混入したガソリン）の追放をめざした。世界の港湾労働者は、しばしば軍事物資の荷揚げに反対するストライキを組織した。

　それらは労働力商品化の廃絶を意識的にめざす行動ではなかったが、労働力商品化の否定とはどういうことかを例示的に表現したと言える。

　しかし、イヤな仕事の拒否は、抵抗手段として短期的・一時的に可能であるが、恒常的に続けることはできない。解雇などによって仕事を失い、生活

手段を手に入れることができなくなるからである。

■ ベーシックインカムとナリワイ

ここで、重要な役割を演じると考えられるのがベーシックインカム（BI）である。

BI は、所得を得ることと労働することを切り離して、社会の全員に生活に必要な最低所得を無条件に保障する仕組みである。したがって、働くか・働かないかの選択の自由を保障するから、労働者はイヤな労働を拒否し、やりたい労働や意味のある労働（自己実現が可能な労働、仲間とつながりを創れる労働）を選択することができる。

今回のコロナの渦中に、米国や日本などでは政府が「国民」全員に生活支援のための一律の現金給付を行なった。これは一回切りの特例的措置ではあったが、無条件に一律の現金を給付するという点では BI 型の生活保障の試みであったと言える。スペインでは低所得層に限定した BI の導入が決まったが、コロナ危機は BI の導入を求める声や議論が高まる引き金を引いた。

もちろん、BI を十全なかたちで導入することは簡単なことではない。しかし、BI の導入は、普遍主義的な社会サービス（医療、介護、育児、教育など）の無償提供、すなわちベーシックサービスと結びつけば、**労働力商品化を廃絶していく有効な制度的条件**となるだろう。その実現のためには、人びとの価値観、つまり「働かざる者、食うべからず」という労働観と結びついた「自己責任」イデオロギーを抜本的に変えていくことが大前提になる。また、BI と普遍主義的な社会サービス（ベーシックサービス）に必要な巨額の財源を確保する税制の確立が問われる[3]。

労働力商品化から脱却するもう1つの道は、**ナリワイ（自営業）、つまり賃金を得て労働する以外の働き方を広げる**ことである。

人びとのなかで、農業に従事する、小さなパン屋やカフェを営む、独立したデザイナーになるといった試みが広がっている。一定の資金さえあれば、誰かに指揮・命令されることなく自分が主人公として働けることは、ひじょうに魅力的であるからだ。資本主義は、小規模な自営業や農家を滅亡させることはできなかったばかりか、現在ではそうした自営業から提供される個性的な製品や親密なサービスに対する新しい需要が増えている。

しかし、ナリワイは束縛が少ない自由な働き方であるが、資本主義の激烈

な市場競争の波にさらされるリスクを抱える。最近のコロナ経済危機は、飲食業をはじめ小さな自営業者を直撃し、倒産・閉鎖に追い込んだ。

したがって、経営難に陥った仲間を助けるために、ナリワイを営む人びとの間の助け合いや協力（協同組合など）を発達させることが必要不可欠になる。また、その製品やサービスの社会的必要性を評価して、政府による公的な支援が求められる。

---

1) K・ポラニー『大転換』（1944年、野口建彦・栖原学訳、東洋経済新報社）、P.125
〜126
2) D・グレーバー『ブルジッド・ジョブ』（2018年、酒井隆史ほか訳、岩波書店）
3) 拙著『コロナ・ショックは世界をどう変えるか』（2021年、研究所テオリア）。

Ｖ 利潤最大化の論理を超える／
社会的連帯経済・協同組合
── 重要な論点の考察を深める（2）

■ 社会的連帯経済とは何か／協同組合が最も主要な担い手の１つ

資本主義は、利潤の最大化を追求することを本性にする。株主の利益を最大化する株主資本主義が、その典型的な姿である。したがって、ポスト資本主義へ移るためには、脱利潤原理の経済、つまり利潤原理から脱却した経営・事業や企業のあり方が構築されなければならない。その重要な形態が、**非営利性を原則とし環境の保全や福祉の拡充などの社会的目的を追求する事業＝経済活動を展開する「社会的連帯経済」**である。それは、協同組合、NPO、社会的企業など多様な形態をとって行われる。

例えば廣田裕之は、社会的連帯経済を「資本主義の論理＝株主利益の最大化と無縁で、社会や環境に対して何らかの価値を提供すべく行われている経済活動」[1]と規定し、次のように説明している。

社会的連帯経済は、フランスやスペインなどで展開されてきた社会的経済と中南米などで新自由主義に反対する社会運動のなかから生まれた連帯経済が組み合わされたものである。社会的経済は「非資本主義的な組織、具体的には協同組合、NPO、財団と共済組合を合わせたもの」である。「日本でい

えばJAや信用組合、労働金庫、商店街や社会福祉協議会に加え、各種NPO
や財団法人が社会的経済の主な担い手と言える」。そして、「各国の社会体制
の1つとして統合されて」いる。これに対して、連帯経済は、「フェアトレー
ドやマイクロクレジット、地域通貨やクリエイティブ・コモンズ（著作権フ
リーで使用可能な画像など各種著作物の総称）など」がその例であり、「社会運動
としての性格が強」い[2]。

　なかでも**協同組合**は、社会的連帯経済の最も主要な担い手の1つである。

　協同組合の最大の特徴は、**組合員自身による経営の民主的管理**である。組
合員は出資者・経営者として経営方針の決定に関わると同時に、従業員とし
て働く（労働者協同組合）、あるいは消費者として購入活動を行う（消費生活協
同組合）。これが資本主義的企業や国営企業、つまり経営方針の決定は経営者
や大株主、あるいは政府や官僚が行い、人びとは単なる労働者や消費者とし
ての受け身的な立場に置かれる企業との大きな違いである。自主管理型の経
営体、あるいは自己統治型の企業といってもよい。

　「資本主義企業では株主に、国営企業では政府に委任された経営者がそれ
ぞれ経営権を握り、労働者が経営に参加する余地はありませんが、協同組合
であれば組合員自身が経営権を持つため、組合員の組合員による組合員のた
めの経営ができるようになる」[3]。

　協同組合については、7つの原則が次のように定められている（国際協同組
合ICA）。①自発的で開かれた組合員制。②組合員による民主的管理。③組
合員の経済的参加。④自治と自立。⑤教育と研修及び広報。⑥協同組合間の
協同。⑦地域社会（コミュニティ）への関与。特に②と⑦が重要である。

■ 具体的な事例

　社会的連帯経済の具体的な事例を見ておこう。

　例えば**フランスにおける社会的経済の比重**は、「フルタイムに換算して
2011年現在で協同組合は28万6870名、共済組合は11万4856名、アソシ
アシオン（NPO）は150万4602名、そして財団は5万9549名、合計で196
万5767名の雇用を生み出しています」[4]。フランスは日本の人口の半分だか
ら、日本では約400万人に当たる。

　回復企業と呼ばれる労働者の自主管理企業も注目される。これは中南米を
中心として、企業が倒産した場合に、従業員が工場を占拠して協同組合を作

り、その工場を自主運営するものである[5]。アルゼンチンの首都ブエノスアイレス市のホテル・バウエン、東京品川駅前の京品ホテルなどの例が挙げられる。

　日本では、1970年代に労働者がいくつかの倒産企業で自主管理・自主生産を行った貴重な経験がある。大阪の田中機械、東京のパラマウント靴、ペトリカメラなどが有名である。例えばパラマウント靴は、1977年から1986年まで倒産後の企業を労働組合が自主管理して自主生産を継続した。86年に争議の和解による労働者出資の協同組合型企業を設立し、1998年から株式会社パラマウント・ワーカーズ・コレクティブ・コープに改組した。現在は直営店4店を開設している。

　スペインの「時間銀行」も社会的連帯経済の典型例である。工藤律子によれば、それは「人びとがグループ＝『銀行』をつくり、そこに自分がメンバーとして提供できるサービスを登録して、お金ではなく『時間』を単位に、必要なサービスをメンバー間で提供しあう仕組み」[6]である。「スペインには2019年現在、都市部を中心に280あまりの時間銀行が存在し、そのうちの100強が活発に活動しているという。2014年からは毎年1度、それらの有志が集まる『時間銀行全国大会』が開かれている」[7]。

　最近では、デジタル化の時代に対応して**スマホのアプリを使った地域通貨**もある。

　「マドリード市オルタレサ地区で生まれた『ラ・モラ』は、生ごみや使用済み食用油のリサイクルを推進する地域通貨だ。各家庭が、スマホの無料のアプリ『モラの財布』をダウンロードして使う、電子マネー方式をとっている。住民は、ダウンロードする際にモラのユーザー登録をしてから、3ユーロ（約400円）で貸し出される専用のゴミ箱を手に入れる。それを使って生ゴミを貯め、地域の小学校に設置された回収箱にもっていくと、4キロにつき1モラもらえる。……。食用油はペットボトルに詰めて、生ゴミを出すついでに、ゴミ箱回収箱の隣にある回収口へ入れる。手に入れたモラは、地域にある約30の店舗や、モラ利用者が年に4回開くバザーで使うことができる」[8]。

　興味深いのは、先端部門である**情報・通信部門でも協同組合による事業**が試みられていることである。

　電話通信事業では、大手企業が独占し不必要なサービスを付けた契約を消費者に押し付けている。これに対して、消費者協同組合の「ソム・クナクシオは、市民による市民のための携帯電話とインターネット通信の事業を志

す」。まず、WiFiサービスは、既に存在するグウィフィ・ネットに協力を依頼して、そのインフラ＝ネットワークを提供してもらう。「そのインフラは『共有財産』とされ、それを使えばソム・クナクシオも既存の大電話通信会社に頼らずに、顧客にインターネットサービスを提供することができる」。携帯電話については、「協同組合としてそれらの（国が指定する）企業と契約し、彼らの持つ線や電波を利用しなければならない。独自のものといかないのが不満なところだが、それでも消費者一人一人のニーズに合わせた契約をするなど、人の暮らしと権利を軸に置いた経営をしていることが誇りだ」[9]。

■ 市場経済と社会的連帯経済の相克

　社会的連帯経済は資本主義の論理とは異質で対抗的な経済活動ではあるが、その事業は資本主義の主導する市場経済のなかで行われ、市場競争にさらされている。その代表的な主体である**協同組合は、利潤の最大化をめざさないという意味で非資本主義的企業であるが、市場経済の激烈な競争のなかに組み込まれている**。そこに、大きな困難やジレンマ、乗り越えるべき課題が生じる。

　「社会的連帯経済であっても市場経済の一員であり、消費者向けに商品を生産・流通している以上、適切な形で消費者を引き付け、定着させる必要があります」（廣田裕之）[10]。そのため、資本主義的な企業、とくにグローバル企業や大企業との**価格や品質の面での激しい競争で勝つ、あるいは生き残る必要**に迫られる。

　価格面での競争では社会的連帯経済は、株主への配当や経営者への高額な報酬が不要な分だけ、コスト面で優位に立つこともできる。しかし、大企業の価格競争力は、製品の大量生産や資材・商品の一括購入（巨大スーパーや全国的チェーン店）、低賃金の非正規雇用の利用などによって圧倒的に強い。

　これに対抗しようとすると、低賃金・長時間の労働や従業員の削減といった資本主義的な方法に頼りがちになる。フェアトレードに代表されるように、公正な労働や安全性にコストをかけることを特徴とする社会的連帯経済は、価格面では特定の業種を除けば競争上の優位に立つことは難しい。言いかえると、生産性を高めてコストを安くするのではなく、相対的に高価格のモノやサービスを提供しても事業が維持できる道を選択する必要が出てくる。

　また、医療や介護や教育など、形の上では「商品」として供給されるが公

的な価格規制の下に置かれる業種では、市場競争の論理が制限される。これらの「疑似市場」[11] あるいは「準市場」[12] においては、協同組合や NPO は、大企業との価格競争（安売り競争など）を強いられることが比較的少なくなる。

社会的連帯経済は、**価格面よりも品質面で優位性を発揮する**ことができる。資本主義的企業は、しばしば「安かろう、悪かろう」の価格引き下げ競争に走るからである。これに対して、生活協同組合は、有機栽培農家との産直連繋による安全・安心な食品の供給によって、品質面では優位性を発揮することができた。また、市民の協同組合型の介護や育児の事業所は、顧客の人数を増やして利益をあげることよりも、1 人ひとりの利用者に人手をかける。利潤の最大化を優先しないから、安全性を最優先するサービスを供給できる。

しかし、大企業も消費者の安全性志向の高まりに対応して、大手スーパーが有機栽培や農家直接契約の農産物を供給するようになった。協同組合は、安全性や生産者との連携といった優位性を次第に奪われていくという困難に直面することになる。

そこで、多くの協同組合は、**事業規模の拡大や売上高の増大**によって資本主義的大企業との競争で生き抜く安易な道を選んだ。だが、規模拡大＝大型化の選択は、協同組合が資本主義的企業に近いものに変質していく危険性を強める。事業拡大やコスト削減のために、労働者に低賃金労働を強いる。ワーカーズコレクティブの労働が、しばしば資本主義企業の非正規雇用と同じようになってしまう、といった事例も報告されている。

協同組合が巨大化すれば、組合員の経営への参加が形骸化しやすい。経営方針の決定や運営は、少数の専門化したマネージャーに委ねられてしまう。また、無理な事業拡大（新規の店舗の増設など）は、しばしば赤字の拡大や累積を招くことがある。

したがって、市場経済の激しい競争の渦中にあって協同組合がその独自性を貫くためには、**「適正な事業規模」の論理**を貫く必要があると考えられる。これは高坂勝の持論 [13] だが、「大きくなりすぎない」、「儲けすぎない」という自制の論理が問われる。これは、成長に次ぐ成長、拡大に次ぐ拡大という資本主義的企業との根本的な違いである。巨大化した協同組合の形成ではなく、多種多様な協同組合の数を増やしその相互協力のネットワークを形成することが問われる。そのネットワークによって、市場経済の論理に対抗していくことも可能になるだろう。

さらに、社会的連帯経済や協同組合に問われる難題は、**組合員の経営参加**

による民主的な運営と管理を空洞化させない不断の工夫や改革を続けることである。

　この点では、ユーゴの自主管理社会主義の挫折という苦い歴史的経験がある。ユーゴは、ソ連型の国有化社会主義とは違う自主管理型の社会主義をめざしたが、そこで大きな壁にぶつかった。それは、多くの労働者にとって経営方針の決定や日常的な運営に参加することは、特定の時期を除けば、煩わしく関心の低い事柄なのだという現実である。労働者の多くは、自主管理事業を立ち上げたり自分たちに不利な経営方針が押し付けられる時には、経営方針や運営のあり方に強い関心をもつ。しかし、それは持続せず、日常的には経営参加に消極的になり、専門家やマネージャーにお任せになる。大学の占拠闘争でも、最初にバリケードを築いた時は多くの学生が創意工夫を発揮して占拠に参加したが、日常化するとマンネリ化して特定の活動家しか残らなくなった。

　組合員の経営参加を空洞化させないためにも、経営や事業の規模を巨大化しないで「適正な事業規模」を維持することが必要になるだろう。

　社会的連帯経済が展開される主要な場は、地域である。地域において、多くの協同組合がネットワークをつくり、相互に協力しあうことが可能になる。これは、ポスト資本主義の立脚点としてのローカル、ミュニシパリズムと深く関わる。

■ 市場経済を規制し限定する

　社会的連帯経済が資本主義に対抗し乗り超える拠り所として「雨後の筍」のように出現するためには、やはり市場の働きを規制し、市場経済を特定の範囲＝分野に限定していくことが必要不可欠である。言いかえると、“脱商品化”を推進する、あるいは“市場を社会に埋め戻す”（K・ポラニー）ことが必要になる。

　第1に、誰もが必要とする**公共性のある財やサービスは、市場経済の働きに委ねず、公的な規制や管理の下で提供される**ようにする。いいかえると、〈コモン〉である水道、電力、交通機関、医療、介護、教育、住宅などは、価格を付けられるとしても市場における〈商品〉として扱わない。すなわち、市場における需要と供給の関係によって価格が決まる商品としてではなく、誰もが利用できるように無償あるいは低価格で提供されなければならない。「擬

似市場」あるいは「準市場」の仕組みを強化するのである。

　これらの財やサービスは、公的な部門（政府、自治体、公共企業体）によって直接に提供されるだけではなく、民間企業やNPOによっても提供される。しかし、その場合でも、価格は公的に決められる。低所得の人でも支払うことのできる水準に価格は抑えられるし、株主への配当は制限される。あるいは、安全性の確保のためにコストをかけることが要求される。

　〈コモン〉が公的な規制や管理の下に置かれることによって、市場経済の範囲や分野はかなり限定されることになる。

　第2に、人びとの間で**商品化されない形での財・サービスの交換や取引を広げていく**ことである。いいかえると、「互酬」的な関係をさまざまな分野で発展させていく。

　具体的には、無償の助け合いや支え合いの活動を地域で拡大する。住民（自治会）による高齢者の見守り活動やボランティア活動がそうである。あるいは、地域通貨や「時間銀行」に見られるように、自分が得意とする活動やスキル（大工仕事、料理、子育て、英会話、ITなど）をお互いに提供し交換する。時間を単位にして交換するが、それは商品としての交換ではない。

　また、**共有型経済**（シェアリングエコノミー）を拡大することも重要である。一定の利益を上乗せした価格を付けた商品の形態をとるが、使っていないモノ（クルマ、ブランド服、空き部屋）を安い価格で貸し借りしたり、提供しあう。これによって、新たな付加価値の増大は抑えられる（GDPがあまり増えない）が、人びとにとっての有用性（＝使用価値）は増大する。

　第3に、**ローカルな市場を拡大する**。地域内循環型経済を回していくために、ローカルな市場は重要な役割を果たす。そこでは、商品化された財やサービスの取引が活発に行われるが、住民の監視やコントロールが働きやすく、不当な価格の操作（全国的なチェーン店による安売り競争）や投機的な取引を規制することができる。

　しかし、市場経済の規制と限定にとってコントロールが難しい分野が残る。1つは**株式市場と金融市場**であり、もう1つは**グローバル市場**である。この2つの市場は、資本主義の利潤最大化原理がもっとも純粋かつ無制限に貫徹する市場である。

　株式市場や金融市場については、政府による公的規制が行われてきたが（銀行による「自己勘定取引」の禁止、金融商品の規制当局への報告義務、レバレッジ比率の規制強化など）、市場の活性化の名の下に規制緩和の動きによって骨抜き

にされてきた。また、リーマン・ショック後の各国政府の大規模な金融緩和は、株式市場や金融市場における制御不能なマネーの氾濫をもたらしてきた。

　したがって、金融政策の転換と公的規制の強化によって金融市場へのコントロールを強めることが求められる。その上で、ポスト資本主義における金融システムのあり方を探求する必要がある（最後にⅧで触れる）。また、グローバル市場の規制についても、後で扱うことにする。

1）廣田裕之『社会的連帯経済入門』（2016年、集広舎）、P.6
2）同上、P.11
3）同上、P.23
4）同上、P.30
5）同上、P.73 〜 74
6）工藤律子『つながりの経済を創る』（2020年、岩波書店）、P.36
7）同上、P.38
8）同上、P.61
9）同上、P.107
10）廣田、前掲『社会的連帯経済入門』、P.135
11）広井良典『日本の社会保障』（1999年、岩波新書）、P.93
12）quasi - market ／ジュリアン・ルグランの提唱した概念。圷　洋一「福祉国家における『社会市場』と『準市場』」（『季刊　社会保障』Vol.41　№ 1、2008年夏）
13）高坂　勝『次の時代を先に生きる』（2016年、ワニブックス）

Ⅵ 脱成長経済
—— 重要な論点の考察を深める（3）

■ グリーン経済あるいは経済のグリーン化

　経済のグリーン化、あるいはグリーン経済とは、**経済活動を自然生態系の循環のなかに埋め戻す**ことを意味する。言いかえれば、自然生態系の均衡や循環を維持できる水準にまで経済の成長・拡大の速度や規模を落とす（コントロールする）ということである。経済のグリーン化は、脱成長あるいは定常経済化と不可分一体であり、本質的に経済の成長・拡大とは矛盾する。

　すでに見たように（第2章）、気候変動危機の深刻さは、経済活動をグリーン化することを喫緊の避けられない課題としている。温暖化ガスの排出を

2030年までに5割削減する目標の実現のためには、経済成長とCO_2排出削減を両立させる「グリーン・ニューディール」政策＝グリーン資本主義化を超えて、「脱成長のグリーン化」にまで進まなければならない。すなわち、技術革新によって再生可能エネルギーへの転換、クルマや建築物の脱炭素化を進めると同時に、技術開発やインフラへの投資、脱炭素の新製品の大量販売によって経済成長を図るというグリーン・ニューディールでは、CO_2排出の抜本的削減は不可能なのである。

　もちろん、当面の緊急の取り組みは、グリーン・ニューディール政策と重なる。石炭火力発電の停止、石油・天然ガスの発電の縮小、ガソリン車・ディーゼル車の新規販売のすみやかな禁止、EV（電気自動車）への全面的な切り替え、太陽光・風力・バイオマスなど再生可能エネルギーへの全面的な転換などである。また、炭素税の税率引き上げや国境炭素税の導入によって、企業活動を脱炭素化へ誘導することも急がれる。

　しかし、さらに一歩も二歩も踏み込んだ経済と生活のシステムの変革こそが必要である。大量の電力を消費したり、クルマやトラックをどんどん走り回らせたり、大半の食料を船舶や航空機で海外から輸入する。こうした現在のシステムを大胆に変えることが求められる。それは"不便さ"を伴うだろうが、私たちの生活に自律性を取り戻す楽しさをもたらす。その際、社会的弱者に犠牲や負担がしわ寄せされることを避ける「公正な移行」措置が必要になる。

　自家用車の都心への乗り入れを禁止する。トラックによる頻繁な運送に依存するコンビニや宅配のシステムを根本的に見直す。コンビニの24時間営業も縮小する。その一方で、路面電車の復活、自転車の利用、コミュニティ・バスの走行といった代替公共交通機関の整備・拡充が必須になる。とくに、クルマがないと生活できない地方の住民に対する交通サービスの確保が急がれねばならない。

　また、食料やエネルギーをはじめ大量の物資のグローバルな輸送は制限され、縮小される。すなわち、食とエネルギーの地産地消システムに移行する。

　経済のグリーン化にとって、**蓄積されたストックを活用する共有型（シェアリング）経済**に移ることも重要になる。新しい製品を大量に生産し続けるフロー重視（＝GDP増大）型の経済から、ストックを重視し大量の廃棄物の排出をできるかぎり減らす経済に転換するのである。

　例えば、空き家・空き室をリサイクルして利用する。都市の巨大開発をストップし、高層オフィスビルやタワマンの建設を抑制する。クルマのシェア

リングや衣服の中古品取引を全面的に推進する。したがって、自動車産業やアパレル産業は、新車や新商品の販売を中心にして稼ぐというビジネスのあり方の転換を迫られる。また、耕作放棄地・休耕地を活用して農業や林業の再生を進めることも重要な課題になる。

経済の中心をケアの分野に移す／
生産性の低い部門が重要な役割を担う

　経済成長をめざすのであれば、生産性が高い（労働者１人当たりの売上高が高い）部門が経済の中心産業になる。かつての製造業、現代では情報・通信・金融といった部門がそうである。しかし、脱成長経済では、**社会的必要性が高いモノやサービス**、つまり人びとの生命と生存に関わるニーズを満たすことのできるモノやサービスを供給する部門が中心になる。

　それは、ケア、すなわち医療や介護、子育て、教育といった対人サービス部門である。この部門は、生命と社会生活の維持に不可欠のエッセンシャルワークであることがコロナ危機のなかであらためて認識・確証された。

　そして、より良いケアは人手をかけることが求められるから、生産性は低くなる。日本では、産業平均の生産性を 100 とすると、情報通信 171.8、金融 167.5、製造業 130.1 に対して、医療・福祉の生産性は 63.1 にとどまる（2019 年）[1]。したがって、ケア部門の比重が高まる経済は必然的に**生産性が低くなり、経済成長はダウンする**。斎藤幸平が、脱成長コミュニズムは「ケア労働など……労働集約型産業を重視する社会に転換する。その転換によっても、経済は減速していく」[2] と主張しているのは、その通りである。

　経済成長主義に立つ人びとは、労働者の賃金は生産性によって規定されるから、多くの労働者が生産性の高い（高収益の）部門に移動しなければ、賃金は上がらないと主張する。そうではなく、脱成長経済においては、**労働者の賃金は、生産性という規準によってではなく社会的必要性という規準によって決定される**ようになる。

　Ｄ・グレーバーは、資本主義社会では社会的価値の大きい、つまり有用性の高い職業ほど受け取る報酬が低いという転倒した関係がある、という研究結果を紹介している。例えば保育士は給与１ポンドを受け取るごとに７ポンドの社会的価値を産出しているのに、その年収は約１万 1500 ポンドにすぎない。逆に、シティの銀行家は１ポンド稼ぐごとに７ポンドの社会的価値を

破壊しているにもかかわらず、年収は約500万ポンドも得ている。「他者の
ためになる労働であればあるほど、受け取る報酬がより少なくなるという一
般的原則」³⁾が貫徹している、と。

　たしかに、日本でも医療・福祉分野の労働者の平均賃金が月28.5万円であ
るのに、金融・保険業のそれは月36.6万円、情報通信業のそれは月37.5万
円である（2019年）⁴⁾。明らかに、有用性の高いエッセンシャルワークの報
酬が金融・保険や情報通信の仕事よりもずっと低くなっている。1人当たり
の売上高＝儲けが後者の方が大きいという理由からだけなのだ。

　「多くの人を高生産性の先端部門に移動させる必要はない。大勢の労働者
がサービス部門で働く場を確保し、人びとのニーズを満たすサービスを提供
する——そういう経済の姿が望ましい。そのためには、彼ら・彼女らが不安
定就労と低賃金に置かれている現状を抜本的に変えなければならない」⁵⁾。
エッセンシャルワーク（ケアの他にスーパー、配送、ゴミ処理、清掃などの仕事）
に従事する人びとの労働に対する評価を抜本的に改め、その報酬＝賃金を有
用性の高さに応じて大幅に引き上げることになる。そのためには、社会の「共
同の財布」である税の投入も必要になる。

　生産性の低い分野が経済の中心になるということは、次のようなことを意
味する。

　何よりも、大勢の人びとに働く場を確保することが可能になる。逆に、生
産性の高い先端部門（情報・通信、金融など）が主導する経済は、多くの人手
を必要とせず雇用創出力が小さくなる。

　そして、生産性が低いという理由で切り捨てられがちな農業、中小企業、
地方の経済が、社会的必要性などの視点から高い評価を与えられ、発展させ
られる。例えば日本の中小企業は、従業者全体の7割弱（68.8％、うち小規模
事業者だけで22.3％、2016年）を占め、雇用の重要な受け皿となっている。また、
優れた技術を磨き上げ保持する町工場も少なくない。

　結果として、一国の経済の国際競争力は、当然にも低下する。輸入に必要
な最低限の貿易黒字は、高付加価値のモノづくり（高品質の部品など）やサー
ビス（医療や観光など）提供によって確保することになる。

■ 雇用の創出をもたらす脱成長

　脱成長論に対する批判（とくに左翼・リベラルからの）の中心は、経済成長

がなければ雇用を確保することができず、脱成長は若者の就職難や失業を招くというものである[6]。

たしかに、資本主義経済がゼロ成長やマイナス成長に陥ると、企業は労働者に犠牲を強いてコスト削減のために雇用を縮小してくる。コロナ経済危機は、飲食・宿泊サービスや小売業を中心に大量の解雇・雇止めを引き起こしている。しかし、そのことから**雇用の創出・拡大のためには経済成長あるいは景気回復が必要不可欠だという議論を導くのは、きわめて短絡的な思考**である。

経済成長には、雇用拡大をともなう経済成長もあれば、雇用拡大をともなわない経済成長もある。製造業中心ではなくデジタル化やAI導入を急速に進めようとすれば、「雇用拡大なき経済成長」になる。また、ゼロ成長に近い経済（2013年〜19年のアベノミクス下の日本経済は、年平均で実質成長率0.9%）であっても、失業率がいちじるしく低下し「完全雇用」状態になるケースもある（同じ期間の失業率は4.0%から2.4%に低下）。

私たちのめざす脱成長は、GDPで見ればゼロ成長あるいはマイナス成長として表われるが、雇用あるいは働く場の創出・拡大が可能になる経済のあり方だ。言いかえると、**経済は減速し成長しないが、使用価値の豊かさは増大し、雇用は確実に増える**ことは可能なのである。

なぜなら、労働者1人当たりの労働時間が抜本的に短縮される（例えば週3日労働あるいは毎日4時間労働）からである。雇用が増え労働生産性も高まったとしても、労働時間の大幅な短縮によってGDP（＝労働力人口×労働時間）は増えないだろう。

繰り返すと、脱成長経済は、多くの人手を必要とする生産性の低い分野（ケアなどエッセンシャルワーク、農業、中小企業、地方経済など）を経済の中心に据える。この分野は雇用創出力が大きく、またどんな時にでも必要とされるモノやサービスを豊富に供給するが、貨幣で表示されるGDPはそれほど増えない。いったい誰が困るのだろうか。

地域内循環型経済の創出と発展

脱成長経済の起点となり基盤を形づくるのは、地域内循環型経済である。それは、地域の資源（自然環境、人材、伝統的な技能など）を活かし、モノ・サービス・おカネ・仕事（労働）が地域内で循環する経済システムである。具体

的には食とエネルギーの地産地消、ケアの保障、半農半Xの働き方、地域通貨などによって特徴づけられる。

　地域内循環型経済は、グリーン経済の実現、社会的連帯経済の発展、働く意味が感じられる雇用の場の創出などが具体化される場であり、それらの結節点となる。

　地域内循環型経済の成功にとってカギを握るのは、**おカネがローカルな経済にとどまり地域内で循環する**ことである。グローバル化と金融化にひた走る現在の資本主義の下では、地域から集めた資金は大手の金融機関に吸い上げられ、海外での運用や投機に回される。また、地域で働いて得られ消費に支出された所得の大部分も、全国的なチェーン店を経由して域外に流出し東京の本社に集中される。これでは、地域での雇用も仕事も増えない。

　したがって、グローバルな世界で独り歩きし膨張するマネーを地域に埋め戻し、人びとがコントロールできるような仕組みを創る必要がある。その点で、信用組合・信用金庫といった地域密着型の金融機関、地域通貨が重要な役割を演じる。

1）日本生産性本部「主要産業の労働生産性水準」（2021年）
2）斎藤、前掲『人新生の「資本論」』、P.313
3）D・グレーバー『ブルジッド・ジョブ』（2018年、酒井隆史ほか訳、2020年、岩波書店）、P.277
4）厚労省「賃金構造基本統計調査」2019年版
5）本書の第II部第3章、P.183
6）例えば、松尾　匡ほか『そろそろ左派は〈経済〉を語ろう』（2018年、亜紀書房）、P.21

VII 立脚点としてのローカル

■ ミュニシパリズム／ローカリズムの最新の流れ

　ローカル（地域）は、ポスト資本主義への移行の主体と変革のプロセスが出現するスタート地点であり、主要な舞台にもなる。なぜなら、そこでこそ**住民や市民の参加とコントロールが可能になる**からである

　現代の世界は、グローバルに活動する資本（巨大企業）と国民国家（主権国家）との対抗・協調の関係で動いている。だが、第3の次元としてのローカ

ルが、見逃せない重要な役割を果たしている。市民は、グローバルな次元とナショナルな（国家の）次元においても対抗勢力として登場しているが、ローカルな次元で自治と協同の担い手として最も力強く出現し大きな影響力を発揮している。ローカルは、市民・労働者や住民が主体となってポスト資本主義の社会のモデルが実際に出現し、グローバル資本主義を蚕食していく攻防の最前線となる。

ローカリズムの最新の流れは、ミュニシパリズムである。それは、市民の社会的権利と政治参加の拡大をめざす地域の自治の運動である。そして、グローバル資本や国家と対抗しつつ**住民の参加・協同と地方自治体（地方政府）の連携によって公共サービス・〈コモン〉の民主的管理を実現する**。

ミュニシパリズムについては、岸本聡子が生き生きと語っている。

それは、「市民の市民権の拡大によってグローバル資本や強権的国家に対抗する自律的な自治を目指す……地域戦略」である[1]。「『利潤や市場のルールよりも、市民の社会的権利の実現』をめざして、政治的課題の優先順位を決める……。『ミュニシパリズム』とは、新自由主義を脱却して、公益と〈コモン〉の価値を中心に置くことだ」[2]。「新自由主義、市場至上主義、緊縮財政に抗し、市民の社会的権利や政治参加を拡大する新しい政治的潮流である」[3]。「グローバル資本主義に抗するために、少なくともライフメイキングシステムの、公的所有の民主化、生産と労働の自律的管理を進める戦略」である[4]。

岸本によれば、ミュニシパリズムは、グルノーブル（フランス）やバルセロナ（スペイン）などでの**市民による水道の再公営化の運動**のなかから育ってきた。そこでは、〈コモン〉や公共サービスをグローバル企業の手から取り戻そうとする市民の運動が起点になり、市民が地域政党をつくって市政を掌握し、公共サービスを住民参加型の公的所有に移すといった成果を獲得している。

「再公営化とは……様々な形で民営化された公共サービスを公的な所有、公的な管理、民主的なコントロールに戻す道筋のことである」。「水道、電力、教育、医療・ケアサービス、廃棄物回収、自治体サービス、交通、情報通信サービスの８分野において、2019年12月時点で58カ国、2400以上の自治体で、1400件以上の成功事例がある」[5]。

公共サービスを市民の手に取り戻す事例として、学校給食の公共調達が挙げられている。グルノーブル市では食材を「公開入札」で多国籍企業から買わされる方式をやめて、地元の企業や協同組合から購入する[6]。それによっ

て、学校給食、病院食、介護施設の食事の食材は、近隣農家から集めること
になる。

　また、バルセロナでは、オーバーツーリズムによるアパートの家賃高騰と
立ち退き強要が引きおこされた。これに対して、民泊向けマンションの固定
資産税引き上げ、民泊施設の建築許可凍結、新規ホテルの建設禁止と民間ア
パートの買い取りによる安い公営住宅への転換をめざすことが、市民運動と
自治体（市民政党から生まれた市長）の手で試みられた[7]。

■ 住民参加の下での自治体の公的所有

　水道をはじめ公共サービスの再公営化の運動で特徴的なことは、**住民参加
の下での自治体による公的所有**という新しい社会的所有の形態が出現してい
ることである。それは、ソ連型社会主義をモデルにした国有化とは明確に異
なる**社会的所有の新しい形**である。

　パリ市は、水道を再公営化し「水道公社」を設立したが、そこに運営のす
べてを任せてしまうのではない。市民によるガバナンスのための「パリ水オ
ブザバトリー」を創設し、市民による参加や監視を可能にしようとしている[8]。
スペインのタラサ市でも、同じ試みが行なわれている[9]。

　「公的所有をすれば自動的に民主的に、あるいは効率的になるわけではな
い。官僚主義や非効率性によって身動きができなくなることもあれば、既
得権や汚職、独裁的な権力者に公共セクターが捕われてしまうこともある。
……。柔軟性のある質の高い公共サービスを作り出すには、直接的にも間接
的にも住民が意思決定に参加できる新しい公的所有のあり方が必要だ」[10]。

　さらに、ミュニシパリズムの大きな特徴は、**国際主義**、すなわち世界中の
地域自治の運動との連携にある。

　「ミュニシパリズムを掲げる自治体や運動に共通する新しい特徴は、地域
の政治が国際的に協力したり連帯することを重視する国際主義にある」[11]。

　「新自由主義を脱却し、公益とコモンズを中心に置く自治を実現したいと
考える都市と都市が国境を越えて協力しあおうという……国際主義こそが、
『ミュニシパリズム』と偏狭な地域保護主義を峻別する最大の特徴と言っても
よいだろう。こうした国境を超えて連携する都市の動きはやがて『フィアレス・
シティ（恐れぬ自治体）』と呼ばれる世界的な自治体運動へと発展した」[12]。

　このように、ミュニシパリズムは、多国籍企業やそれを支える国家と対抗

して地域の自立・市民の自治を実現しようとする運動の経験・ノウハウ・情報を相互に交換しあって連携する。グローバル資本主義の支配を下から蚕食しつつ、国境を超えて逆包囲する流れを創りだしつつある。

■ 政府の役割は何か

ポスト資本主義における政府の役割を考えるときに、重要なことは、中央政府と地方自治体（地方政府）を明確に区別することである。私たちがめざすのは、**「弱い」中央政府と「大きい」地方政府**である。

地方政府の主たる役割は、①住民に対する対人社会サービス（医療、介護、子育て、教育など）の提供、②〈コモン〉（水道、エネルギー、公共交通、住宅、廃棄物処理など）の管理、③自然災害時や感染症流行時における住民の安全確保などである。こうした役割を担う労働者（地方公務員）の数は多いほうが望ましく、地方政府は「大きな政府」となるべきである。

中央政府の役割は、①社会保障における一律の所得保障、すなわち年金や最低所得保障といった現金給付、②地方政府による社会サービスの提供を支える財源保障、③財政・金融政策をテコにしたマクロ経済政策（雇用創出・維持や物価の安定など）、④環境の保全や輸入制限など企業活動に対する公的規制、⑤人権、とくにマイノリティの権利保障、⑥国家間の協力の推進や紛争・摩擦の解決などである。

これまで国家の役割とされてきた軍事力による国家安全保障、IT を駆使した国民の個人情報の一元的管理といった中央政府の機能は縮小され、廃止されなければならない。中央政府は、その権限が制限される「弱い政府」となる。

ポスト資本主義へ移行する政治にとって、数多くの地域で市民が主導権を発揮して左翼・リベラル・グリーン派の地方政府を成立させ、市民・住民と自治体とのコラボレーションを実現することが最も重要なプロセスとなる。それはグローバル資本と国家の支配体制を蚕食する確実な拠点となる。そして、その実践の広がりを基盤にして、市民の運動の発展に支えられた全国レベルの左翼・リベラル派・グリーン派による「よりましな政権」の出現をめざさなければならない。

■ グローバル経済への対抗と規制

　ポスト資本主義への移行にとって最大の難関は、巨大多国籍企業が支配し投機的マネーが独走するグローバル経済をどのように変革するのか、そのオルタナティブな仕組みとは何かという問題である。

　グローバル経済の現在の仕組みを一挙に覆し、別のオルタナティブな世界システムに置き換えることは不可能であり、夢想にすぎない。とりあえず必要かつ可能なことは、国境を超える市民・労働者・農民・マイノリティや自立した都市の連帯を発展させることを基礎にして、**国家の力を利用しながら**グローバル経済に対する対抗と規制を実行することである。

　その対抗と規制は、さまざまの分野や領域にわたる。

＊過剰なマネーの投機的な移動を制限する／金融取引税を導入する。

＊巨大IT企業GAFAの情報支配を下から制限する／市民が個人情報の自己コントロール権を取り戻し、さらに市民の自主的な情報ネットワークを構築する。

＊多国籍企業による利益独占をグローバル課税によって制限する／デジタル課税を導入する。法人税率を一斉に引き上げる。

＊途上国に移転した製造業で働く労働者やギグワーカーの最低賃金を生活できる水準にまで引き上げ、その団結権・交渉権・争議権を保障する。例えば、ウーバーイーツのギグワーカーたちは、ユニオンを作って労働者としての権利の保障や労働条件改善を求めている。

＊移住労働者の権利を保障し、低賃金や劣悪な労働条件での労働を禁止する。受け入れ国の住民と対等な市民権を保障する。

＊「食料主権」を確立し、農産物の自由貿易は必要なものに限定する。フェアトレードを発展させる。FTAに替えて、各国間の対等・互恵の経済協力の協定を結ぶ。

　グローバル資本主義と対抗しその支配に風穴をあけていくために、とくに2つの課題・分野がカギになるだろう。

　1つは、**グローバル・タクスを強化し拡大していく**という戦略である。巨大な多国籍企業の貪欲な利益追求行動にブレーキをかける最も包括的で有効な手段は、グローバルな課税の強化である。そのためには金融取引税の導入、法人税率の引き下げ競争の停止、デジタル課税の導入、タクスヘイブンの規制・閉鎖、国際炭素税や武器取引税の新設といった多くの仕組みが提案され

ている。

　いま焦点になっているのは、法人税の最低税率の設定と巨大IT企業への
デジタル課税の導入である。これは、OECDを舞台に新しい課税ルールの
協議が行われてきた。GAFAとこれを擁護する米国の抵抗が続いてきたが、
ようやく2021年7月に130ヶ国・地域の間で最終合意に達した。その課税
水準が低く[13]効果に疑問もあるとはいえ、国際的な枠組みづくりのひじょ
うに重要な一歩を踏み出したと言える。

　グローバル・タクスは、税収を増やしたい国家の力を借りて国家間の協調
によって実現される。しかし、国家を多国籍企業への課税強化に向かわせる
のは、国際的に連帯した市民の行動と監視の強化である。

　もう1つは、〈食〉の分野で市民と農民の自己決定権を取り戻し強化する
運動である。私たちの食卓は、農産物の生産、穀物の流通、食品の加工、新
しい食品の開発から種子の使用に至るまで、ことごとく巨大アグリビジネス
の支配下にあると言ってよい。

　逆に言うと、市民や農民が食のあり方を変えて「食の地産地消」を実現す
る営みや運動は、多国籍企業の支配に確実に風穴をあけることになる。すで
に多くの地域で市民が農民と連携し自治体を動かして、学校給食や病院・介
護施設の食事の食材を地元の農家の有機農産物に置き換える試みが広がって
いる。こうした試みを結び目にしながら、農産物の輸入自由化の規制・縮小、
遺伝子組み換え作物の禁止、ゲノム編集食品の規制、農民による種子の自家
採取の権利の確立などを要求する運動を発展させることが重要になる。

　食についての人びとの関心は、分岐（安い食品か、安全な食品か）をはらみ
つつも、きわめて高い。食をめぐる巨大アグリビジネスとの攻防は、広範な
市民がグローバル経済との対抗に向かう具体的な水路となるだろう。

　グローバル資本主義を変革するたたかいは、最終的には先進国（中枢）に
よる「南」の世界（周辺や半周辺）の収奪構造を覆すことをめざす。先進国は、
情報とテクノロジーと金融の独占によって巨富を稼ぎながら、「南」の世界
からの低価格の資源・食糧・製品・労働力の輸入に依存して便利で豊かな生
活を享受してきた。「南」の世界も、安価な資源や製品の輸出に依存するこ
とによって経済成長と開発を遂げてきた。しかし、この構造が中枢と周辺の
いずれでも耐えがたい巨大格差を生みだし、気候危機を深刻化させている。
先進国が、不可視の収奪構造の上に享受している現在の便利で快適な生活の
あり方を根本的に変える。同時に「南」の世界も、資源輸出や多国籍企業の

工場進出に依存する経済成長や開発の道から抜け出して自立的な経済発展に転換する。この両者の相互促進的な関係とプロセスを、長期的な視野に立ちつつ一歩一歩築いていくことが求められる。

1）岸本聡子「地域自治で、グローバル資本主義を包囲する」、『世界』2020 年 11 月号
2）岸本、前掲『水道、再び公営化！』、P.134
3）同上、P.135
4）岸本、前掲『世界』論文
5）同上
6）岸本、前掲『水道、再び公営化！』、P 141
7）同上、P.125
8）同上、P.51
9）岸本、前掲『世界』論文
10）同上
11）岸本、前掲『水道、再び公営化！』、P.137
12）岸本、同上、P 143
13）合意内容は、①法人税の共通の最低税率 15％以上を導入する。② 10％以上の利益率と 200 億ユーロ（約 2.6 兆円）以上の売上高のグローバル企業約 100 社を対象に、10％を超える利益のうち 20 〜 30％に対して課税できる。

Ⅷ 残された課題
── ポスト資本主義における金融と貨幣

▌金融と貨幣のシステム

ポスト資本主義を構想する上で大きな空白になっている課題は、金融と貨幣の問題である。

現代の資本主義における金融と貨幣のシステムは、国家が貨幣の発行権を独占し、中央銀行を頂点とする《中央銀行─民間銀行─企業・個人》というピラミッド体系を形成している。民間銀行の信用創造（貸し付けによる貨幣創造）は、グローバルな金融取引を行うメガバンクから地方銀行、地域の信用金庫・信用組合に至るまでのヒエラルヒーを備えて行われている。

また、グローバル経済で流通する貨幣は、金ではなく、国民国家が発行した特定の通貨である。すなわち、巨大な金融力をそなえた米国（ドル）をは

じめ、EU（ユーロ）、イギリス（ポンド）、日本（円）、中国（元）の通貨である。そのなかで、強い支配力をもつドルが、金との兌換性の停止（1971 年）以降も基軸通貨の地位を保ち続けてきた。

ポスト資本主義においては、現在のこうした金融と貨幣のシステムはどのような仕組みに置き換えられるべきか。いくつかの提案が出されているが、まとまった構想とはいえない。松尾　匡は、民間銀行による信用創造をなくすことを提案している[1]。中央銀行あるいは国立銀行による一元的な信用創造という構想であろう。あるいは、山口　薫は、中央銀行ではなく政府だけが貨幣を発行する「公共貨幣」を提唱している[2]。

しかし、中央銀行の制度は、いくたの金融危機やインフレ高進といった試練に遭いながら金融・通貨システムの中枢として生き延びてきた。そこには、多くの経験や工夫・知恵が蓄積されている。その意味では、MMT（現代貨幣理論）もそうだが、中央銀行の独自の役割や独立性を簡単に否定してしまう議論には、疑問がある。

それ以上に問題なのは、MMT やこれを支持する人たちが国家による貨幣発行権の独占を自明の前提にしていることである。この点について、西部忠の批判には大いに共感できる。MMT は「すでに時代遅れ」である。なぜなら「MMT の前提条件である貨幣の国家独占が崩れ、民間通貨が大きく広がりつつある」からだ[3]、と。

■ 地域通貨が重要な役割

ポスト資本主義における金融と貨幣の仕組みを構想するとき、私たちが前提にすべきは、**貨幣の発行主体が多元化していく**という流れである。すなわち、貨幣を発行するのは必ずしも国家（政府）や中央銀行に限定されることなく、民間企業や地域を含めて多様な主体になる。

貨幣の発行主体の多元化は、フェイスブックが仮想通貨「リブラ」の発行計画を 2019 年に公表し、強い衝撃を与えたことに象徴的に見られる。国家の側は、貨幣発行権の独占と基軸通貨ドルの地位を脅かす企てとして猛反発した。そのため、リブラは、複数の通貨バスケットに裏打ちされる通貨という当初の計画を変更しドルに裏打ちされた通貨として、名称も「ディエム」と変えて発行されることになった。とはいえ、その衝撃は大きく、各国の中央銀行がデジタル通貨の発行を準備する新しい動きを生み出している。また、

「リブラ」は、将来的には複数の通貨バスケットに裏付けられて世界中を駆けめぐる通貨になる可能性もある。

その一方で、すでに多種多様な地域通貨が発行され広がっている。西部は、地域通貨や仮想通貨に見られる貨幣の多様性が拓く可能性について次のように指摘している。

「地域通貨や仮想通貨というテーマは、……貨幣の多様性と決定権・選択権という問題を新たに提起した。……『一国一貨幣』という法定通貨の前提条件を変更して、流通領域を地域やコミュニティとする多様な貨幣が存在する可能性を広げ、個々人が自らの嗜好、環境や理念の違いに基づいて、あるいは異なる相手に応じて利用する貨幣を複数選択できるようにすることで、グローバリゼーションに起因する諸問題を解決するとともに、多様性を許容する自由度を広げて、人々の『生活の質』を高める」[4]。

地域通貨は、多くの場合にドルや円などの国家通貨に換金できず、特定の地域内でしか流通しないという特質をもつ。そのため、地域通貨を使用する人が限られ流通範囲が広がらないという限界にぶつかる。しかし、その特質が逆に重要な効果を発揮する。国家通貨に換金できないという制約によって、地域内で生まれた所得が外へ流出する（地域外での買い物に使われたり、企業の売上げが東京の本社に吸い上げられたりする）ことを防ぎ、地域内でマネーが循環する有力なツールとなる。「地域通貨は特定の地域でしか流通しないので、購買力を域内にとどめ、循環させる効果がある」[5]。

地域通貨が持続可能なツールになるためには、地域の商店や企業ができるだけ多く参加し、人びとが日常的な買い物や取引に地域通貨を用いるようになることが必要である。そして、これからはデジタル技術と地域通貨を結びつけることが重要になる。

地域通貨は日本で一時期のブームの後は不活発になっているが、世界的には活性化し広がりを見せている。日本でも、低調になった原因を明らかにし、地域内循環型経済を構築する重要なツールとして再び発展させていくことが求められる。

また、中央銀行やメガバンクを将来的にどのように扱うべきかという問題は置くとしても、地域金融機関である信用組合や信用金庫は、マネーの地域内循環を担う重要な役割を担い続ける。「（信用金庫や信用組合は）あくまでも組合員が主体の金融機関である……。これらの金融機関は地域に密着しているので、資金的な面で『地産地消』が可能になっている」[6]。

さらに、**金融機関の信用創造に対する社会的な規制と誘導**が重要な課題になる。たしかに民間銀行による信用創造、つまり資金貸し付けは、「私的利潤目的のために」行われてきた[7]。返済が確実で利子が得られれば、その企業が原発設備や兵器を作ろうが労働者に長時間労働を強いていようが、民間銀行はどんどん融資する。

　これに対して、社会的公正や環境保全を遵守する企業にだけ融資する「倫理銀行」[8]の試みも行われてきた。しかし、現在では、民間銀行であっても、市民の批判や監視の高まりによって社会的・環境的な基準を守らない「反社会的」な企業への融資は、しだいに困難になりつつある。ESG 投資に見られるように、投資家や金融機関のなかでも利益至上主義では資本主義も生き延びられないという危機感が広がっている。

　金融機関は公共的な役割を担っており、それに対する社会的な規制と誘導は不可欠だ。しかし、そのことは必ずしも、民間銀行をなくし政府が金融・貨幣システムを一元的にコントロールする体制を構築することには直結しない。政府の力や賢明さを過大に評価するのではなく、市民や住民による参加と監視を強めつつ金融機関に対する公的な規制と誘導のさまざまな方法を工夫し実行することが先決であろう。

1）松尾　匡、前掲「反緊縮派経済理論の体制変革展望」
2）山口　薫『公共貨幣』（2015 年、東洋経済）
3）西部　忠「地域通貨と仮想通貨のハイブリッドで『良貨』を生み出す」、『情況』2019 年夏号
4）西部　忠『地域通貨によるコミュニティ・ドック』（2018 年、専修大学出版局）、Pⅴ
5）同上、P.70
6）廣田、前掲『社会的連帯経済入門』、P.109
7）松尾、前掲「反緊縮経済理論の体制変革展望」
8）廣田、前掲、P.110

　　［初出「テオリア」№ 101 ～ 103、2021 年 2 月 10 日、3 月 10 日、4 月 10 日］

補論：マルクスの協同組合論と共同体論

▌協同組合——アソシエイトした社会への過渡形態

　社会的連帯経済や協同組合は、ポスト資本主義の拠り所あるいは足がかりとなりうるが、その意味を考察する上でマルクスの見解は興味深い。田畑稔の念入りなマルクス研究[1]を参考にしながら、簡単に見ておこう。

　マルクスは、資本主義に代わる未来社会を詳しく描くことを自制したが、基本的には「自由な諸個人のアソシエイト（協同・連合）した社会」として構想していた。

　「共同の生産手段で労働し自分たちのたくさんの個人的労働力を自分で意識して１つの社会的労働力として支出する自由な人びとのアソシエーションを考えてみよう」[2]。「資本主義的生産様式からアソシエイトした労働の生産様式への移行に際して、信用制度が……生産様式そのものの他の大きな有機的な諸変革との関連のなかで一つの要素として役立つ」[3]。

　そこで、マルクスは、アソシエイトした社会への過渡形態として労働者たち自身の協同組合工場を位置づけ、これが「その内部では資本と労働の対立が廃止されている」形態だと高い評価を与えている。

　「労働者たち自身の協同組合工場は、古い形態のなかでではあるが、古い形態の最初の突破である。といっても、もちろん、それはどこでもその現実の組織では既存の制度のあらゆる欠陥を再生産しているし、また再生産せざるをえないのではあるが。しかし、資本と労働の対立は、この協同組合工場のなかでは廃止されている。たとえ、初めは、ただ労働者たちが組合としては自分たち自身の資本家だという形……によってでしかないとはいえ。……。資本主義的株式企業も、協同組合工場も同じに、資本主義的生産様式からアソシエイトした生産様式への過渡形態とみなしてよい。ただ、一方で対立が消極的に、他方では積極的に廃止されているだけである」[4]。

　しかし、マルクスは、個々の協同組合工場は零細すぎて社会システムを変える力を持つことができない。協同組合的な社会システムの実現のためには、国家権力を生産者自身の手に移す必要がある、と強調している。

　「われわれは協同組合運動が、階級敵対に基礎を置く現在の社会を転形する諸力の一つであることを承認する。その偉大な功績は、資本の下への労働

の従属という、現在の窮民化させる専制的システムが、自由で平等な生産者たちのアソシエーションという、共和制的で共済的なシステムに取って代わられるということを実践的に示した点にある。

　しかしながら、個々の賃金奴隷の個人的な努力によって作り上げることができる零細な形態に制限されるかぎりは、協同組合システムは資本制社会を転形することは決してできないであろう。社会的生産を自由で協同組合的な労働のひとつの巨大で調和あるシステムに転換するためには、……社会の全般的な諸条件の諸変更が必要である。これらの諸変更は、社会の組織された諸力、すなわち国家権力を、資本家と土地貴族から生産者たち自身に移すことによってでないと、決して実現できない」5)。

　ところが、1871年のパリコミューンの経験から、マルクスの考え方には重要な変化が生じている。すなわち、国家権力の奪取による全般的変革というよりも、協同組合の全国的な連合による社会的生産の組織化というビジョンを積極的に打ち出すようになっている。

　「もし連合した協同組合諸団体が共同のプランにもとづいて全国的な生産を調整し、かくてそれを諸団体自身のコントロールの下に置き、資本制生産の宿命である不断の無政府性と周期的変動を終えさせるとすれば、諸君、それはコミュニズム、"可能な"コミュニズム以外の何であろう」6)。

　これによって、マルクスが国家権力の奪取の重要性を否定したとは言えない。しかし、その社会変革構想の重点が、協同組合あるいはコミューンの全国的な連合の形成に移っていることは間違いないだろう。

■ 生産の社会的主体としての共同体

　協同組合あるいはコミューンの全国的な連合という構想は、マルクスが最晩年期ロシアのミール共同体に積極的な評価を与えることになることと深い関わりをもつ、と私には思われる。

　マルクスは、「ヴェラ・ザスーリチへの手紙」（1881年）において、農村共同体が一定の条件の下で「ロシアにおける社会的再生の拠点」になりうる7)、と述べている。すなわち、農村共同体は、ロシアが資本主義化（共同体の解体と農民からの土地収奪、資本・賃労働関係の創出）の道を経由することなしに、しかも西欧に同時代的に存在している資本主義的生産様式の肯定的な成果を利用して、新しい集団的生産の基盤になることができる、と。

注目したいのは、マルクスが、株式会社と協同組合とは別に、共同体を**もう１つの生産の社会的主体**として評価していることである。『資本論』の段階では、資本主義が発展させた高度な生産のシステム（生産力）は巨大化し、もはや個々の資本家の手では制御・管理できなくなる。そこで、社会化された主体である株式会社と協同組合がその役割を担うことになる、と想定されていた。この２つの社会的主体がコントロールする生産のシステムは、大工業に代表される自然征服・支配型の、したがって自然収奪・破壊型のそれである。

　だが、共同体が組織し管理する生産のシステムは、明らかにそれとは異なる。それは、地域の自然生態系の循環のなかに組み込まれた生産のシステムである。土地の豊度を永続的に維持するような生産方法（有機農業）を用いる、水や森林や海をコモンズ（共有地）として保全し資源の過剰な使用を厳しく規制する。

　したがって、共同体を生産の社会的主体と想定することは、資本主義の発展させた自然征服・支配型の生産システムをそのまま引き継ぐのではなく、エコロジカルで分権的な生産システムに組み替えていくことにつながらざるをえない。マルクス自身は、共同体の集団的労働に「農具、肥料、農学上の諸方法など」を用いる、つまり「資本主義制度によって作りあげられた肯定的な諸成果」を利用する [8]、と言うことにとどまっている。エコロジカルで分権的な生産システムへの組み換えを積極的に提示するところまでは踏み込んではいない。だが、そうした問題を投げかけていることは、たしかである。

　　1）田畑稔『マルクスとアソシエーション』（増補新版 2015 年、新泉社）第 3 章
　　2）マルクス『資本論』Ⅰ、国民文庫版第 1 分冊、K Ⅰ ① P.145
　　3）同上、K Ⅲ ⑦ P.511
　　4）同上、K Ⅲ ⑦ P.227 〜 228
　　5）マルクス「国際労働者協会暫定評議会代議員への個々の問題に関する通達」（1866 年）、旧 ME 全集⑯訳 P.194
　　6）マルクス『フランスにおける内乱』、旧 ME 全集⑰ P.319 〜 320
　　7）マルクス「ヴェラ・ザスーリチへの手紙」、旧 ME 全集⑲ P.239
　　8）マルクス「ヴェラ・ザスーリチへの手紙の第 1 草稿」、同上 P.395

国家権力を取る革命から自治の革命へ

ロシア革命から 100 年

　ロシア革命をテクストとして、どう読み替えるか。いいかえると、時代の要請あるいはそれぞれの地域・国の独自の条件に引きつけてロシア革命を解釈し再構成する。社会の根本的変革をめざす人びとがずっと探究し続けてきたテーマである。

国家権力を取る革命

　1917 年 10 月、ロシアでは民衆を代表する労働者・兵士ソビエトの手に全権力が移り、ボリシェビキ（共産党）と左翼エスエルの臨時革命政府が成立。そのヘゲモニーを握ったボリシェビキは、深刻な食糧危機と帝国主義列強の干渉戦争に直面して非常手段の行使に走った。一党独裁は、他の政党、ソビエト、共同体農民との衝突を招き、革命後社会は急速に変質していった。

　しかし、十月革命の成功は、革命政党が民衆の支持を得て国家権力を奪取し、独裁的な権力行使によって社会を変革する、というイメージを革命の普遍的なモデルとして多くの人びとに受け入れさせた。「あらゆる革命の根本問題は国家権力の問題である」[1] というレーニンのテーゼが輝きを放ったのである。

　十月革命は、武装した民衆の蜂起と兵士の反乱によって政府を倒し、革命政権を樹立した。だが、これは、敗色濃厚な戦時下のロシアで旧体制が瓦解しつつあった特殊な例外的政治状況（「革命的情勢」）の出現によって、はじめて可能となったのだ。しかし、西欧諸国ではこうした重大な体制の危機が発生しにくいか、発生したとしても社会統合の分厚いシステムが作動して革命を封じ込めてしまった。現政権を急襲して国家権力を力づくで奪取する試みは、ドイツなどで次々に失敗に帰した。

　ロシア革命をモデルとして受け入れた共産主義者も、国家権力の獲得をめざす「長期にわたる」準備とたたかいの必要性に迫られた。グラムシのいう「機動戦」から「陣地戦」に移らなければならなかったのである。そのことは、ロシア革命を否定的に評価した社会民主主義者がめざしていた方法を採り入れることでもあった。すなわち、選挙と議会での多数派獲得によって政権交代を平和的に実現するという道である。しかし、暴力の行使か議会の利用かという違い、あるいは論争にもかかわらず、政治権力の奪取を優先するという社会変革のパラダイムの枠内にとどまっていた点では、共産主義者も社会民主主義者も同じであった。

　「長期にわたる」（準備とたたかいを要する）革命は、植民地化された国々の民族解放闘争のなかで「人民戦争」という形をとった。中国革命からベトナム革命への流れである。ここでは、ロシア革命は労農同盟の成功例として解釈＝受容され、農民が革命の主体として積極的に位置づけられた。人民戦争は、強大な軍事力を有する帝国主義国の侵略軍に対する長期の抵抗によって勝利した。また、その途上で解

放区＝根拠地を作って土地改革や教育を実施し、対抗社会を芽生えさせた。

勝利した革命が抑圧的体制を生む逆説

　人民戦争は、最終的には共産党が指導する正規軍の軍事力によって勝利し、共産党が国家権力を握った。解放の軍隊と共産党は新しい国家の骨格に転化し、誰にもコントロールされない権力を行使する独裁体制が出現した。

　ロシアでも中国やベトナムでも、勝利した革命が恐るべき抑圧的な体制を誕生させた。20世紀の革命と社会主義の大いなる逆説を、私たちは痛苦の思いをもって直視しなければならない。

　勝利した革命が民衆抑圧の体制に変質した理由は、主として2つ考えられる。

　1つは、革命後に形成されるべき社会像（オルタナティブ）は、あまりにも貧弱であった。それは、近代工業文明と資本主義に代わる新しい文明や社会・経済のイメージをほとんど提示できていなかった。時代の制約があったとはいえ、レーニンらが描いた社会像は、米国モデルの工業化社会でしかなかった。農村と農民から富を収奪して国家主導で近代的大工業を建設するという路線は、高い経済成長をもたらした。

　だが、それは、工場における労働者の自主管理の試みや農村の共同体自治を「非効率」なものと見なして根こそぎにし、自然環境を取りかえしのつかないほど破壊した。工業化と経済成長を至上目的とする道は、中央集権的な党・国家官僚制の支配を避けがたいものとし、自治的なコミューンが連合するアソシエーション社会の形成とは両立しないことが明らかになった[2]。

　もう1つは、国家権力を取る革命それ自体が、民衆抑圧の装置を産み落とすことである。国家権力の奪取は、組織性と知略を備えた革命政党の存在を必要不可欠とする。だが、革命後の国家が分権的な仕組みへ舵を切らず、工業化と相即的に中央集権的な官僚制を維持しようとすれば、党組織はその最大の骨格となる。ボリシェビキは国家権力を握り官僚制を担うことによって、革命前の分派連合から一枚岩の中央集権的な党に変わったのである。

　革命の途上で書かれコミューン国家を展望したレーニン『国家と革命』（1917年）では、革命政党は不思議なことに空席のままである。だが、革命政党が現実に国家権力を握ったとき、それは自らを解体する論理を持ちあわせず、逆にコミューンやソビエトの自治と敵対し暴力的に抑えこんでいった。『国家と革命』のコミューン国家像と共産党の一党独裁の現実とを架橋したのは、神秘的な「プロレタリアート独裁」の理論であった。

自治の実現をめざす革命

　東西冷戦の終焉後グローバル資本主義が世界を席巻する一方で、20世紀の革命の悲惨な結末が明らかになったことで、革命を語ることは禁句になってきた。

しかし、1968年を転換点にして「国家権力を取らない」革命、自治を実現する革命の試みがあちこちで登場してきた、と私は考える。1968年はベトナム解放戦争が「テト攻勢」によって勝利に向かって前進し、ベトナム反戦闘争が世界的に高揚した年である。同時にフランス「五月革命」や学生反乱が噴き上がった年でもある。

　そこには、古典的な要素と新しい要素が渾然一体となっていた。ベトナム革命は世界中の人びとの共感を呼んだが、国家権力の奪取をめざす古典的な革命であった。他方で、工場や大学の占拠・自主管理の行動には、日常生活の場での権力関係を変え自己決定権を行使する志向が表現されていた。この新しい要素はその後、フェミニズム・脱原発運動・地域住民運動・エコロジー運動・生協運動といったシングル・イシュー型の社会運動として豊かに開花していった。これらの運動は、自治・自主管理・自己決定・日常性の変革をめざしつつ、社会全体の変革との関係性を問うことをカッコに入れていた。

　しかし、自治を実現し「国家権力を取らない」革命が公然と姿を現わした。1つは、1980年代のポーランドにおける「連帯」の「自主管理革命」である。「連帯」は、ソ連との軍事衝突に至る国家権力の獲得を自制して、企業と地域における自主管理と自治の実現を試みた。そして、軍政による弾圧に抗する地下のネットワークを維持して、ソ連の崩壊の日を迎えたのである。

　もう1つは、1994年に武装蜂起を敢行したメキシコのサパティスタの革命である。サパティスタは、先住民を中心とした自治的な政治空間への政府軍の侵犯には武装して抵抗するが、国家権力の獲得をめざすものではないことを宣言した。そして、自治権の保障を求めて中央政府とのたたかいと交渉を繰り返しながら、協同組合による生産・販売を組織し連帯経済の実験に着手している。連帯経済の試みは試行錯誤の過程にあると伝えられるが、資本主義に代わるオルタナティブの小さいが貴重な萌芽である。

　このことと関連して、世界のあちこちで工場の自主管理、協同組合型の企業、食とエネルギーの地域自給、地域通貨、半農半Ｘの生業、地域内循環型経済といった動きが活発化している。これは、現在のグローバル資本主義が金融の肥大化によって不安定性を増し、各国の経済システムに破壊的な作用を及ぼしていることに対する民衆の側の自己防衛の動きである。その代表例は、アルゼンチンが巨額の対外債務を抱えて経済崩壊に見舞われたときに、倒産企業の自主管理、それと住民自治組織の協力関係を作りだした「ピケテーロス運動」である。これらの運動は、経済成長や利潤原理とは別の原理に立つローカルな自治・自立の試みとして、資本主義システムを蚕食していく動きにほかならない。

　こうした自治の実現をめざす「革命」や運動は、ロシア革命の読み替えへと私たちを導く。「ボリシェビキ革命」（Ｅ・Ｈ・カー）の裏側にあった自治の革命に光を当てることである。典型的には、農村でのミール共同体の革命がそれである。農民は地主の土地を没収すると同時に、オートルプとフートル（ストルイピン改革によっ

て共同体から脱退した農民の私有地）を共同体に統合し、「勤労原理」と「均等原理」にもとづいて土地の再分配を行った。つまり共同体を再生したのである。都市のボリシェビキ権力は、食糧の強権的な徴発に乗り出してミール共同体の農民と衝突したが、都市部でも民衆の自治的な営みが生まれていた。労働者による工場の自主管理の動きに加えて、労働者自身が菜園や農業コミューンを作って食糧を自給する試みも行われていた。

　共産党独裁、さらにはスターリン支配の下で、労働者自主管理や都市部の食糧自給の試みは潰され、農民の共同体自治は根こそぎにされていった。しかし、現代的な関心からすれば、農村のミール共同体の自治と都市における労働者の自主管理・自治・自給が連帯・協力していく道、つまりアソシエーション社会の可能性があったと、ロシア革命を読み替えることができる、と私は考える。

　自治を実現する「国家権力を取らない」革命は、ローカルな自治・自立の空間の創出を優先する。しかし、民衆のそうした営為を支援・促進あるいは防衛する役割を担う政権（「よりましな政権」）や公的な制度をどのように実現するのか、自治的な社会空間と政権や制度との緊張関係をどう創りだすのか、という課題に答えていかねばならない。

　＊本稿に関しては、拙著『脱成長を豊かに生きる』（2014年、社会評論社）第Ⅱ部
　　第3章を参照してください。

1）レーニン「二重権力について」（レーニン全集㉔、訳P.21）
2）拙著『もうひとつの革命』（1982年、社会評論社）第Ⅱ部第三章「近代的生産力
　と現代社会主義」

[初出：『季報　唯物論研究』141号、2017年11月]

革命のモデルとしてのロシア革命

　革命という問題に向き合うとき、ロシア革命は間違いなくそのモデル（参照基準）となってきた。私もそうだが、新左翼運動の時代までの古い世代の人間にとっては。しかし、革命、すなわち民衆自身が社会全体の変革を求めて立ち上がる運動のモデルとしてのロシア革命像は、必ずしも1つではなかった。

ボリシェビキによる権力奪取のダイナミズムに魅かれて

　私がロシア革命について読んだ最初の本は、高校時代に母が買ってくれたジョン・リード『世界をゆるがした十日間』（1919年、訳・岩波文庫）であった。1961年に京大に入学し学生運動に飛び込んでからロシア革命について熱心に勉強するようになった。その革命像は、レーニンに率いられたボリシェビキ党が労働者・兵士代表ソビエトの支持を得て国家権力を奪取するというものであった。レーニン全集はすでに翻訳・刊行されていたから、がむしゃらにそれを読破して得られたロシア革命像であった。

　1917年の十月革命は、民衆の代表機関である労働者・兵士代表ソビエトがすべての権力を握り、ボリシェビキと左翼エスエルの臨時革命政府を成立させた。帝政を倒した二月革命から十月革命への道のりは、さまざまの階級（資本家、地主、労働者、農民＝兵士など）や政党（自由主義者、社会主義者など）の間の力関係が刻一刻と変化し、最後に労働者と兵士（軍服を着た農民）の手に権力が移る過程であった。それはまた、政治のヘゲモニーが自由主義者から社会主義者へ、さらにそのなかの革命派へと急速に移っていった過程でもあった。

　国家権力をめぐるこの攻防で民衆の活動性が驚くほど発揮され、政治の力学がダイナミックに出現した。このダイナミズムを的確に捉えボリシェビキによる権力奪取へと押し上げた点で、レーニンのリーダーシップがいかんなく発揮された（なかでも自説を一夜で覆した「四月テーゼ」を打ち出したこと、尻込みする古参幹部を叱りつけて「今しかない」と蜂起を決断したことなど）。革命期の政治のダイナミズムとレーニンの指導性は、私を魅了し、私をマルクス・レーニン主義者に変えた。階級間・政治勢力間の力関係を冷静に分析する、情勢全体を変える環を見つけ出す、時機を正しく選ぶ。レーニンの政治（学）から学んだことは少なくなかった。

1960年代後半の激動の時代

　革命派による国家権力奪取にまで駆け上がったロシア革命の政治的ダイナミズムは、敗色濃厚な戦時下で到来した特殊な例外的政治状況（レーニンの言う「革命的情勢」）の下ではじめて可能であった。しかし、高度資本主義国ではこうした重大な政治的危機が発生しにくいか、発生したとしても社会統合の堅固なシステムが作

用して革命を封じ込めてしまう。私はこの真理を、グラムシ（合同版の『選集』が刊行されていた）を読んで認識はしていた。

　しかし、1960年代後半の日本には、世界的な同時代性のなかで政治的・社会的な激動が訪れた。ベトナム反戦闘争が高揚し、日本が米軍への支援を通じて参戦国＝加害者になることを拒否する決意が示された。羽田や佐世保での機動隊との衝突は、ひどい弾圧への怒りもあって行動に参加する若者をどんどん膨らませ、大衆的直接行動＝実力闘争を連鎖的に拡大していった。さらに、大学を封鎖・占拠する全共闘運動が全国に燃え広がった。若者たちの行動力がいちじるしく高まり、管理社会への異議申し立ての気分が社会に広がるなかで、国家権力との衝突が日常化した。また、1968年のフランス「五月革命」はカルチェラタンでの学生と警官隊の激突から労働者の工場占拠・ゼネストにまで発展し、先進国における体制を揺るがす民衆反乱のリアリティを私たちに垣間見せた。

　ベトナム反戦闘争と全共闘運動の波を合流させながら、政府を倒す巨大な闘争へと発展させる。私たち（共産主義労働者党）もそうだったが、新左翼の潮流はこの展望を描いて闘争の組織化に全力を傾注した。そして、1969年秋の佐藤首相訪米阻止のたたかいは、政府と正面衝突する大衆的実力闘争のヤマ場（「決戦」）となった。政府打倒の大衆的直接行動の高揚が国家権力奪取の革命にそのまま転じないことを、私たちは明言していた[1]（新左翼党派のなかには、権力奪取にまで駆け上がるという主張や願望も多くあったが）。しかし、この時期の闘争の渦中に身を置いていた私は、政権と政治体制を揺るがす政治のダイナミズムが――社会の内部からの反乱を伴いながら――出現する可能性に期待し、それに賭けていた。走り回る日々に携えていたのは、グラムシの『現代の君主』ではなかった。トロツキーの『ロシア革命史』であった。

　しかし、69年秋の闘争に向かう過程で、機動隊が大学に導入されて大量の活動家を排除し、たたかいの社会的拠点が失われた。政治的力関係が政府側に有利に傾いていったなかで、私たちは「強いられた政治決戦」に臨まざるをえなかった。そして、秋の街頭実力闘争は、国家権力の分厚い包囲網に封じ込められて敗れ去った。11月の最後の闘争で、羽田空港に通じる蒲田駅周辺で新左翼のすべての部隊は蹴散らされ、私も機動隊と自警団に追われて民家の庭に逃げこんで危うく逮捕を免れたという苦い体験を味わった。また、私たちは、街頭での実力闘争と同時に拠点職場での政治的意思表示のための闘争（「拠点スト」）の組織化に取り組んだが、不発に終わった。

　それでもベトナム反戦・安保粉砕（1970年の日米安保の自動延長阻止）のたたかいのエネルギーは簡単には衰えず、大衆的実力闘争も1971年秋の沖縄返還協定阻止の闘争まで継続された。しかし、政府と真正面から衝突する大衆的実力闘争は、ゆるやかな下降線をたどっていった。

三里塚闘争——自治をめざす抵抗闘争から学ぶ

政府を実力で倒そうとする大衆的直接行動が敗北した後、1970年代にはどのような闘争や運動によって体制と対抗していけばよいのか。この問題に、私たち（新左翼）は直面した。武装闘争への跳躍という気分と憧憬も広がったが、連合赤軍事件をきっかけに多くの新左翼党派はそこから引き返した（暴力は、内ゲバという形態に変質・堕落していった）。

70年代には、社会のさまざまな分野で多彩な運動が開花したが（ウーマンリブの運動、住民運動、労働者の自主管理争議、差別反対の運動）、人びとの共感とたたかう活力を最も強く引き付けたのは三里塚闘争であった。それは、空港建設のために土地を強奪してくる国家権力に対する抵抗であったが、創意工夫をこらした大衆的実力闘争が農民と支援（新左翼の党派と無党派活動家）の協働で繰り広げられた。砦を築き農民が立ち木に我が身を鎖で縛りつけたり地下壕に立て籠もって抵抗した1971年の強制代執行阻止闘争、要塞を築いて機動隊を誘い出し空港への突入と管制塔の占拠に成功した1978年の開港阻止闘争など。

都市部では制圧された大衆的実力闘争が、三里塚の地では継続できた。なぜか。そこには「土」とひとつになった農民の生業と暮らしがあった。村の共同体から出発しながら、新しい形の共同性が生まれていた。抵抗を継続する必要性から農業の別のあり方への試み（有機農法、協働作業、産直）が始まっていた。実力闘争は、民衆の生活空間を侵犯してくる国家権力に対する抵抗であって国家権力の獲得をめざすものではなかった。それは、こうした生活空間に深く根ざしていたから持続できたのである。

三里塚闘争のなかで私が思い知らされたのは、国家権力に抵抗する民衆の自治とそれを支える共同性のエネルギーの底深さであった。当時、私たちが三里塚闘争を革命（社会全体の変革）につなげる鍵として見出したのは、「根拠地」という構想であった[2]。これには、前田俊彦から教えられるところがあった[3]。根拠地は、もちろん中国革命からヒントを得ていた概念だったが、国家権力を取るための足掛かりという位置づけを超えたものであった。民衆の自治と共同性の独立した空間の形成ということにその真の意味を見出そうとした。

共同体と自治の革命としてのロシア革命

1970年代は三里塚闘争に明け暮れていた日々だったが、私はこの時期にロシア革命を勉強し直していた。なかでも、保田孝一『ロシア革命とミール共同体』（1971年）や和田春樹『マルクス・エンゲルスと革命ロシア』（1975年）は、私のロシア革命像を大きく変えた。「ロシア革命＝ボリシェビキ革命」という図式から脱け出し、農民によるミール共同体の再生と自治が実現された革命像が浮かび上がってきたのである。

フランス革命のジャコバン派独裁に連なるボリシェビキによる政治権力の奪取と独裁とは別に、自治と対抗社会をめざす自生的な革命があった。典型的にはミール共同体による土地の再分配の革命がそうであったが、ソビエトも労働者の自治組織として生まれたものである。それは、フランス革命における都市民衆（サンキュロット）のコミューンの蜂起と自治という系譜に連なっていた。三里塚闘争のなかで培われつつあった問題関心からすれば、共同体と自治の革命は、すっと受け入れることができた。

　しかし、農民の共同体的自治は都市のボリシェビキ権力と衝突し、やがてスターリンによる工業化のための農業集団化政策によって暴力的に根絶やしにされる。溪内謙『スターリン政治体制の成立』（1970〜86年、全4巻）などを読んで、私はこの過程を詳しく知った。そして、革命後社会において近代的大工業の建設を優先する路線が中央集権的な官僚制（党・国家官僚制）の独裁を避けがたく生み出す、という暫定的な結論に辿り着いた[4]。そこから、経済成長・巨大工業化・開発に代わってエコロジー（循環型）・ローカル・コミューン（コミュニティ）を基調とするオルタナティブな社会像の模索が、私のなかで現在まで続くことになった。

　同時に、ソ連をはじめ中国・ベトナムなど革命後社会の抑圧的な体制は、国家権力の獲得を優先しそれによって社会を上から変革しようとする革命の帰結なのではないか。この疑問が私のなかで大きく膨らんできた。これについて明確な答えを出すのは、1990年代に入ってからのことである。乱暴に言ってしまえば、革命政党による政治権力の奪取先行型の革命の時代は、1968〜69年の反乱をもって終わった。自治と共同体（コミューン）の再生をめざす革命、「国家権力を取らない革命」を追求する、ということになる[5]。

　こうして、私はレーニン主義から卒業した。だが、私にとって、ロシア革命は間違いなく、革命という問題を考えるときのモデルであり続けてきたし、今でもそうである。

1）拙稿「階級闘争の現段階と拠点政治スト」（1969年10月1日、『七〇年代階級闘争の地平』1970年、三一書房に所収）

2）拙著『もうひとつの革命』（1982年、社会評論社）の第Ⅰ部「解放の根拠地──三里塚の闘い」

3）前田俊彦は「瓢饅亭通信」の発行人であり、「三里塚廃港要求宣言の会」代表として三里塚現地で生活した。『続瓢饅亭通信』（1975年、土筆社）など。

4）前掲『もうひとつの革命』の第Ⅱ部第三章。

5）拙著『脱成長を豊かに生きる』（2014年）の第Ⅱ部第3章。

［初出：『季刊ピープルズ・プラン』№.78、2017年秋］

第II部
資本主義の現在と行方

立往生するグローバル化
資本主義の行方

I はじめに
——「資本主義の危機」という不安の広がり

　東西冷戦の終焉後、《資本主義に代わる社会はない》という神話が人びと
を呪縛してきた。しかし、いま、この神話は崩れはじめている。「資本主義
への不信」とか、「資本主義の危機」といった言説がしきりに出現するよう
になっている。

　資本主義への不信と懐疑を引き起こすきっかけになった出来事は、何と
いっても 2008 年のリーマン・ショックであった。世界はこの危機を何とか
乗り切ったかに見えたのだが、ギリシャ危機の表面化（2010 〜 15 年）、世界
的な格差拡大を論じたトマ・ピケティ『21 世紀の資本』の爆発的な売れ行
き（2014 年）、タクス・ヘイブンの実体を暴き出したパナマ文書の公表（2016
年 4 月）、英国の国民投票による EU からの離脱決定（同年 6 月）米国の大統
領選における民主党サンダース候補の大善戦、そして右翼ポピュリスト・ト
ランプの予想を覆す勝利（同年 11 月）といった出来事が次々に起こった。

　マスメディアに登場した代表的な言説を拾ってみる。

　「資本主義の未来——不信をぬぐうためには」（朝日新聞 2017 年 1 月 3 日社説）
／「冷戦終結後、あくなき利潤の追求を推進力に、ヒト・モノ・カネの国境
を超える往来を広げてきた資本主義。問われているのは、その未来の姿であ
る」。「金融も自由化され、活力が戻ったかに見えた反面、貧富の差が再び拡
大し、リーマン・ショックに至る暴走の素地も生まれた」。ただし、社説は、「た
とえブレーキの利きが悪い中古車であっても、当面は資本主義を使い続ける
しかない」として、「不平等の現実を直視」した対処法を工夫せよ、という
主張に終わっている。

「岐路に立つ資本主義」（日経新聞 2016 年 11 月 25 日の記事）／「自由な競争や貿易で繁栄をめざすグローバル経済が試練を迎えている」。「自由競争経済のひずみが、8 年前の金融危機に続く低成長と相まって露呈している。米国では上位 10％の所得層が全体の所得の 50％を占め、20 年で割合は 10 ポイント上がった」。

「資本主義に機能不全の危機」（フィナンシャル・タイムズ 2016 年 9 月 16 日の論評）／「資本主義は時折、強欲な資本家の手から救い出す必要がある」。「一般市民は、グローバル化により利益を得る企業 [租税回避を行う大企業] には、すべての人に適用される規則の手が届かないと思っている。グローバル化に伴う不安はすべて一般市民に降りかかる」。「ルーズベルト [セオドア、大企業の独占的な利潤追求行動を規制した] は社会主義者などではなかった。彼は、資本主義は一般市民にとっても恩恵を受けられるシステムでなければ持続できないことを見抜いていた。これは今も当時と変わらぬ真実だ」。

「資本主義に厳しい視線」（日経新聞 2016 年 8 月 28 日「中外時評」、実哲也）／「資本主義が危機に直面している。そんな議論が日本を含む先進国の論壇でさかんだ。状況がより先鋭的に現れているのは米欧である。ハーバード大が全米の 18 〜 29 歳の若者を対象にした世論調査では、51％が『資本主義を支持せず』と答えた」。「背景には世界的に成長が弱まり、若年層を中心に高失業と賃金停滞が顕著になってきたことがある」。

「民衆とマネー資本主義　貧富の格差を正さねば」（東京新聞 2016 年 4 月 30 日社説）／「膨張するマネー、資本の力は『冷戦に勝利したのは民主主義ではなくて資本主義』とさえ言われるようになりました。その金融資本主義も 08 年のリーマン・ショックで力を落とし、今、2 つの壁に見直しを求められています。ひとつは長期停滞の可能性です。……。もうひとつは格差に立ち向かい、不公正を正そうとする民衆からのうねり、新たな波です」。

▐ 巨大格差と長期停滞

このように、資本主義に対する人びとの不信と懐疑がかつてなく高まっているのだが、その焦点あるいは理由となっているのは、**貧富の巨大な格差と経済の長期停滞**（低成長・低インフレ・低金利の継続）の 2 つである。そして、両者の間には、格差拡大が経済成長の足を引っ張って低成長をもたらしている、という関係がある。

資本主義は、冷戦終焉後の世界でグローバル化・金融化・情報化（IT化）によって経済成長と繁栄を謳歌してきたが、その足元で巨大格差と長期停滞という壁・難問を産み落としてきたのである。資本主義は、この2つの壁・難問を解決して新たな成長・拡大を遂げるのだろうか。そうではなく、規制された資本主義に転換する、あるいは福祉国家型の資本主義に回帰するのだろうか。それとも、ポスト資本主義的な社会システムが次々に誕生し、資本主義を蚕食していくのだろうか。

　トランプ政権の出現が象徴するように、1990年代以降勢いよく進行してきたグローバル化は大きな転換点を迎えている。この変化を直視しながら、資本主義の現在とこれからを考察したい。

II 戦後の資本主義
—— ケインズ主義から新自由主義・グローバル化へ

▌戦後の資本主義は、米国が基軸国となって高度経済成長をとげ、経済的繁栄を謳歌

　戦後の資本主義は高い経済成長を成し遂げたが、それは、3つの対抗物＝制約に巧みに対応することによって可能となった。1つは、労働組合に組織された労働者階級である（資本主義の内部からの対抗物）。2つは、次々に独立した旧植民地・従属国、つまり発展途上国である（周辺部からの対抗物）。3つは、ソ連などの社会主義諸国である（外側からの対抗物）。

　高い経済成長は、まず自動車や家電製品の大量生産・大量消費・大量廃棄を軸にした投資と消費の継続的な拡大によってもたらされた。労働組合の権利の制度的承認（労資の同権化と和解の制度）によって持続的な賃上げが行われ、それが消費の不断の拡大を生み、企業収益を増大させるという**ケインズ主義的な好循環**が実現した。そして、経済成長は、累進課税制度の下で税収の持続的な増大をもたらし、福祉国家による社会保障サービスが提供された。資本主義は、労働者階級という対抗物を統合・包摂することに成功したのである。

　次に、先進国の大量生産・大量消費・大量廃棄を支えたのは、**途上国からの安価なエネルギー・資源の収奪**であった。なかでも低コストの石油の確保（エネルギー革命）は、経済成長に大きな役割を果たした。20世紀は石油文明

の時代になったのである。資本主義は、周辺部からの対抗物をいったんは抑えこみ無害化した、と言える。

そして、戦後の資本主義が労働組合を制度的に包摂しながら経済成長を遂げたのは、**ソ連社会主義**（中国の社会主義化を含む）に対する政治的・イデオロギー的な対抗と競争に勝ち抜き、民衆を体制内に統合する必要性によるものであった。資本主義は、外側の対抗物との対立・競争を経済成長のバネに変えた。

さらに、**米国によるドルの潤沢な供給と貿易・投資の自由化**は、戦後の世界的な資本主義の経済成長を促進する国際的な枠組みとなった。ブレトンウッズ体制（IMF・ガット体制）は、金とドルの交換性と固定為替レート制の下で世界的な貿易の拡大を支え促進した。

┃ ニクソン・ショックとオイル・ショック
┃ ──先進国の高度経済成長の終焉と資本主義の変容

1971年のニクソン・ショックと1973年のオイル・ショックは先進国の高度経済成長を終わらせ、資本主義を変容させる転機が訪れた。

ドルと金の交換性の停止、固定相場制から変動相場制への移行（ニクソン・ショック）によって、米国によるドルのたれ流しが始まった。また、**石油・資源価格の急騰**（オイル・ショック、石油価格は4倍に）は、先進工業国による収奪に対する周辺部の異議申し立てとして資本主義世界を揺さぶった。石油輸入に依存する先進国では物価が急上昇し、金との交換性を断ち切ったドルの氾濫を背景に、急激なインフレが進行した。しかし、先進国では労資和解体制による賃金の下方硬直性が働いてコスト切り下げができず、不況とインフレの共存、すなわちスタグフレーションに陥ったのである。

先進国のなかで日本だけは、コスト切り下げによる「安くて質の良い」製品の輸出ラッシュに成功し、米国をはじめとする世界市場を席巻した。省エネ・省資源型のハイテク技術革新（例えば排ガス規制に適合した小型車の生産）と日本型経営（労働者の高い労働意欲と企業への自発的協力を引き出した）が、その秘密であった。

スタグフレーションに悩まされた先進国は、1980年代から**新自由主義**（ネオリベラリズム）の経済政策を導入し（米国のレーガン政権、イギリスのサッチャー政権）、インフレの解消に成功する。新自由主義は、労働組合の交渉力や抵

抗力を破壊・弱体化して賃金コストを引き下げ、規制緩和や民営化による自由な市場競争（価格引き下げ競争）を促進した。また法人税や所得税の大幅な減税と社会保障サービスの効率化＝削減を推進し（「大きな政府」から「小さな政府」への転換）、経済的効率性の強化を目論んだ。

　そして、金融や資本取引の自由化が進められ、カネあまりが生じ、大量のマネーが株式や不動産の取引に流れこんだ。バブルとその破裂が周期的に生じる「バブル循環」[1]が出現し、経済の不安定性が増すようになった。

■ 1990年代以降、グローバリゼーションが全面的に展開

　東西冷戦の終焉（1989年ベルリンの壁崩壊、1991年ソ連邦の解体）は、資本主義にとっては外側の対抗物の消滅を意味した。資本主義は、何ものにも制約されることなく貪欲な利益追求活動をグローバルに展開することができるようになったわけである。モノ・サービス・マネー・ヒトの国境を超える移動が地球的規模で活発になり、すべての国の経済活動が単一の世界市場に統合されていった。

　グローバル化のなかで、**金融経済が実体経済から独立して膨張し**、ひとり歩きしてマネーゲームを繰り広げてきた。資本主義は、金融の規制緩和と資本取引の自由化によって株や金融商品が高騰して巨額の利益を生む**金融化資本主義**に転じた。世界の金融資産は、リーマン・ショック前夜には187兆ドル（2007年10月）と、GDPの3.2倍（1990年では1.8倍）に膨れ上がったのである。

　資本主義の金融化のなかで、製造業の衰退に苦しんでいた米国は、金融帝国・IT大国として蘇生した。米国では新しいIT企業が次々に立ち上がり、その株式への投資が過熱化して1990年代にはITバブルが出現（2000年に破裂）。また、日本・中国や産油国など対米輸出で貿易黒字を稼ぐ国をはじめとして、**世界中の資金が米国に大量に流入**した。米国の金融機関（証券会社、投資銀行、保険会社）は、住宅バブルを利用して住宅ローン（低所得者向けのサブプライム・ローン）を証券化した金融商品を大量に売り出した。金融資産（株や金融商品）の価格上昇は資産効果を生んで、消費拡大をもたらし、経済的好況が到来したのである。

　米国に典型的に見られるように、先進国は製造業の生産拠点を中国など新興国・発展途上国に移転していった（オフショア・アウトソーシング）。その過程は、**中国が「世界の工場」として輸出主導型の高度経済成長をとげる過程**

でもあった。資本主義世界は、先進国が金融・情報・サービス業に特化し、新興国・途上国が製造業に特化する構造に変化した[2]。

　グローバル化の主役を担ったのは多国籍企業と巨大金融機関であったが、米国主導下のWTO（←ガット）やIMFがグローバル化推進の制度的装置となった。中国のWTO加盟(2001年)は、グローバル化を加速する画期となった。また、NAFTA（1994年発効）やEU（1992年発足、1999年ユーロ導入、2014年東欧10か国の加盟）など地域経済統合も、多国籍企業の国境を超える活動の舞台を用意した。そして、WTOルール、なかでも知的所有権の保護を定めたことは、中国や発展途上国に進出する多国籍企業の自由な活動を保障する役割を果たした。先進諸国の政府が採った新自由主義的改革や中国の「改革開放」の政策は、グローバル化を強力に推進した。

1）金子　勝『閉塞経済』（2008年、ちくま新書）、P.11、12
2）米国の産業別付加価値値の対GDP比率は、次のように変化した（中本悟／宮崎礼二編『現代アメリカ経済分析』2013年、日本評論社）。

	1980年	2010年
製造業	20.0%	11.7%
金融・保険業	16.0%	20.7%

Ⅲ 資本主義の現在
── リーマン・ショックの衝撃

▍2008年、米国発の金融危機（リーマン・ショック）の勃発

　2008年9月、米国の大手証券会社リーマン・ブラザーズ社が突如として破綻・倒産し、連鎖的に大手証券会社や保険会社（ゴールドマン・サックス、AIGなど）が経営危機に陥った。これを引き金にして、金融機関どうしの資金取引が全面的にマヒし、経済の血流がストップ。金融恐慌が勃発したのである。

　これは、ハイリスク・ハイリターンの金融商品（低所得者向けの住宅ローンであるサブプライムローンを証券化した商品）が米国の住宅バブルの崩壊によって紙クズと化し、これを大量に抱えていた欧米の証券会社や銀行が大損失を

被ったことによって引き起こされた。世界的な同時株安が生じ、NY ダウ平均株価は一時 8000 ドルを割り込んだ。

　金融危機は、企業や個人への貸し渋りによって実体経済を収縮させ（個人消費の収縮、輸出入の急落、大量解雇と失業率の上昇）、大不況を招いた。米国の大手自動車会社 GM やフォードは倒産の危機に追い込まれ、政府の公的資金注入によって一時「国有化」された。米国では製造業だけで 150 万人の雇用が失われ、世界全体で 1000 万人が解雇された。先進国は軒並み、マイナス成長に転落した。

　リーマン・ショックは、恐慌をなくしたはずの資本主義を直撃し、「100 年に 1 度の危機」（グリーンスパン FRB 議長）と言わしめた。それは、生産活動に有利な投資先を見出せなくなった大量の資金（過剰なマネー）が金融資産に流れこみバブルとその破綻を繰り返す**金融化資本主義の限界を露呈**した出来事であった[1]。

▊ 政府による巨額の資金投入と政府債務危機の出現

　この危機に対応するため、米国をはじめ各国政府は、金融機関に巨額の資金を注入して救済し、大規模な財政出動による需要喚起策をとった。これによって危機は乗り越えられ、中国など新興国の経済成長の復活が牽引して世界経済は回復軌道に乗ったかに見えた。しかし、財政出動は巨額の財政赤字を累積させ、膨れ上がる政府債務（国債）への不信と不安が、デフォルト（債務不履行）を予想した国債の投げ売り、国債価格の低落（金利の上昇）、国債の格付けの引き下げとして噴き出した。**政府債務危機の出現**である。

　政府債務危機は財政赤字が深刻な**ギリシャ**で 2009 年秋に表面化し、財政再建のための緊縮政策と EU の金融支援にもかかわらず国債の投げ売り、国債価格の暴落が続いた。危機はイタリア・スペインにまで波及し、南欧諸国の国債（高い金利の）を大量に買い込んでいたドイツやフランスの銀行の資産暴落を招く可能性が生まれた。金融危機への財政出動による対応が政府債務危機を生み、それが新たな金融危機を引き起こすという**2 つの危機の往還的な深刻化が進行**したのである。

　EU（および IMF と ECB ＝欧州中央銀行のトロイカ）は、ギリシャ危機の拡大に対して**金融支援**（債務減免を含む）を行うことと引き換えに、**債務返済のための過酷な財政再建＝緊縮政策**（年金カット、付加価値税引き上げ、公務員の削減、

病院など公共サービスの縮小）の実行を迫った。EU の金融支援は、ドイツなど
の金融機関がデフォルトによる損失を被ることを回避し、その債権を EU の
債権に切り替えることが最大の狙いであった。

　しかし、債務返済を優先する緊縮政策は、民衆に多大な犠牲を強い（失業
やホームレスの急増、医療の崩壊、賃金や年金収入の低下）、逆に経済を収縮・停
滞させた（2010 ～ 14 年でギリシャの GDP は 22％ も減少）。ギリシャでは緊縮政
策の押し付けに反対する民衆の運動が高まっていたが、2015 年 1 月に反緊縮
を掲げた左派 SYRYZA のチプラス政権が誕生した。国民投票でも緊縮政策反
対の意思表明がされ、**EU からのギリシャ離脱（追放）の可能性**が高まった。

　チプラス政権が金融支援プランを受け入れたことで、ギリシャ離脱はいっ
たん回避された。また、ECB が財政赤字国の国債を無制限に買い入れる金
融緩和政策に急転換したこと（ドラギ・マジック）で、スペインやイタリアの
債務危機は沈静化した。しかし、ギリシャ支援をめぐってはギリシャと EU、
EU と IMF の間の対立が続いていて、危機が再燃する火種は消えていない。

　ギリシャ危機は、EU が抱えている「財政再建国家」[2] としての構造的な
矛盾を人びとの眼前にさらけ出す出来事となった。すなわち、緊縮政策の強
要と失敗（高い失業率）、ユーロ導入によるドイツの独り勝ち、そのドイツが
財政負担を渋り財政統合にまで進めないこと、EU による非民主主義的決定
が浮き彫りになったのである。

　EU に対する人びとの不信と不満が高まり、シリア内戦の激化による大量
の難民流入が引き金となって**反 EU・移民や難民排斥のナショナリズムが台
頭**した。それは、2016 年 6 月の Brexit（国民投票による英国の EU 離脱）とい
う姿で劇的に現れ、グローバル化〈主権国民国家の超克〉のモデルとされた
EU 解体の現実性が出現したのである。その起点はギリシャ危機にあった。

■ 量的金融緩和政策の失敗と「低温経済」

　世界経済はリーマン・ショックから回復してきたが、そのテンポは緩やか
なものにとどまっている。量的金融緩和に依存した経済成長政策は功を奏さ
ず、低成長・低インフレ・低金利の「低温経済」（イエレン FRB 議長、現在は
財務長官）から脱け出せていない。

　米・欧・日の先進国は、いずれもゼロ金利の下で**量的金融緩和政策**をとり、
中央銀行が大量の資金を市中銀行に供給することによって投資や消費を拡大

し、雇用や所得を増大させようとした。財政の制約が厳しいなかで、金融政策に依存した経済成長、すなわち緩やかなインフレ（2%）の促進、経済成長率の引き上げをめざしてきたのである。

　しかし、米国は、リーマン・ショック後の景気回復が9年も続くが、GDP実質成長率（2010～19年）は平均2.2%と戦後の回復局面では最低である（リーマン・ショックで2年もマイナス成長に落ち込んだ2000年代でも平均1.8%）。そのため、中央銀行のFRBは、2015年12月に9年ぶりの金利引き上げに踏み切った後は1年以上も追加の引き上げができず、低金利が続いてきた。「強力な（金融）緩和策は株価を2.1倍も押し上げたが、成長低下を食い止める力はなかった」[3]。

　先進国が長期停滞に陥っているだけではなく、資本主義世界の経済成長を主導してきた**中国も、過剰生産能力を抱えたまま大きく減速**している。また、人民元の低落（対ドル為替レートは2015年から16年にかけて13%下落）が続いて外貨準備も2年半で1兆ドルが流出し3兆ドルを切った（2017年1月）。

　リーマン・ショックから10年近くが経ったが、資本主義はその衝撃と傷痕から本当には脱け出せていない、と言える。

　1）拙著『金融危機が人びとを襲う』（2009年、樹花舎）。
　2）「財政再建国家」とは、金融市場の要求に応じて財政健全化を至上目的とする緊縮政策を押しつける超国家的な組織を指す（W・シュトレーク『時間稼ぎの資本主義』2013年、鈴木直訳、2016年、みすず書房）。
　3）日経新聞2017年1月27日。

Ⅳ 資本主義がぶつかっている壁＝難問

▌ 2つの壁＝難問

　資本主義は、いま2つの壁＝難問に直面している。その1つは、冷戦崩壊後のグローバル化・金融化による繁栄のなかで至る所に途方もない格差の拡大を生み出していることである。もう1つは、先進国が長期停滞から脱け出せず、低成長・低インフレ・低金利の「低温経済」＝長期停滞に陥っていることである。

　この2つが、多くの人びとのなかに資本主義に対する懐疑と不信をかき立

てつつある大きな要因となっている。

▌途方もない格差の拡大

　国際 NGO の OXFAM によれば（2017 年 1 月）、ビル・ゲイツなど**世界の富裕層上位のたった 8 人の資産 4.26 兆ドルは、世界人口の貧しい方の半分 36 億人の資産の合計と等しい**。6 年前には、最も富裕な 388 人の資産合計が世界人口の貧しい方の半分のそれと等しかったのだから、格差がいかに急激に拡大しているかがよく分かる。

　OECD 諸国では、社会の 10％の富裕層と下位 10％の貧困層の所得格差は、1980 年代の 7 倍から 2013 年の 9.6 倍に拡大してきた。米国では、その所得格差は 1984 年の 10.8 倍から 2012 年の 16.5 倍に拡大してきた。

　米国内の貧富の格差拡大と中間層の解体は、大方の予想に反してトランプを大統領の座に就けた構造的な要因として注目を浴びた。たしかに、その格差拡大はすさまじいものである。

　米国では、1％の富裕層が所得全体の 21・4％（2018 年、1980 年には 10％）を、金融資産の 42％（2015 年）を独占している。また、10％の高所得層が所得全体の 46％（2018 年）と金融資産の 79％（2015 年）を独占している。

　米国の労働総同盟・産業別労働組合（AFL − CIO）によると、主要企業500 社の労働者に対する CEO（最高経営者）の年収の倍率は、1980 年には 42 倍だったが、2014 年には 373 倍に拡大。格差は 30 年余りで 9 倍に広がっている。ウォルマートの CEO の収入を時給換算すると、同社の米従業員の最低賃金時給の約 1036 倍に達している[1]。

　こうした巨大格差を目の当たりにすれば、「1％対 99％」を打ち出したウォール街のオキュパイ運動（2011 年のウォール・ストリート占拠の行動）が大きな社会的共感を呼び、さらにサンダース候補を強力に押し上げるうねりに引き継がれたのは、必然のことであった。

　米国ほどではないまでも、**日本も貧富の格差が拡大し続けている**。所得格差を表すジニ係数（世帯所得）は、2005 年の 0.5318 から 2017 年の 0.5594 に上昇している。所得 300 万円以下の低所得世帯が全体に占める割合は、2000 年の 27.5％から 2019 年の 32.6％に増えている（厚労省「国民生活基礎調査」）。

　1 億円以上の役員報酬を受け取っている上場企業の役員は、2013 年 3 月の 301 人（175 社）から 2018 年 3 月には 538 人（240 社）に増えた。その対極

で、年収 200 万円以下の労働者（ワーキングプア）は 2010 年の 1045 万人から 2019 年の 1200 万人（労働者全体の 23％）に増大している。

純金融資産 1 億円以上の富裕層は、2013 年から 2019 年にかけて 32 万世帯・94 兆円増えて 132 万 7 千世帯・保有資産 333 兆円になった。5 億円以上の超富裕層は 3 万 3 千世帯増えて 8 万 7 千世帯・保有資産 97 兆円になった（野村総研、2021 年）。対照的に、預貯金など金融資産を保有していない世帯（2 人以上世帯）は、2019 年には 23.6％にもなる（「家計の金融行動に関する世論調査」）。

■ 格差拡大の原因

それでは、先進国における貧富のいちじるしい格差拡大を生み出してきた原因は、何であろうか。多くの原因があるが、次のようなことを指摘できる。

何と言っても、グローバルな競争のなかで、企業がコスト切り下げのために**低賃金の非正規雇用を急増させてきた**ことである。

また、経済の中心が**製造業からサービス分野にシフト**するのに伴って、相対的に高い賃金の労働者が減り、低賃金の労働者が増え、労働組合の組織率も低下した。IT 分野の労働者の賃金は上昇するが、専門的な知識やスキルをもつ労働者の雇用は限られている。さらに、政府が新自由主義の政策をとった結果、労働組合の抵抗力や交渉力が破壊されたり弱体化した。

企業の利益はいちじるしく増大したが、それは、労働者にではなく**株主への配当の増大や役員報酬の増額**（ストックオプションの増大など）に優先的に回された。また、金融資本主義化によって、**株価高騰や金融商品の値上がり**などによって巨額の利益が転がりこんで、富裕層の所得や資産が急増した。

そして、新自由主義の「小さな政府」路線の下で、増税による社会保障サービスの拡充が否定され、国家の所得再分配機能がいちじるしく弱められた。そのため、格差拡大は放置され、貧困に陥る人が急増したのである。

■ 低成長・長期停滞

資本主義を悩ませているもう 1 つの壁＝難問は、先進国が長期停滞から脱け出せず、低成長に陥っていることである。

先進国の経済成長率は、軒並み低下してきている。

表　先進国の経済成長率（年平均）

（単位：%）

	1980 ～ 89 年	1990 ～ 99 年	2010 ～ 2014 年
米国	3.14	3.24	2.16
日本	4.41	1.47	1.61
ドイツ	1.87	2.15	2.02
イギリス	3.74	2.82	1.60
フランス	2.38	2.01	1.01

（水野和夫／榊原英資『資本主義の終焉、その先の世界』）

　低成長が、**大がかりな金融緩和政策にもかかわらず**続いている。中央銀行が大量の資金を市中銀行に提供しても、**企業が新たな投資分野を見出せず**、資金がだぶついてしまい、長期金利が低下し続けてきた。

　日本では、アベノミクスの下で 2012 年末から 2019 年末にかけて、日銀の資金供給量（マネタリーベース）は 131 兆円から 521 兆円へと約 4 倍、390 兆円も増えた。にもかかわらず、銀行の企業・個人への貸出金は 401 兆円から473 兆円へ、わずか 1.2 倍、72 兆円増えただけである。

　米国は、経済成長率（年平均）が 1980 年代～ 1990 年代の 3.2％から 2010年代の 2.2％に低下し、「中立金利」と連動する潜在成長率も 1.8％に低下している [2]。日本は、経済成長率（年平均）が 1974 ～ 1990 年度の 4.2％から 2010 ～ 2019 年の 1.3％に低下。潜在成長率も 1981 ～ 1990 年の 4.4％から 2010 ～ 2019 年には 1％を切って 0％台に低下している。頼みの生産性も、労働生産性の上昇率は 1980 年代の約 3％から 2010 ～ 2019 年の 0.4％に低下し停滞している。

　低成長から脱け出せず、むしろ**低成長が「常態」化しつつある理由**は、国によって異なるが、主として 3 つの事柄が挙げられる。

　第 1 は、**人口減少にともなう労働力不足が急速に進行している**（日本、ドイツ）。

　第 2 は、**貧富の格差が急速に拡大している**。消費性向の高い中間層や低所得層の所得が低下あるいは停滞し、穴だらけの社会保障への不安と相まって、消費が伸びていない。また、所得が伸びないなかで、家計債務（ローン）の増大に依存した消費拡大になっている。

　第 3 は、企業が大きな利益を生む**新しい投資先となる産業分野を見出せず**、

設備投資が停滞している。その根底には、人びとの欲求の「飽和」や変化がある。例えば若者の関心がモノの所有から共有（シェア）に移っている。また、人と人のつながりや交わりに豊かさを求める人が増えている。資本主義は、かつての自動車や家電製品のような爆発的な需要を生む新製品の開発と生産に投資先を見出せず、金融化（バブル経済循環）にしか活路を見出せなくなっているのである。

　低成長の常態化、つまり「成長なき資本主義」は、成長（付加価値の絶えざる増殖）を最大の動機とする資本主義の存立根拠を奪う（自己否定する）出来事にほかならない。このことが、経営者をはじめ多くの人びとを不安に駆り立てている。

1）田村賢司「曲がり角にきた新自由主義経済」（日経ビジネス 2016 年 7 月 28 日）
2）日経新聞 2016 年 9 月 24 日

V トランプ政権の経済政策
——「米国第一」のグローバル化

▌保護貿易主義

　トランプの経済政策（トランポノミクス）は、年平均 4％の高い経済成長、10 年間で 2500 万人の雇用創出という目標を掲げて、次のような政策を打ち出していた。

　(1) 大型減税／法人税の大幅引き下げ（35％→ 15％）、所得税の累進性緩和、相続税の廃止。(2) 規制緩和／金融の規制緩和（ドット・フランク法の廃止）、パリ協定にともなう環境政策の停止（火力発電の規制の撤廃など）。(3) インフラ投資／今後 10 年間で 1 兆ドル（約 100 兆円）。(4) 貿易赤字の削減／自動車など製品輸出の拡大と輸入の抑制、そして雇用拡大。

　その際立った特徴は、何といっても**保護貿易主義**にあった。米国は、2017 年 3 月の G20 財務相・中央銀行総裁会議の共同声明から「あらゆる形態の保護主義に対抗する」という文言を削除することを強硬に要求し、この常套句が姿を消した。

　現代のグローバル経済では貿易よりも投資や金融がより重要な役割を演じ

ているにもかかわらず、トランプは貿易の分野にだけ焦点を当てた。日本の自動車の対米輸出台数が現地生産の10倍もあった1980年代の世界経済という過去のイメージに拘っていたのである。その上で、貿易赤字の削減と製造業を中心にした雇用拡大をめざして貿易の制限や管理の政策（保護貿易主義あるいは重商主義）を採ろうとした。

その手段として、「国境調整税」（企業に対して輸出で得た利益には課税を免除し、海外から仕入れた製品や部品は費用控除を認めず課税する）の導入も検討された。

■ グローバル化と国家

モノ・サービス・マネー・ヒトの自由な移動が進むと、国家の役割が縮小あるいは消滅するかのように見える。たしかに、所得再分配の機能はいちじるしく弱められた。しかし、国家は衰退し退場したのではなく、グローバル化にふさわしいものへとその役割を変えてきたのである。それは、多国籍企業や金融資本の自由でグローバルな活動を保障・調整する**国際的な枠組みづくり**という役割である。

各国の経済主権は、米国主導のWTO・IMF・世界銀行・国際決済銀行などの国際経済機関に移譲される。また、EUやユーロ、NAFTAやTPPなど地域経済統合や広域FTAを形成して、国境を超える多国籍企業の自由な活動の舞台を整えた。そこでは、グローバルな市場競争のための普遍的なルールづくりが行われた（関税や非関税障壁の撤廃、知的所有権保護、最恵国待遇と内国民待遇、銀行の自己資本比率＝BIS規制、ISDSなど）。

同時に、国家は米国に見られるように、自国に本拠を置く多国籍企業がグローバル競争で優位に立てるように広義のインフラ投資を行ってきた。政府と民間企業と研究機関が一体になった研究開発投資や人的資本投資に力を入れてきた。関税や補助金による産業保護政策ではなく、ITやバイオなど先端技術を駆使する企業を支えるインフラ投資である。

グローバル化が進むと、米国や日本など先進国では製造業（鉄鋼・自動車・電機産業）の生産拠点が海外に移転され、産業の中心が製造業から金融・ITやサービス産業へ移る。それは、工場の閉鎖や縮小による大量の失業を生み、製造業の拠点であった都市（デトロイト、門真市など）の衰退と地域経済の解体を引き起こした。産業再編に伴う雇用の危機（工場閉鎖による大量失業）に対して、国家は、職業訓練による新しいスキル習得によって労働者が生産性

の高い部門へ移動することを促進する。これが、**グローバル経済に対応した雇用政策**となる。国家はもはや、製造業を温存して雇用を守るといった政策をとらない。産業再編に応じた労働力流動化の政策をとるようになる。

しかし、金融・IT 分野や IT 応用の製造業など生産性の高い部門で再雇用されるだけの高度なスキルを習得する労働者は、けっして多くはない。製造業で高い賃金を得ていた熟練労働者の多くは、賃金の低いサービス産業や運輸業で働かざるをえなくなる。つまり、ガソリンスタンドやコンビニの店員、トラック運転手として働くようになり、中間層から脱落する。その分野は、また移民労働者と雇用をめぐって競合する可能性がある分野である。トランプを支持したラストベルトの白人労働者は、こうした労働者であった。

■ 《製造業の保護・復活による雇用拡大》政策の非現実性

そこで、トランプは、製造業の生産拠点の海外移転を制限することによって《製造業の保護・復活による雇用の拡大》という政策を進めようとした。つまり、成長部門ではない伝統的な産業部門を保護・温存する。そして職業訓練による労働力の流動化ではなく非成長・衰退部門での雇用を守るという産業政策や雇用政策の復活である。

米国の製造業は国際競争力を失い、その雇用者数も 1990 年の 1729 万人から 2015 年の 1232 万人へと大幅に減っていた。その代わりに IT や金融の分野で圧倒的な優位に立ち、この分野で米国系多国籍企業や投資会社（マイクロソフト、アップル、グーグルや JP モルガン、ゴールドマンサックスなど）が急成長し巨額の利益を稼ぎ出してきた。

トランプは、IT や金融の分野における米国（系多国籍企業）の優位を維持しながら、製造業も復活させようと目論んだのである。製造業の復活は、製品の輸出拡大と輸入抑制によって貿易赤字の縮小に貢献する、また雇用吸収力が大きいから雇用拡大につながる、と考えたわけである。

しかし、製造業の保護・復活と雇用拡大というトランプの政策は、**ひじょうに矛盾に満ちていて、現実性を欠いていた**。製造業の競争力強化のためにはコスト削減が必要不可欠だが、米国内で白人労働者を優先的に雇用しようとすれば、いちじるしいコスト高を招くことになる。

コスト削減のためには、生産性を飛躍的に向上させる自動化・機械化（ロボットや AI の導入）がさらに推進される必要がある。だが、それは労働者からま

すます雇用を奪うことに行き着く。製造業の雇用が大きく減った主要な原因は、産業用ロボットやAIの導入にあった、という見方が有力である。

　また、コスト削減のためには、低賃金で働くヒスパニック系の移民労働者を雇えばよいはずである。とくに1100万人とされる「不法移民」は、法定最低賃金の3分の1の低賃金で就労している。しかし、移民の雇用増大は、白人労働者の雇用機会を狭めてしまう。しかも、トランプは、強硬な移民制限政策をとろうとした。これでは、低賃金労働力の利用という道を自ら閉ざし、コスト高を加速するだけである。

　また、自動車をはじめ現代の製品生産は、多くの国にまたがるサプライチェーンに依拠している。したがって、関税を引き上げれば、その多くが輸入される部品の価格が高騰し、米国製品の輸出競争力をいっそう弱める結果になる。

　このように、米国内で製造業を復活させ製品輸出を増やそうというトランプの経済政策は、**高い労働コストという大きな壁**に撥ね返えされた。

　トランプは**巨額の貿易赤字**を問題にし、対米輸出黒字国である中国や日本を目の敵にした。しかし、そもそも巨額の貿易赤字は、ドルが暴落せず基軸通貨の位置を保つことができているかぎり、米国にとっては悪いことではなく解消される必要もないのである。貿易赤字は、資本流入（資本収支の黒字）によって埋め合わされるからだ。巨額の資金流入は、米国国債の購入による財政赤字のカバーや金融機関の資金源となっている。

■　「米国第一」のグローバル化

　トランプの経済政策は、保護貿易主義が際立ったが、必ずしもグローバル化にブレーキをかけるものではなかった。むしろグローバル化を推進する要素が多かったと言える。

　第1に、**法人税の大幅な引き下げ**（35％→15％）**によって米国への直接投資を呼び込もう**とした。製造業であれITであれ、また中国であれ日本であれ米国に投資する企業を歓迎し、税の面から優遇するというわけである。法人税率を15％まで下げるとすれば、それは米国をタクス・ヘイブン化することを意味する。

　第2に、**金融の規制緩和**によって金融化資本主義を復活・推進しようとした。リーマン・ショック後のオバマ政権の金融規制（ドット・フランク法）の廃止がそれである。具体的には、銀行が自己資金（預金など）でリスクの高

い取引を行うことを禁止したボルカー・ルール、大手金融機関に高い自己資本比率を求めた規制をなくす。また、顧客（年金基金などに資産を預ける）の利益を最優先に考える「受託者規制」も見直す、というものであった[1]。

第3に、メガ（広域）FTAに代えて**二国間FTA**を推進しようとした。トランプが議会に出した通商政策の報告書は、「貿易拡大の目標は、多国間交渉よりも二国間交渉によって達成できる」、「米国からの輸出のために、他国に市場開放を促すすべての可能な手段をとる」と明記していた。

TPPに代表される多国間の広域FTAでは、米国（系多国籍企業）が譲歩や制約を強いられ不満が残った。二国間FTAであれば、TPPでは実現できなかった要求（米国が優位に立つ農産物の関税撤廃、保険市場への自由な参入、バイオ新薬のデータ保護期間の延長など）を押し通しやすくなる。いいかえると、米韓FTAに見られるように、米国系多国籍企業に有利なルールを強制することができる。二国間FTAの形態をとって「強者の論理」である自由貿易主義をあからさまに貫徹するものだ、とさえ言える。

それまで米国が推進してきたグローバル化は、事実上は米国（系多国籍企業）に有利なグローバル化であったとはいえ、**自由貿易と世界大の普遍的なルール**（グローバル・スタンダード）を建前に掲げていた。TPPに見られるように、すべての国・地域に一律に適用される世界的な自由競争ルール（WTOルール）の下で、グローバル化を推進してきたわけである。それによって、米国系多国籍企業は、自動車などの製造業では優位に立てなかったとしても、IT・金融・バイオ（製薬）、農業などの分野で圧倒的な優位を確保してきた。

しかし、トランプ政権は、米国（米国に本拠を置く多国籍企業）だけが優位に立ち利益を独占するグローバル化、つまり「米国第一」のグローバル化を推進しようとしたのである。EUから離脱した英国も、二国間FTAに活路を見出だして「よりグローバルな国にする」（メイ首相）と宣言していた。

米英両国が二国間FTAの推進によるグローバル化に転じたことによって、WTOルールとメガFTAという形態をとるグローバル化の流れは大きく躓き、変調をきたした。金融のグローバル化はいっそう進んだが、貿易や投資の面では国家の個別利害の対立が表面化し混乱や不確実性が広がるように変化したのである。

こうしたグローバル化の変容の背景には、自由化原理によるグローバル化が巨大格差を生んで、人びとのなかに自由貿易やグローバル化に対する強い不信や懐疑をかき立てたことがある。

■ トランプ経済政策の帰結

　トランプが大統領に当選すると、**記録的な株高**が引き起こされた。1兆ドル（約110兆円）のインフラ投資・財政支出拡大と大減税という経済政策への期待感が異様に高まったからである。

　NY株（ダウ工業株30種平均）は初の2万ドルに乗せ（17年1月25日）、3月1日には2万1000ドルを超えた。金融規制の緩和への期待も、ゴールドマンサックスなど金融機関の株価を高騰させて、株高に一役買った。その結果、世界の株式時価総額は73兆8800億ドル（約8400兆円）にまで膨らんだ[2]。

　このブームを見て、トランポノミクスと新版アベノミクスが共鳴しあって世界経済の成長を回復させるだろうとまで言うお調子者さえ現れた。

　「2016年に日本では、消費増税を見送った安倍政権が拡張的な財政政策を打ち出し、米国では、大型減税や公共投資を掲げるトランプ大統領が誕生した。世界的な経済停滞をもたらした緊縮病[財政健全化を至上視する経済思想や政策]を日米両国がいち早く克服し、財政政策の世界的な新潮流をつくっていく日はすぐそこまで来ているのではないだろうか？　そのなかでトランポノミクスと新生アベノミクスは、大きな役割を果たしていくことになるだろう」[3]。

　しかし、米国の株高は必ずしも経済の好調さを反映したものではなく、「株高の裏で経済成長率が低下する『株価と経済の乖離』」、「高株価と低成長の乖離」が続いている[4]、という冷静な指摘もあった。

　また、1兆ドルのインフラ投資や軍事費膨張などの歳出拡大は、大幅な減税（10年間で6.2兆ドルの税収減）とセットで予定されていた。つまり**財源の裏付けはまったく不明確であった**。これでは、1980年代のレーガノミクスと同じように財政赤字が急激に拡大し、政府債務は10年間で5.3兆ドル（約600兆円）に膨らむ。

　製造業の復活とそれによる雇用拡大という目玉政策は、高い労働コストという壁に撥ね返される運命にあった。多国籍企業の生産拠点の海外（メキシコなど）への移転を政治介入で止めることは、一時的に成功しても、長続きするはずがなかった。

　そして、保護貿易主義の決め手となる国境調整税の導入も、米国の多国籍企業のなかで賛否が分かれ、断念に追い込まれた。輸出で稼ぐ製造業企業は賛成したが、ウォルマートやナイキなどアジアやメキシコからの仕入れが多

い流通業企業は、必需品の価格が20％以上高騰し、コスト削減のリストラで雇用が減ると反対したのである（ウォルマートの全米での雇用者は150万人超で、低技能者の雇用の受け皿となっている）。

さらに、トランプが実行しようとした金融規制の緩和、所得税減税、オバマケアの改悪などは、**貧富の格差拡大をさらに推し進める**ものであった。例えば所得税減税は、最高税率を39.6％から33％に引き下げ、7段階の税率を12・25・33％の3段階に簡素化して累進性を緩和する。これによって、下位4分の1層が100ドル程度の減税になるが、上位4分の1は2万5千ドルを超える減税になる[5]。格差拡大をいっそう促したのである。

トランプの打ち出した政策は、オバマケアの改悪にしてもメキシコとの壁建設の予算措置にしても、実行に移される前に出足から難航した。人びとのなかに反対の声が強いだけではなく、共和党内の保守強硬派が反対に回るという政治力学が働いたからである。

トランプ政権の下で、米国の実質GDP成長率は2017〜2019年で年平均2.5％と、低いながらも一定の経済成長を維持した。また失業率は、2012年の8.1％から2019年には3.7％にまで低下し「完全雇用」状態に近づいた。しかし、製造業復活による雇用拡大という時代錯誤の夢は実現できず、トランプに対する失望と怨嗟が次第に広がっていった。

しかし、トランプの「米国第一」のグローバル化推進の政策は、従来のグローバル化の制度的枠組みをいったん破壊し米国に都合のよい仕組みに再編しようとするもので、Erexitや反EUの右翼ポピュリズム政党の台頭と相まって、グローバル化を立往生させることになった。そして、トランプは2018年に入ると、最大の貿易赤字国である中国に対して制裁関税を発動し、米中貿易戦争を仕掛けたのである[6]。これによって、冷戦崩壊後のグローバル化の流れは行き詰まり、決定的な転換点を迎えたのである。

---

1) 朝日新聞2017年2月4日、日経新聞2017年2月5日
2) 日経新聞2017年3月3日
3) 村上尚己「『財政政策シフト』が新トレンドを読み解くキーワード」、「DAIAMOND online」2017年3月13日
4) 日経新聞2017年1月27日
5) 森信茂樹「トランプの税制改革は公約通りにはいかない」、「DIAMOND online」2016年11月24日
6) 米中貿易戦争については、本書第Ⅱ部第2章で論じている。

Ⅵ 資本主義はどこへ向かうのか

▊ 「資本主義は終焉した」という見方

　先進国で長期停滞（低成長・低インフレ・低金利）が常態化したことは、「資本主義は終焉した」という大胆な見方を登場させた。水野和夫は、先進国が超低金利に陥ったことを根拠にして、資本の自己増殖がもはや不可能になってきたと主張する。

　　「日本を筆頭にアメリカやユーロ圏でも政策金利はおおむねゼロ、10年物国債利回りも超低金利となり、いよいよその資本の自己増殖が不可能になってきている。つまり、『地理的・物的空間（実物投資空間）』からも『電子・金融空間』からも利潤をあげることができなくなっている。資本主義を資本が自己増殖するプロセスであると捉えれば、そのプロセスである資本主義が終わりに近づきつつある」[1]。
　　「ある一定期間資本を投下し、投下した分以上に利潤を得ていくという資本主義のシステム自体が限界に突き当たったのです。そのことを端的に示すのが、資本の利潤率とほぼ一致する長期利子率（10年物などの長期国債の利回り）の低下です」[2]。

　水野は、資本主義が経済の中心を「実物投資空間」（製造業）から「電子・金融空間」（投資銀行）にシフトしてきたが、「電子・金融空間」の拡張にも限界があると主張している。

　　「IT革命が『長期停滞』から脱する21世紀の切り札になり得ないのは、……ITがこれ以上地球上の空間を広げることはできないからです。もっとも金融テクノロジーとITを駆使すればバーチャル空間を広げることはできるのですが、それは雇用の増加にはまったく貢献しないどころか、資産価格の上昇、ひいてはバブル化し経済を不安定にさせているのです」[3]。

　しかし、「資本主義の終焉」論は、現存の社会システムが超えがたい限界にぶつかって**自動崩壊する**（自己矛盾の顕在化による自己否定）という論理にな

るという難点を抱えている。対抗主体の登場とそれが担う新しいシステムの芽生えがなければ、旧システムは機能不全に陥りながらも存続する。水野の議論も自動崩壊論に近いところがあるが、資本主義に代わる社会システムを**「よりゆっくり、より近くに、より寛容に」の原理に拠る社会**と提示している。それは、資本ストックが過剰・飽満・過多になっていることを前提にして可能となる、と主張されている。

　「先進国でゼロ金利が定着しているということは、まさに投下資本が『過剰・飽満・過多』の状態にあるということに他なりません。実はこれは望ましい社会である」[4]。「（コンビニの数に見られるように）もはや日本は投資する必要のない社会になったのです。……。投資する必要がないということは企業の利益はゼロでいいということです」[5]。
　「21世紀の行動原理は近代のそれとは正反対の『よりゆっくり、より近くに、より寛容に』を理念とした社会（ヘドリー・ブルのいう「新中世主義」）を構築することです」[6]。

■ AIの発達は資本主義を活性化するか

　水野は、「IT革命が『長期停滞』から脱する21世紀の切り札になり得ない」と断言している。しかし、IT（IoT）やAI（人工知能）を中心にしたイノベーションが、先進国が長期停滞から脱して資本主義を活性化するテコになるという見解も、強く主張されている。
　長期停滞の最大の要因が労働力人口の減少にあるという見方に対して、イノベーションによる生産性の向上は、労働力人口の減少というマイナス要因を十分に補って経済成長を可能にする、というわけである。吉川　洋は、日本の「経済成長について『人口減少ペシミズム（悲観主義）』が行きすぎている」[7]と批判する。

　「労働力人口が変わらなくても（あるいは少し減っても）、1人当たりの労働者がつくり出すモノが増えれば（すなわち労働生産性が上昇すれば）、経済成長率はプラスになる」[8]。「労働生産性の上昇をもたらす最大の要因は、新しい設備や機械を投入する『資本蓄積』と、広い意味での『技術進歩』、すなわちイノベーションである」[9]。「先進国の経済成長は、人の数で決ま

るものではなく、イノベーションによって引きおこされる」[10]。

　吉川の見解は、あまりに楽観的で幻想に近い。日本で、労働力人口の急速な減少（年1%）を補って実質2%の経済成長を達成するためには、年3%（実質）という高い労働生産性の上昇が必要になる。しかし、労働生産性（実質）の上昇率は、80年代の年約3%から現在（2010年代）は0.4%に低下している。この現状を踏まえると、年3%の労働生産性の上昇は、とうてい望めない。しかも、画期的なイノベーションは、望んで計画的に起こせるものではないのである。

　ここで問題にしたいのは、イノベーションの中心になる**AIの開発・導入**が資本主義、とくに雇用や労働に及ぼす影響である。

　2016年、AI「アルファ碁」が世界最高のプロ棋士イ・セドル9段（韓国）を4勝1敗で破ったというニュースが、世界に衝撃を与えた。AIの能力の向上は、多くの人びとの予想をはるかに超えるスピードで進んでいる。AIは接客用ロボット（Pepperなど）の登場や自動運転車の走行実験といった形で実用化されつつあるが、AI導入によって人間の労働はどんどん機械に置き換えられていく。それは、会計事務のような単純な労働だけではなく、高度な知識と経験を要する会計士や弁護士（裁判用文書の作成）、あるいは医師（画像診断）のような専門職の仕事にも及ぶとされている。

　オックスフォード大学のM・オズボーンらと野村総研の共同研究によれば、日本国内601の職業についてAIに代替される確率を試算した結果、10〜20年後に半分（49%）の仕事が代替されると予測されている[11]。

　AIの発達が人間の労働のあり方を大きく変えることは間違いない。その影響について、AIによる人間労働の代替は、生産性を上昇させ、労働力不足の解決に役立つという楽観的な見方が有力である。寺田知太は、「日本に到来する人口減少社会において、AIで労働力不足を補うことができるようになると考えるべきだ」と主張している[12]。

　しかし、AIによる労働の代替は、単純作業から専門職に至るまで多くの労働者から雇用を奪うというよりも、もっと深刻な問題をもたらす。それは、**雇用の二極化がいっそう進行する**という問題である。

　人間の労働をAIに置き換えるといっても、すべての労働が代替されることにはならない。一方では、創造性やコミュニケーション能力などAIが苦手とする能力が必要とされる高度に知的な作業は、人間の手に残される。AI

を開発したりAIに指示を出す研究者や技術者への需要も、ますます高まる。その一方で、高齢者介護や飲食業などに代表される対人サービスの分野では、ロボットによる省力化も進むとはいえ、大量の仕事を人間が担い続ける。

そして、前者の高度に知的な専門職が高い報酬を得るのに対して、後者のサービス労働は低賃金の仕事にとどまる。こうした二極化とそれによる所得格差の拡大は、すでにIT産業の発展の先頭を走ってきた米国で顕著に見られ、中間層の解体が進んできた。

諸富　徹は、「資本主義経済が『非物質主義的転回』を遂げつつある」[13]と主張し、それに伴って先進国の「国内で増えていくのは、『投資の非物質化』を担っていく労働か、あるいは福祉やその他のサービス産業のように、対人サービスに携わる比較的低賃金の労働、という形に二極分化しつつある」[14]と分析している。

AIに代替されて仕事がなくなった多くの労働者、例えばトラックやバスの運転手が、職業訓練を受けて高度なスキルを身につけてAI関連の専門的な仕事に再就職することができるだろうか。彼らの多くは、低賃金のサービス労働に就くしかなくなる。資本主義は、AIの発達にともなう巨大格差のいっそうの進行という難問を抱え続けることになるだろう。

とはいえ、AIの急速な発達が労働や雇用をはじめ資本主義をどのように変貌させるかを注意深く見ていく必要があるだろう。

《資本主義はアジアをニューフロンティアとして興隆する》という見方

「資本主義の終焉」論の対極にあるのが、資本主義は中国・インドなど巨大な人口と潜在的需要を抱える新興国の商品市場をニューフロンティアとして開拓することによって、世界全体の経済成長を回復できる、という見方である。

進藤榮一は、水野の「資本主義の終焉」論に対して、次のように反論している。

「（水野和夫氏の言うように）ほんとうに資本主義は終焉しつつあるのだろうか。現実にはしかし、どっこい生き続けている。いや、別のかたちで勃興し、逆に勢いを増して興隆しはじめた。欧米主導の資本主義が衰退の危

機に瀕して……いるにもかかわらず、もう一つの資本主義が誕生し、興隆しつづけている」[15]。

　「インドやインドネシア、トルコに至る新興 G7 諸国の金利は、1990 年代以降、ほぼ一貫して 5 パーセント内外、もしくはそれ以上を維持している」[16]。「米欧日などの先進国型とは違う、もう一つの資本主義が、ニューヨークやロンドン、東京から『ジャンプ』して、『新しい空間的定位』を求めて、北京やニューデリー、ジャカルタに至る新興アジアで勃興し、成長しつづけている」[17]。

　資本主義が中国などアジアで甦生・勃興して成長を続ける根拠とされるのは、その**巨大な人口を背景にした潜在的な市場の大きさ**である。アジアの人口は、中国 13.7 億人、インド 13 億人、アセアン諸国 10 か国 6.2 億人と 30 億人を越える。クルマ 1 台を買うことのできる中間層は、2000 年の 2.2 億人から 2015 年には 14.5 億人に急増したが、2020 年には 20 億人になると予測されている。中国など「新興アジアは『世界の工場』から『世界の市場』へと変容する」[18] と期待されている。

　平川　均も、中国をはじめアジアの新興国は、輸出主導工業化の段階から「巨大な人口は市場としての巨大な潜在力」となる新しい段階に入っている[19]、と捉えている。平川は、これを PoBMEs（潜在的大市場経済）の段階と呼んでいる。

　そして、中国の展開している巨大開発戦略である**「一帯一路」**構想は、アジアの新たな経済成長を主導するだろうと、多くの研究者が予測している。これは、中国から中央アジアを通る陸路の「シルクロード経済ベルト」（「一帯」）と東南アジアを通る「21 世紀海上シルクロード」（「一路」）によって、中国と東南アジア・南アジア・中央アジア・ロシア・中東・ヨーロッパを経済圏として結びつけようという野心的な構想である。

　この構想の中心は、高速道路、石油・ガスパイプライン、港湾、発電所などインフラの建設である。これらのインフラは未整備であり、アジアでのインフラ建設には 2010 年から 10 年間で 8 兆ドルという巨額の資金が必要とされている。インフラ建設のための大規模な投資を支えるために設立されたのが、中国主導の AIIB（アジアインフラ投資銀行）である。さらに、中国は、TPP に代わる RCEP（東アジア地域包括経済連携）をテコにして自由貿易市場を創設することをめざしている。

■ 資本主義のこれからを左右する中国

　資本主義の将来を左右する最大の鍵を握っているのが、国家資本主義・中国の動向であることは間違いない。中国は1990年代以降10％の高度経済成長を続けて、「世界の工場」として世界の経済成長を主導してきた。リーマン・ショックの後も、巨額の財政出動によって危機の乗り切りと回復に大きな役割を果たした。その後は次第に減速し（13〜18年のGDP成長率は年平均7.1％）、2019年には6％を切ったが、「世界の市場」としての強大な潜在力をもっている。また、「一帯一路」構想という巨大開発戦略が、アジアにおける経済成長を再加速する可能性も、否定できない。

　しかし、中国が米国に代わって主導権を発揮し資本主義をアジアで興隆させるというバラ色の見通しには首をかしげざるをえない。中国はいま**構造的な転換**を迫られているが、その転換には深刻な困難が待ち構えているからである。

　第1は、中国が鉄鋼や石炭などの分野で**過剰生産能力・過剰設備の解消**を求められていることである（鉄鋼の生産能力は12億トン、世界の半分）。その多くは、「ゾンビ企業」（補助金で生き延びている非効率な企業）化している大手国有企業のものである。設備廃棄による生産能力の大胆な削減を断行すれば、国有企業の労働者を大量に解雇することになり、大量失業が社会不安を招く。そのため、過剰生産能力の削減は小幅なものにとどまっている（鉄鋼の削減は2015年で0.655億トン）。

　第2は、高度成長の源泉であった**豊富な低賃金労働力の供給が限界を迎え**、これからは労働力不足が顕在化していくことである。すでに生産年齢人口はピークアウトを迎え、農村部から都市部への大量の人口移動は終わりつつある。2億8652万人（2017年、労働力人口の35％）の「農民工」のうち、内陸部の地元にとどまる人が増え、珠江デルタなどでは農民工が集まらなくなっている、と言われている。

　第3は、**輸出主導型（投資主導型）の経済から内需主導型（消費主導型）の経済への転換**が求められていることである。中国では賃金コストが急激に上昇して、製品輸出のための最大の武器が失われつつある。そのため、輸出主導（投資主導）から内需主導（消費主導）への転換が迫られているが、それには経済成長が生み落してきた**巨大な貧富の格差の是正、分厚い中間層の創出が必要不可欠**である。

しかし、強大な利権を握る党＝国家官僚制（中央と地方）の下で、所得再分配政策によって、都市と農村、都市内部の巨大格差を是正することは容易なことではない。たしかに、13億人を超える人口の大きさからすれば、その1〜2割が富裕層になるだけで巨大な消費市場が実現する。とはいえ、社会保障制度の確立を含めて巨大格差が是正できなければ、そのことが長期的には経済成長の足を引っ張ることになるだろう。

　また、中国経済の輸出依存度、とくに先進国向けのそれは、現状ではひじょうに高い水準にある。そのため、EUの混乱（ギリシャ危機、Brexit）は、中国の輸出を停滞させた。ブラジルなど資源輸出に頼る新興国の場合はより深刻な影響を受けたが（ブラジルは、資源価格の低迷から2年連続のマイナス成長に陥った）、新興国の経済成長は、グローバルな連関のなかではじめて可能である。したがって、先進国の危機や混乱の拡大、とくにトランプ政権による貿易赤字削減のための対中輸入の抑制の影響をまともに受けるリスクを抱えている。

　第4は、「一帯一路」戦略による巨大開発が成功し高い経済成長が持続するとしても、それは**すさまじい環境破壊**を引き起こすにちがいない。この問題が、中国の経済成長や開発戦略にとって最大の壁になると思われる。

　すでに中国の大都市では、環境汚染、とくに大気汚染が人びとの健康と生存を脅かすまでの危機を招いているが、政府は抜本的な対策を実行できていない。環境保全の重要性を認識していても、やはり経済成長という目標を手放せないからである。いくら省エネや脱炭素化の技術を利用しても、先進国並みの生活様式に追いつこうと大量生産・大量消費・大量廃棄と大型開発を加速すれば、環境負荷は高まる。

　「一帯一路」構想が実現した暁には、中国からアジア全域にかけてすごい数の高速道路を大量のトラックやバスが疾走し、石油・ガスパイプラインが縦横に敷かれ、発電所が林立する。そういう光景を想像すると、どれだけ多くの自然環境が壊され、住民たちが生業と土地を奪われることになるか、ゾッとする。しかし、こうした巨大開発による破壊に抵抗しその前に立ちはだかる住民の大きな運動が必ず起ち上がってくると、私は思う。

　1）水野和夫『資本主義の終焉と歴史の危機』（2014年、集英社新書）、P.4
　2）同上、P.56
　3）榊原英資／水野和夫『資本主義の終焉、その先の世界』（2015年、詩想社新書）、P.42

4）同上、P.115

5）同上、P.116

6）同上、P.123

7）吉川　洋『人口と日本経済』（2016 年、中公新書）、はしがき

8）同上、P.74

9）同上、P.75

10）同上、P.91

11）「特集　人口知能は仕事を奪うのか」、『中央公論』2016 年 4 月号の P.50 の図 1

12）寺田知大「なくなる仕事 100、なくならない仕事 100」（同上）

13）諸富　徹「資本主義経済の非物質主義的転回」、諸富編『資本主義経済システムの展望』（『岩波講座　現代』3、2015 年、岩波書店）、P.289

14）同上、P.304。「投資の非物質化」とは情報化・研究開発・ブランドなど「無形資産」への投資を指し、それを担っていく労働は、知識や学習能力や創造性やコミュニケーション能力を必要とする、とされる。

15）進藤榮一『アメリカ帝国の終焉』（2017 年、講談社現代新書）、P.138

16）同上、P.139

17）同上、P.141

18）同上、P.164

19）平川　均「アジア経済の変貌と新たな課題」（平川ほか編著『新・アジア経済論』、2016 年、文眞堂）、P.11

Ⅶ オルタナティブを模索する

▓ 資本主義のオルタナティブの 2 つの方向

　資本主義はこれまで、さまざまの深刻な危機や限界に直面しながら、これを乗り越えて延命あるいは再活性化するという**強靭性や耐久性**を発揮してきた。それは、資本主義への対抗物の包摂や無力化、利益獲得の新しい分野の創出、危機の先送りと新しい危機の醸成の繰り返しといったプロセスとして展開されてきた。

　資本主義はいま、巨大格差と長期停滞、さらに気候危機という深刻な壁＝限界を露呈しているが、「資本主義の終焉」論ににわかに賛同しがたい理由は、次のことにある。資本主義が危機に直面して発揮してきた包摂力や強靭性や耐久性を過小評価してはならないということもあるが、何よりも対抗する主体の登場とオルタナティブな社会像なしには、資本主義を終わらせることは

できないからである。

　しかし、巨大格差と長期停滞と気候危機は、人びとのなかに資本主義に対するかつてない不信・疑い・敵意を生み出している。私たちは、資本主義へのオルタナティブを構想し提示する歴史的好機に立ち会っている、と考えられる。

　オルタナティブとしては、2つの方向が提案されている。

　1つは、多国籍企業と金融化が主導する現在の資本主義を、公共的に規制された《よりましな資本主義》に転換させる、というものである。すなわち、国家による所得再分配の強化によって格差を縮小し、消費支出の拡大によって経済成長を回復する、という構想である。

　もう1つは、脱資本主義的な社会（脱商品化、脱成長、脱利潤原理などの原理にもとづく社会）のモデルをローカルから創出し、資本主義による包摂・統合の作用と対抗しつつ、資本主義システムを蚕食していく、という構想である。

　両者は資本主義への向き合い方が正反対なのだが、いずれも資本によるグローバリゼーションに対抗しようとする。そして、資本主義、とくに資本主義世界システムに対する公共的な規制を強化するという点では重なってくる。

■ 公共的に規制された《よりましな資本主義》への転換

　その中心は、**所得再分配による格差縮小によって経済成長の回復につなげる**、というビジョンである。すなわち、グローバル化・金融化した資本主義が不安定性（バブルとその破裂の周期的な繰り返し）と抑圧性（ひと握りの富裕層による富の独占）と破壊性（自然生態系の破壊）を露わにしていることに対して、国家（政府）による公共的な規制を強化し、この不安定性・抑圧性・破壊性を除去（あるいは最小化）する改革を行うという戦略である。

　この戦略は、資本主義そのものを否定しないが、現存する資本主義とは質的に異なる《よりましな資本主義》への転換をめざす。例えば「新たな福祉国家」論[1]、あるいは「社会的投資国家」論[2]がそうである。後者は、資本主義の「非物質主義的転回」に伴う格差拡大を解決するために、「人への投資」、つまり教育や社会保障への重点投資を行うという提案である。

　公共的に規制された資本主義への転換の中心目標は、**社会的公正の原理に立って無制限の利潤追求（の原理）に制限を加え、巨大格差をなくすこと**である。そのためには、次のような措置が必要になる。

＊大企業や巨大金融機関の経営者の高額報酬や高い株主配当に上限を設ける（例えば、CEO の報酬は、従業員の平均賃金の 20 倍以内に制限する）。

＊最低賃金を人間らしい生活ができる水準に引き上げる。

＊同一労働同一賃金、同一価値労働同一賃金を実現する。

＊男女間の格差と女性差別をなくす。

＊富裕層や大企業への課税強化をはじめ大胆な増税によって財源を確保し、社会保障を拡充する／「誰もが必要とする」医療・介護・教育・住まいの現物サービスの提供を最優先する。人間らしい生活が営める最低生活保障の制度を拡充する（最低保障年金、若者自立年金、給付き税額控除、ベーシック・インカムなど）。

そして、この戦略は、格差縮小と社会保障の拡充によって消費性向の高い低所得層と中間層の所得向上を実現し（分厚い中間層の再生）、将来不安を取り除く。それによって、消費を拡大し、内需主導型の経済成長の回復につなげる、という展望を描く。

「成長が重要というなら、やるべきは大企業や富裕層を富ますトリクルダウンではなく、所得再分配など格差を縮める政策なのです」[3]。

OECD の報告書 [4] も「所得格差の趨勢的な拡大が多くの OECD 諸国において成長を押し下げている」と指摘し、格差を是正する所得再分配の政策は成長に資すると述べている。J・スティグリッツも、招かれた経済財政諮問会議（2017 年 3 月 14 日）で「低成長を打破するために所得分配の仕組みを変える必要がある」旨の発言をしている [5]。

鍋島直樹によれば、ポスト・ケインズ派は、「所得格差拡大をもたらした新自由主義政策から総需要の安定化をめざす賃金主導型成長戦略への転換」を提唱している。

「賃金水準の引き上げが新しい成長体制を構築するための要件となる。継続的な賃金上昇は、消費需要を支え、さらには投資を加速することによって経済成長を導くことになるだろう」[6]。

■《よりましな資本主義》への転換戦略の問題点と課題

　《よりましな資本主義》への転換という戦略は、格差縮小と社会保障の拡充によって消費を活性化し、内需主導型の経済成長の回復につなげる、というものである。この戦略は、新自由主義に対抗するものとして有効であるが、いくつかの問題点がある。

　たしかに、格差の縮小は、消費性向の高い低所得層や中間層の所得向上による消費拡大を通じて、経済成長をもたらす可能性がある。しかし、この戦略は、消費の質や中身を不問に付したまま、ひたすら消費拡大による経済成長を描いている。しかし、現代では、とにかく消費が拡大すればよいという発想ではなく、どのような消費を増やすのか、あるいは減らすのかということが問われているのである。この問題を棚上げした消費拡大論は、重大な落とし穴を抱えている。

　私たちが快適で便利な暮らしを追い求める結果、化石燃料の大量消費、クルマの頻繁なモデルチェンジ、プラスティック類の大量使用が日常化している。こうした過剰消費は、CO_2 排出量の増大やプラスティック類の大量廃棄を通じて地球温暖化による気候変動の危機や自然生態系の破壊を招いている。すべての人が人間らしい生活を営むために必要なモノやサービスを入手できるようにすると同時に、環境を破壊するエネルギーや製品の消費は厳しく制限する必要がある。

　そして、先進国では**消費の質や中身に重要な変化**が生じている。人びとの消費欲求に飽和感が生じ、「所有」から「共有」へ、資源浪費から環境価値の重視へ、速さ・便利さから人と人の関係性の豊かさへという志向が高まっている。

　ハウスシェアリングやカーシェアリングの急速な広がりは、「所有」から「共有」あるいは「利用」への欲求の変化を表している。また、食の安全性への関心の高まりは、都市部でも市民農園や自家菜園など食べ物を自給する活動を静かなブームにしている。さらに、最近の深刻な人手不足は、即日配達や時間指定配達のサービスを当然のこととしていた宅配事業を危機に陥れたが、こうした過剰なサービスの無制限な拡大が本当に必要なのか、と人びとが問い直すきっかけになっている。

　したがって、新しい質の消費活動の意識的な追及が求められる。消費の活性化も、大量生産されたモノや過剰なサービスの購入を通じて GDP の増大に寄

与する従来の回路とは違うものになる。モノやサービスの交換や消費が増えて生活は豊かになるが、贈与や無償の助け合いといった脱商品化された回路が増えるから、必ずしもGDPの拡大（経済成長）にはつながらないのである。

　次に、《よりましな資本主義》への転換は、**国家が主役として復活**することを意味する。公共的規制や所得再分配を担う主役は、国民国家ということになる。したがって、ある種のナショナリズムの復興という動きが強まる。しかし、現代の国民国家は、グローバル化の進展とともに多くの移民や難民を抱えこんでいる。その国民国家が一国的な枠組みを再確立し公共的規制を実行すること（ケインズ主義の再生）には大きな困難と限界があることが、直視されなければならない。

　とはいえ、公共的に規制された《よりましな資本主義》への転換は、グローバル化・金融化した資本主義に対抗する**民衆の社会運動のさしあたりの目標**になることができる。

　その重要な争点となるのが、税のあり方（税制）をめぐる攻防である。資本（多国籍企業）の自由な活動を保障する資本主義の税制は、基本的に減税（法人税・所得税の減税と消費税負担）である。これに対して、格差を縮め「誰もが必要とする」社会サービスを提供するための税制は、増税、つまり税負担の引き上げである。この対抗軸をいささかも曖昧にしてはならないだろう。

　しかも、税制をめぐる攻防は、一国的な枠組みには収まらない。このことは、各国家が法人税の引き下げや所得税のフラット化の国際的な競争に引き込まれてきたこと、またタクス・ヘイブンを利用した多国籍企業や富裕層の租税回避行動に翻弄されてきたことを見れば明らかである。

　そうした視点から見ても、資本主義に対する公共的規制の最も重要な課題は、**グローバルな経済の公共的規制の実行**である。これは資本主義そのものの否定ではないが、次に述べるオルタナティブな脱資本主義的社会モデルの創出と広がりにとっても不可欠の条件となる。この規制の主体となるのは、国民国家（の国際協調体制）だけではない。民衆運動や市民運動、NGO、地方自治体がより積極的な主体となり、国境を越えて連携することが重要になる。グローバル経済の公共的規制の柱になるのは、次のことである。

　＊国境を越える大量のマネーの自由な運動を厳しく規制する（通貨取引税・国際金融税の導入、金融派生商品やレバレッジの制限など）。

　＊タクス・ヘイブンを利用した租税回避行動を禁止し、タクス・ヘイブンを閉鎖に追い込む。法人税引き下げの国際的な競争を規制する。

＊自由貿易の原理に代わる「公正」で「連帯」的な貿易の原理に立って国際的な貿易関係を再構築する（生産者や労働者への正当な所得保障や環境保全のコスト補償を組み込んだ価格設定、農業の多面的機能の承認など）。

＊国籍から独立した共通市民権を創設し、先進国は移民や難民を受け入れる／ヒトの移動の自由を保障する。

脱資本主義的な社会の萌芽の創出による
資本主義システムの蚕食

もう１つのオルタナティブは、脱資本主義的な社会（対抗社会）のモデルをローカルから創出し、資本主義システムを蚕食しながら、資本主義による包摂・統合との対抗、そこからの自立を持続していくという構想である。

現在の資本主義は、人びとにとって耐えがたい巨大格差、過酷な長時間労働、安全性の無視、自然破壊、気候危機といったキバをいたるところでむき出しにしている。こうしたことに対する人びとの大きな怒りを突きつめていくと、それは資本主義の手直しというレベルには収まりきれない。資本主義を成り立たせ駆動させている諸原理そのものの否定にまで行き着く。電通が過労自殺（2015年12月）に追いこんだ新入社員の高橋まつりさんの母・幸美さんは、「命より大切な仕事はありません」と、「国民の命を犠牲にした経済成長第一主義」に激しい怒りを向けている[7]。

脱資本主義あるいは反資本主義（ポスト資本主義）とは、**資本主義を成り立たせ駆動させている諸原理――労働力を含む商品化、あくなき利潤追求、経済成長至上主義、グローバル化など――を否定し、これに代わる社会形成の原理や仕組みを追求し実現していこうということにほかならない。**

そのことは、ユートピアではなく、人びとの日々の運動やたたかい、創意的な営みのなかに芽生えている。例えば「お金よりも命を」という住民運動や労働者の抵抗のなかから発せられる叫びがそうだ。あるいは食やエネルギーの地域自給の試みは、資本主義的ではない原理による実践である。

もちろん、脱資本主義あるいは反資本主義的な諸原理やそれによる実践は、社会のあちこちで生まれても、これらの萌芽や断片を新しい社会システムにまで組み立てていくまでには長い道のりが必要である。せっかく芽生えた新しい社会モデルが挫折・消滅したり、資本主義の競争システムのなかに包摂・統合されてしまうことも、たえず起こる。人びとの抵抗と自立の運動、そこに根ざ

す新しい社会のモデルの創出は、資本主義システムを蚕食しながら、資本主義による圧殺や包摂・統合の作用との永続的な攻防を続けていくのである。

■ ポスト資本主義の社会の原理と特徴

　脱資本主義的ないし反資本主義的な社会は、どのような特徴や原理をもつのだろうか。現在のさまざまな実践的試みを参照しながら、簡単にスケッチしてみたい。

1　**脱労働力商品化**／労働のあり方を変革する。
　　＊労働者が労働時間を自由に定める権利を行使する。業務量（ノルマ）の決定に参加する権利をもつ。社会的に不公正な仕事を拒否する権利をもつ。これらは、まだ労働力商品化そのものの否定とは言えないが、その第一歩である。
　　＊ナリワイ（自営業）、つまり賃金を得て労働する以外の働き方が成り立っていて、人びとがいずれかを選択することができる。労働力商品化からの脱却になる。

2　**脱成長**／経済成長主義から脱却した経済・社会のモデルを創出する。
　　＊地域の資源を生かし、モノ・おカネ・仕事が地域内で循環する経済システムを創る（例えば、エネルギーや食の"地産地消"、半農半Ｘの働き方など）
　　＊蓄積されたストックを活用した共有する経済を発展させる（空き家・空き室やクルマのシェアリング、耕作放棄地の再生）。
　　＊互酬と助け合いの活動を活性化する（地域のケア、地域通貨）。
　　＊労働時間を抜本的に短縮する（年1300時間、週3日労働あるいは毎日4時間労働）。
　　＊経済の中心をモノづくりから人へのサービスにシフトする。製造業は高付加価値のモノづくりに集中する。

3　**脱利潤原理**／利潤の最大化を優先することから脱却した企業や経営・事業のあり方を創出・拡大する。
　　＊協同組合や社会的連帯経済を発展させる。
　　＊巨大企業を頂点とするピラミッド型の生産・供給システムから中小・零細企業・自営業・協同組合が主役の自律・ネットワーク型のシステムに転換する。

4　**脱商品化**／市場（商品化）に依存しない活動や取引を広げる。

＊医療や介護や子育てや教育は、誰もが利用できるように市場に委ねず公共的に規制し、無償で提供する。

＊人間の生命・身体や自然は、商品として取引することを禁止する。

＊さまざまの活動を商品化されたサービスとして購入することを抑え、自分たちの手で行う（料理、悩み事の相談）。無償の助け合いや共同の活動として行う（子育て）。

5　脱グローバル化／連帯する（開かれた）ローカリズムを発展させる。

＊過剰なマネーのグローバルな投機的移動を禁じて、マネーをローカルな経済やコミュニティに埋め戻す。

＊マネーの移動は制限し、モノの交易は適正に規制し、ヒトと文化の移動は自由にする。

■ 暫定的なまとめ

　資本主義がこれからどこに向かうのかを予測することは、簡単なことではない。しかし、先進国が巨大格差と長期停滞の壁を超えられず、低成長が常態化することは確かだろう。その一方で、中国をはじめ新興国が、巨大な消費市場の開拓とインフラ投資の開発路線によって経済成長を続ける可能性もある。

　そうなると、資本主義は、新興国の経済成長と大型開発、そして先進国の長期停滞の裏返しである金融化・情報化による利潤獲得に延命の道を求めるしかない。そうした形をとって資本主義世界の経済成長は続くとしても、それはいっそう不安定性と抑圧性を強めるにちがいない。バブルとその破裂の繰り返し、格差の拡大、環境破壊と気候変動がいっそう剥き出しの姿で表出するから、資本主義への人びとの不信と懐疑は高まらざるをえない。

　こうした資本主義に対する民衆の対抗とオルタナティブの創出は、**ローカル（地域）とナショナル（国民国家）とグローバルという三つのレベル**で繰り広げられる。

　第1のローカル（地域）のレベルでは、民衆の対抗力と創造力がもっとも濃密かつ持続的に現われる。先進国でも新興国・発展途上国でも、ローカルこそ脱資本主義的あるいは反資本主義的な社会のモデルが芽生え、たくましく育つ舞台となる。そこに、資本主義の世界システムを草の根から蚕食するオルタナティブの確かな手応えを、人びとは手に入れることができる。

第2のナショナル（国民国家）のレベルでは、資本主義のあり方をめぐる政治的な攻防が展開される。ここでは、多国籍企業と金融化が主導する資本主義の継続か、それとも公共的に規制された《よりましな資本主義》への転換かが、政治勢力・社会勢力の間で争われる。この争いは、すでに米国やイギリスやフランスなどで、グローバル化と規制緩和（新自由主義）のいっそうの推進か、それとも国家主権の回復と公共的規制の強化かという対抗として（やや入り組んだ姿をとりつつ）現れている。しかし、ナショナルなレベルでも、経済・社会の長期的な展望をめぐって経済成長主義・開発主義か、それとも脱経済成長・エコロジー主義かという《真実の》（原理的な）対抗軸が、しばしば姿を現わすことに目を向ける必要がある。

　第3のグローバルなレベルでは、国境を超える多国籍企業とマネーの活動に対抗する民衆の運動と力の形成が課題となる。多国籍企業とマネー（金融資本主義）は何の制約も受けずに利益獲得の活動をグローバルに展開してきたが、これに対する公共的な規制に踏み出さなければならない。さらに、先進国（中枢）が新興国・発展途上国（周辺）から資源と労働力を収奪する構造を根本的に変える課題に取り組む必要がある。これはもっとも困難な課題ではあるが、民衆運動や市民運動、労働運動、NGO、地方自治体が国境を超えて連帯し、その力で国家にグローバルな規制措置の実行を迫る動きも胎動している。

　資本主義に対抗する3つのレベルの運動や活動を有機的に連携させることができれば、資本主義へのオルタナティブは、人びとのなかにリアリティのある希望として姿を現わすであろう。

1）渡辺　治・岡田知弘・後藤道夫・二宮厚美『〈大国〉への執念──安倍政権と日本の危機』（2014 年、大月書店）

2）諸富　徹「資本主義経済の非物質主義的転回」、前掲書

3）東京新聞 2014 年 9 月 7 日付社説

4）OECD「所得格差は経済成長を損なうか？」（2014 年 12 月）。

5）日経新聞 2017 年 3 月 15 日、詳しくは内閣府 HP

6）鍋島直樹「金融化と現代資本主義」、前掲・諸富編『資本主義経済システムの展望』P.70

7）2016 年 11 月 9 日「過労死等防止対策シンポ」

［原題「資本主義に未来はあるか」、

初出：「テオリア」№ 56 〜 58、2017 年 5 月 10 日、6 月 10 日、7 月 10 日］

国債頼みの拡張的財政政策とそのリスク

ヘリコプターマネー論と物価水準の財政理論

　最近、先進国の長期停滞に対する処方箋として浮上しているのが、拡張的な財政政策である。金融緩和政策に依存する路線から減税を伴う財政支出の拡大に依存する路線への転換である。

　この転換は、中央銀行による量的金融緩和政策が、力強い景気回復や経済成長の復活にまったく効果を発揮できないことが明らかになったことによるものだ。金融政策依存の限界が指摘されるなかで、日本ではまず、ヘリコプターマネー論が話題になった。これは、空から人びとにお金をばらまくように、中央銀行が生みだした返済不要の資金を政府が国民に配布するというものである。ベン・バーナンキ（元米国FRB議長）やアデア・ターナー（元英金融サービス機構会長）が日本に提言したことで、関心を呼んだ。具体的な方法としては、日銀が直接に国債を引き受けて財政資金を提供するが、その国債は利子だけ永久に支払い続けるが償還はしない永久債にする、というものである。国債の償還のための将来の増税が予想されないから、人びとは安心してお金を支出し景気回復が進むと、されている。

　これに続いて、シムズ理論を援用して拡張的財政政策（金融緩和の継続でファイナンスする）を正当化する議論が盛んになった。これは、C・シムズ（ノーベル経済学賞受賞者）が提唱した「物価水準の財政理論」（FTRP）のことである。彼は、ゼロ金利の下では物価上昇のためには金融政策だけではなく財政政策が必要だと主張する。すなわち、政府がインフレ目標の達成まで増税なしに財政支出拡大を続けると国民に信じさせれば、インフレが起こるという予想が高まって投資も消費も拡大し、現実に物価が上昇する。財政拡大で膨らんだ政府債務は、インフレによって減価するから、帳消しにできる、というものである。シムズ理論は、「異次元の金融緩和」を支持してきたリフレ派の浜田宏一が「目からウロコが落ち考えを変えた」と発言した（2016年11月）ことから大きな反響を呼んだ。

　しかし、この国債増発による財制支出拡大政策は、増税を先延ばしするものであるから、それが期待＝思惑通りのインフレや経済成長（3〜4%成長）をもたらさないかぎり、財政赤字の急増と政府の累積債務の膨張を招くという大きなリスクをはらんでいる。

　たしかに、拡張的な財政政策への転換は、新自由主義に立つIMFなどの緊縮政策の破綻を告げるという意味をもつ。その破綻は、ギリシャ危機の継続、右翼ポピュリズム政党の台頭によって実証された。そこで、新しい拡張的財政政策を、新自由主義からの転換として歓迎する人たちも現れる。この人たちは、とくに財政出動の重点がインフラ建設中心の公共事業ではなく、教育などの人的資本への投資に向けられると、これを「教育国債」構想と絡んでより積極的に評価すると思われる。

MMT

シムズ理論が鳴りをひそめると、2019年に日本に導入されて大きなブームになったのがMMT（現代貨幣理論）である。これは、貨幣と税についての独特な考え方にもとづいて、通貨主権を有する国ではインフレが起こらないかぎり財政赤字を恐れることなく政府支出を拡大するべきだと主張する。そして、高インフレが到来すれば、緊縮財政と増税によってインフレを抑え込めばよい、と言う。緊縮財政路線に対する批判は小気味いいが、インフレはさまざまな回路から予期しないタイミングで起こる。いったん生じたインフレを抑え込むことは、ひじょうに難しい（これについては、第Ⅱ部第5章で詳しく検討している）。巨額の公的債務を背負っている場合は、なおさらである。

MMTは、2022年に米欧諸国を襲った40年ぶりのインフレによって、その妥当性が問われることになった。各国政府の対策は、もっぱら大幅な金利引き上げという金融引き締め政策に頼っている。MMTのいう緊縮財政と増税への転換というインフレ抑制策は、有権者の大きな抵抗を招くから、採りたくても採れないのだ。中野剛志は、積極的な公共投資によって供給能力を高める財政支出の拡大こそが、現在のコストプッシュインフレ対策になると主張している[1]。その際、政府は無制限に自国通貨を発行できるから、財政破綻に陥ることはない。財源のことなど心配せず、国債を増発すればよい、と言う。

しかし、2022年9月に通貨主権をもつイギリスで起こった出来事は、MMTの約束が見事に裏切られたことを物語る。トラス政権は、年450億ポンド（約7.4兆円）の大型減税とセットで物価対策として半年で600億ポンド（約9.9兆円）の財政支出というプランを打ち出した。だが、肝心の財源確保の方策を示さなかったため、財政赤字拡大＝国債増発への懸念からポンド売り、国債価格下落、株安のトリプル安が生じた。金融市場の大混乱を招いたトラス政権は、わずか45日間で崩壊に追い込まれた。

日本では、政治や政府に対する不信が大きいこともあって、税負担に対する抵抗感が際立って強い。そうした土壌のうえで、税負担の引き上げを免れさせる理論は受けが良い。ムダな歳出削減を先行すべきという議論も、財政赤字の拡大を恐れるなという議論も、人びとの租税抵抗感におもねるポピュリズムになりがちだ。財政赤字の拡大による公的債務の膨張とそれを支える大規模な金融緩和の抱えるリスクを直視すべきである。増税を回避して次世代にツケを回すウマい話に簡単に乗ってはなるまい。

1）中野剛志『世界インフレと戦争』（2022年、幻冬舎新書）、P.68〜69
［原題「資本主義に未来はあるか」コラム、初出：「「テオリア」№58、2017年7月10日]

低成長の常態化、
米中覇権争いの出現

リーマン・ショックから10年

I 資本主義は立ち直ったか

　2008年9月、米国の大手投資銀行リーマン・ブラザースが経営破綻した。これを引き金にして金融機関同士が疑心暗鬼に陥って資金の取り引きが途絶。勃発した金融恐慌は、実体経済に波及して貿易が収縮し、世界経済は大不況に陥った。「100年に1度か50年に1度の危機」（グリーンスパン元FRB議長）が叫ばれた。

　しかし、危機からの回復は予想外の早さで進み、米欧日で景気拡大が長く続いてきた。またGAFA（グーグル、アップル、フェイスブック、アマゾン）と呼ばれる巨大IT企業が君臨し、巨大な利益を稼ぐようになった。資本主義がリーマン・ショックから立ち直った理由は、いくつかある。

　第1に、政府と中央銀行が多額の資金を投入し、巨大金融機関（AIGやシティなど）と巨大企業（GMなど）を救済した。その一方で、米国では何百万もの人が住宅と仕事を失い、前よりもずっと低賃金で働くことを強いられた。

　第2に、中央銀行による大規模な金融緩和が行われた。国債の大量購入を中心にして、中銀による資金供給は10年間で4倍にも増えた。長期金利は低く抑えられ、株高を招いた。ギリシャをはじめ南欧諸国の深刻な債務危機も、ECB（欧州中央銀行）が直接の国債購入に踏み切ることによって鎮静化した。

　第3に、銀行が自己資本を厚くすることを義務づけられるなど、金融機関の規制と経営の健全性が強化された。そのため、金融危機を予防する力が備わるようになった。

　第4に、これが最も重要な要因だが、中国を組み入れた国際協調の新しい仕組みが作られた。先進国だけでは対応しきれず、G20サミットがスタートした。なかでも中国は4兆元（57兆円）の財政出動を行い、世界の景気回復

に貢献した。

　その結果、長らく停滞していた世界貿易も回復し、世界的な同時好況が訪れた。米国は9年、日本は6年、ユーロ圏は5年間も景気拡大が続いてきた。とくに米国の景気回復はめざましい。しかし、危機の新しい可燃材料も蓄積されている。米中貿易戦争の勃発も加わって、すでに「宴の終り」が忍びよっている。リーマン・ショック（「危機」とも特記する）から10年、資本主義の何が変わったのか。

Ⅱ 低成長・低インフレ・低金利

　リーマン・ショック後の資本主義は、長期の景気回復にもかかわらず低成長・低インフレ・低金利を続けてきた。

　先進国の経済成長率は、前の時代をずっと下回っている（図1）。米国は2010〜17年で年平均2.2%、ユーロ圏は2013〜17年で1.5%、日本は1.3%にとどまっている。物価上昇率は米国もユーロ圏も17年までは2%のインフレ目標に達せず、日本は1%にも届かなかった。長期金利（10年物国債の利回り）も、米国が13〜14年を除くとほぼ1.5〜2.5%の間で推移し、「危機」前の4〜5%には及ばない。ドイツは、「危機」前（2007年）の4.2%に比べて、

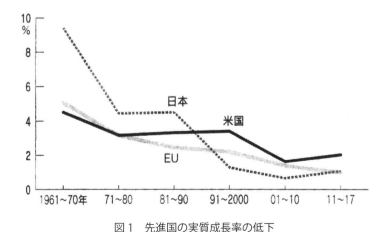

図1　先進国の実質成長率の低下
（注）世界銀行の資料を基に作成
出所：日本経済新聞 2018年8月20日

最近でも 0.3 〜 0.4％の低水準である。日本のそれは、「危機」前でもすでに 2％
近くだったが、その後はゼロ金利の状態が続いている。

　2018 年に入って、米国の経済成長率が 13 年ぶりに 3％に達し、物価上昇
率も 2％を、長期金利も 3％を超えた。失業率が 4％を切る「完全雇用」状
況が低インフレを脱却させ、高い経済成長を回復するという楽観的な観測も
ある。しかし、一人勝ちの米国経済も景気後退に向かっていて 2019 年には
2.3％の成長率に逆戻りし、「危機」前の成長（1990 〜 2007 年は平均 3.0％）の
復活は困難であろう。

■ 「長期停滞」・低インフレ・賃金の伸び悩み

　企業の利益が急増し失業率が低下する景気回復にもかかわらず、低成長・
低インフレ・低金利が続く経済は、「長期停滞」とも呼ばれている。R・サマー
ズの提起を受けて、福田慎一は「長期停滞」を次のように特徴づけている。

　「需要不足が発生している 21 世紀型の経済において、労働は完全雇用に近
いが、資本は完全には稼働していない。このような事態は、物理的な資本ス
トックよりも企業の手元資金の増加という形で顕在化しやすい。実際、近年、
労働市場において人手不足の常態が続いているのとは対照的に、資金市場で
はカネ余りの状態が拡大している」[1]。

　「長期停滞」は、失業率が低くて 1930 年代のようなマイナス成長に陥るこ
とはないが、経済成長率は低いままで低インフレと低金利を伴うことが特徴
である。

　先進国では大規模な金融緩和にもかかわらず、物価上昇率がゆるやかなま
ま推移してきた。その最大の理由は、労働力不足にもかかわらず賃金上昇が
伸び悩んでいることである。マクロ経済学の常識では、失業率の低下は賃金
を上昇させる、したがってそれが価格に転嫁されてインフレを引き起こす、
という相関関係がある。ところが、このフィリップス曲線が当てはまらず、
労働力不足なのに賃金の上がり方が鈍いという事態が生じている。

　IMF によれば、先進 39 カ国の失業率は 2018 年には 5.3％にまで低下し、
1980 年以降最も低くなっている。しかし、賃金は「危機」前までは前年比 3％
台の伸びが続いたが、2017 年になっても 1％台から抜け出せていない。米国
の失業率は 3・9％にまで低下したが、平均時給の伸びは 2％台にとどまって
きた。2018 年秋に 3％に届いたが、「危機」前の 3.5 〜 4.0％に比べると鈍い。ユー

ロ圏では現在の景気回復期の時給の上昇率は 1 ～ 2％で、2000 年代前半まで
の景気回復期の 2 ～ 4％に及ばない。日本は失業率が 2.5％まで下がっても、
2013 年から 17 年にかけて名目賃金の伸びは 1.4％にすぎない。

　その背景にあるのは、グローバル化の進展である。低賃金を武器とする新
興国との激しい価格競争は、先進国の労働者の賃金を押し下げている。具体
的に見ると、製造業の縮小とサービス化・情報化の進展に伴って、相対的に
高賃金の製造業労働者が減少し、その対極に低賃金のサービス分野の労働者
と高報酬の情報分野の専門的労働者が増えている[2]。トランプを大統領に押
し上げた米国中西部では、製造業で働いていた労働者が中間層から滑り落ち、
いまではコンビニやガソリンスタンドで安い賃金で働いている。一方で、高
い給料を得る IT の従事者も増えている。雇用の二極化と賃金格差の拡大が
進んでいる。

　そして、どこの国でも低賃金の非正規雇用が増えている。この非正規雇用
は国境を越える形態で広がり、インターネット経由の請負作業を新興国の労
働者に安く担わせる「ギグ・エコノミー」も普及している。雇用のあり方
の変化は、新自由主義の攻撃を受けて労働組合の組織率を低下させてきた。
1990 年から 2016 年にかけて組合加入率はイギリスでは 38％から 23％に、
米国では 16％から 10％に下がった。

▌企業のカネ余り

　低金利が常態化している理由は、1 つには主要国の中央銀行が国債や証券
の大量購入によって大規模な金融緩和を進めてきたことである。主要な中銀
による資金供給は、10 年間で 4 倍にも増えた。

　もう 1 つの、より根底的な理由は、企業部門がカネ余り（資金余剰）に陥っ
ていることにある。言いかえると、企業の利益は急増しているのだが、それ
が設備投資や人件費に積極的に回らず、手元資金が積み上がってM＆Aや株
主配当（自社株買い）に向けられている。

　世界の主要企業が抱える現預金は 2017 年末で 10.3 兆ドルと、10 年間で 2.5
倍に増えた[3]。また米日独の企業が抱えるネットの余剰資金（現預金から負債
を差し引いた分）は、2008 年の 8.5 倍の 3.6 兆ドルに増えた。しかし、2017 年
の世界主要企業の設備投資は、4.8 兆ドルと 2013 年のピークからむしろ減少
している[4]。トランプ政権の大幅な法人減税は企業の利益を増大させたが、

米国の主要 500 社の自社株買いと配当は 2018 年で 1.2 兆ドルと、設備投資と研究開発費の計 1 兆ドルを上回る見込みだ[5]。

「低成長の経済では有望な投資先は見当たらず、手元資金は積み上がるばかりだ」、「企業の設備投資は 13 年をピークに頭打ちだ。一方M＆Aと自社株買いは増え続け、設備投資と肩を並べた。……お金は株主に渡り、実体経済には直接回らない」[6]。

例えばアップルが 5 年間で稼いだお金のうち、25 兆円が配当や自社株買いに向かったが、人件費と法人税は各 9 兆円、設備投資は 6 兆円にとどまっている[7]。IT 産業は巨額の設備投資を必要としないという面があるが、株主配当に回されている分が大きいことが分かる。

これは、実体経済に有望な投資先が見出せないことを意味している。現在の IT 産業やバイオ・医療・製薬産業などは高い成長力を誇るとはいえ、一時代前の自動車や電化製品の大量生産・大量消費の規模には及ばないと思われる。そして、日本やドイツなどの先進国では人口減少に伴う労働力不足という構造的な要因が、確実に経済成長の足を引っ張る。米国は移民による人口増が続いているとはいえ、高齢化による労働参加率の低下が進んでいる。

1）福田慎一『21 世紀の長期停滞論』（2018 年、平凡社新書）、P.173
2）経産省『通商白書』2016 年
3）日経新聞 2018 年 8 月 30 日「モネータ」
4）同、2018 年 12 月 27 日「モネータ」
5）同、2018 年 5 月 22 日「モネータ」
6）同、2018 年 8 月 30 日「モネータ」
7）同、2018 年 8 月 31 日「モネータ」

Ⅲ 経済成長は復活するか

このように見ると、リーマン・ショックから立ち直った資本主義も、先進国は低成長・低インフレ・低金利から簡単に抜け出せない状態にある。マイナス成長ではないから「低成長の常態化」と言ってよい。例えば日本のメガバンクのトップに立つ三菱 UFJ フィナンシャルグループの平野信行も、次のように語っている。

「（世界は）低成長と低金利が長く続くセキュラー・スタグネーション（長期停滞）と、デジタル化がもたらす破壊と便益。この2つが大きな流れだ」、「世界経済の停滞は、10年くらいの単位でかなり長く続くと覚悟した方がいい」[1]。

　しかし、こうした見方に対して高い経済成長が可能だという見方もある。

■ AIによる経済成長は？

　1つは、AI（人工知能）の普及による生産性の飛躍的上昇が高い経済成長をもたらす、という見方である。

　先進国の「低成長の常態化」の最大の根拠は、人口減少（日本、ドイツ）や高齢化（米国）による労働力不足である。これを移民によってカバーする政策も、排外主義の高まりのなかで壁にぶつかっている。そこで、経済成長の切り札とされるのが、AIによる労働の代替で生産性を飛躍的に向上させるというシナリオである。

　AIの急速な発達と普及は、さまざまな分野で人間の労働を機械に置き換えつつある。それは、単純作業のみならず高度な知識や経験を必要とする専門的な仕事にも及ぶ。すでに人手不足の深刻なコンビニや飲食店での無人サービス、配送でのドローンや自動運転の導入実験も行われている。AIの導入が生産性を高めることは間違いない。

　吉川　洋は、人口減少によって労働力人口が減っても、イノベーションによって労働生産性が上昇すれば、経済成長はプラスになる、と主張している[2]。福田慎一も長期停滞の可能性を指摘する一方で、労働人口の減少が労働に代替する新技術の開発を加速し、逆に経済成長を加速するという見方を紹介している。

　「アセモグルらの研究では、ロボットなど新技術と労働との間には代替的関係があると考え、労働人口が減少すればするほど新技術の生産性は高まると考えた。その結果、労働人口が減少するほど、新技術の開発が活発となり、労働力の減少が成長に及ぼす影響を相殺することになる。特に、新技術の開発に『規模の経済性』が存在する場合、労働人口が減少すると新技術が加速度的に進歩する結果、経済成長は逆に促進される」[3]。

しかし、福田は、労働に代替する新技術の普及は、労働力不足を相殺して経済成長率を高めるとしても、賃金の下落と労働分配率の低下、所得格差の拡大というマイナス作用を引き起こすことに注意を促している。「労働人口の減少は経済成長を促進する一方で、新技術の価格の低落に伴って賃金も下落することになる。その結果、経済が成長する下でも、労働者への分配が低下し、所得格差が拡大する可能性がある」[4]。さらに、福田は、アゼモグルらの研究は供給サイドにのみ注目したもので、人口減少は需要サイドを通じて経済成長を大きく制約する[5]、と指摘している。

　AIが将来的に人間労働をどこまで代替できるのかという予測は、論争もあり不確定である。しかし、AIの普及が雇用の二極化と所得格差の拡大を加速することは避けられない。一方ではAIが代替できない高度な仕事、例えばAIの開発や操作を担う人間が増え、ひじょうに高い報酬を得る。他方では多くの人間は、AI導入のコストよりも低い賃金を甘受すれば対人サービスなどの分野で雇われる。このように、AIがもたらす高い経済成長は、とんでもなく悲惨な所得格差を生み出すだろう。そのため、AI普及による雇用の二極化に対応して、ベーシック・インカムの導入の必要性も提唱されるわけである（例えばフェイスブックのマック・ザッカーバーグCEO）。

▌新興国の経済成長が世界を救う？

　もう１つは、中国をはじめ新興国の経済成長が、先進国の低成長をカバーして世界大の経済成長を持続させる、という見方である。

　例えば進藤榮一は、先進国のゼロ金利を根拠にした水野和夫の「資本主義の終焉」論[6]を批判して、新興アジアでは「もう一つの資本主義が誕生し、蘇生し、興隆しつづけている」と主張する[7]。巨大な人口を背景にした潜在的な市場の大きさ、ITなど先端技術の移入や開発の早いスピード、資源やインフラの開発の余地などを見れば、この主張にはそれなりの根拠がある。中国は経済成長率がかなり減速しているとはいえ、当面は6％台の成長を続けることはできるだろう。また米中貿易戦争の圧力を被っている分だけ、巨大開発構想「一帯一路」に活路を見出そうとするだろう。

　しかし、中国の経済成長が抱えている困難の解決は容易ではない。民間企業の過剰な債務、限界にきた豊富な労働力の供給、再び拡大する貧富の格差、深刻化する環境汚染。こうした制約を抱えながら、投資主導から消費主導へ

と経済成長のあり方を転換することを迫られている。この壁を乗り越えたとしても、グローバルな経済関係ではより大きな壁にぶつかる。

米中貿易戦争だけではない。「一帯一路」構想は中国の経済成長の新たな国際的枠組みであるが、至るところで軋轢や紛争が露呈して参加国の不満が強まっている。中国の資金援助で建設される鉄道や港湾は、非効率で採算割れしたり、財政負担が重すぎたりする。そのため、港湾の運営権を中国に譲渡したり（スリランカ）、鉄道建設計画を見直す（パキスタン、マレーシア）動きが相次いでいる。

中国など新興国・途上国が高い経済成長をとげる可能性はあっても、それは米の経済政策、とくに金融政策に強く左右される。「ドル１強」体制は揺らいでおらず、むしろ中国からの資本流出と人民元安が続いている。また、米 FRB の利上げをきっかけにドル高が生じ、新興国からマネーが流出して米国に向かい通貨の下落が起こっている。アルゼンチンやトルコだけではない。対外債務比の外貨準備を厚く積み上げてきたブラジルやインドなどでもマネー流出と通貨安が起こった。IMF は、金融市場が不安定化すると新興国から10年前に匹敵する1000億ドルの資金が流出する恐れがあると試算している[8]。通貨安に見舞われたアルゼンチンでは、高インフレが進行して政策金利が60％にも引き上げられ、経済の悪化に市民が抗議行動を展開している。

新興国や途上国が金融危機に見舞われる可能性はいぜんとして大きいが、グローバル化が立往生するなかで迅速な国際協調によって対応できるのか、不安が高まっている。

1）平野信行、日経新聞 2018 年 9 月 23 日「未踏に挑む INTERVIEW」
2）吉川　洋『人口と日本経済』（2016 年、中公新書）。第 II 部第 1 章 VI で論じてある。
3）福田、前掲、P.162
4）同上、P.163
5）同上、P.168 ～ 169
6）水野和夫『資本主義の終焉と歴史の危機』（2014 年、集英社新書）
7）進藤榮一『アメリカ帝国の終焉』（2017 年、講談社新書）、P.138
8）日経新聞 2018 年 12 月 5 日

IV 巨額の債務と氾濫するマネー

　リーマン・ショックから10年、景気回復の陰で世界には膨大な債務が積み上がり、同時に巨額のマネーが氾濫している。「危機」後の資本主義が産み落としたリスクである。

　国際金融協会（IIM）によれば、世界の債務総額は247兆ドルに膨れ上がった（2018年3月末）。10年前に比べて80兆ドル、4割増え、対GDP比は318%になった[1]。とくに政府部門では債務は63兆ドルと、10年で2倍に急増した[2]。各国政府が中央銀行の金融緩和に支えられて景気回復のための大規模な財政出動を行ってきた帰結である。

　したがってまた、大規模な金融緩和によって中銀の総資産も巨額に膨れ上がり、大量のマネーが供給されてきた。米日欧の資金供給は10年前の3.5兆ドルから14兆ドルに急増した。米国が4.1兆ドル、欧州が5.3兆ドル、日本が4.9兆ドルである（図2）[3]。

　中銀は国債などの大量購入による金融緩和によって、長期金利を低く抑えこんできた。超低金利は、利払い負担を軽くするから政府が国債発行による借金財政に走るハードルを低くし、政府債務を膨らませた。また家計部門がローンによる

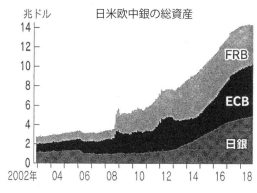

図2　日米欧の中銀の総資産、長期金利
出典：日経新聞　2018年12月14日

住宅や自動車の購入を増やすことを促進した。さらに超低金利はマネーを債券から株式などのリスク資産に振り向けさせ、株高をもたらす効果があった。

　しかし、膨れ上がった債務、とくに政府債務は大きなリスクを抱えている。その１つは、財政破綻の可能性である。政府債務の膨張は債務不履行（デフォルト）への不安を高めて金利を急上昇させる（国債価格の下落）。そのため新規借入や借り換えのための国債発行ができなくなり、債務返済を含めて財政運営が破綻する。これは 10 年にギリシャで火を噴き、スペインやイタリアに伝染する事態となった。

　この事態には、EU・ECB・IMF がギリシャへの金融支援を行った（債務の削減、ECB による国債の無制限買い入れ）。金融支援は、極端な緊縮政策の受け入れと引き換えにではあったが、危機をいったん収束させた。ギリシャは債務支払いを継続して EU に留まり、南欧諸国の国債金利も低下した。

　現在でも、財政破綻の可能性をもつ国はあるが、国際的な金融支援によって危機を封じこめる装置も備わりつつある。しかし、この危機対応は、民衆に重い犠牲や負担を強いる緊縮財政と一体のものだ。ギリシャでは年金支給の切り下げ、補助金や社会サービスの削減、付加価値税の引き上げが強行された。

　より可能性が高いのは、長期金利が上昇すれば巨額の政府債務は利払い費を急増させ、それが財政を圧迫して社会サービスの大幅な削減を招く事態である。この間の政府債務の増大を可能にしたのは、超低金利が継続してきたことである。だが、その状況がいつまでも続くわけではない。例えば日本では、内閣府の試算でも長期金利が 2％ に上昇するだけで国債費（利払いと償還）は、現在（2019 年度）の 22.5 兆円から 2027 年度には 31.2 兆円に増え、歳出全体の 26.4％ になる。そうなれば社会保障費や教育費にしわ寄せが行くことは避けられない。

　家計部門の債務も、長期金利が上昇すれば利払いの増大に苦しめられる。米国の家計の債務は突出しているが、近年は住宅ローンに代わって自動車と学費のローンが増え続け延滞率も上昇している。なかでも学費ローンの延滞率の上昇は、若者が公立大学の無償化や「社会主義」という民主党左派の主張に共鳴する理由となっている。金利上昇は、多額のローンを抱える家計を直撃する。また、新興国の債務を増大させる。

　このように、長期金利の上昇は、利払い費の急増によって巨額債務が抱えるリスクを顕在化させる引き金となる。にもかかわらず、米 FRB は、あえ

てリスクを承知で政策金利引き上げ政策に転換しつつある。ECB も資産の圧縮にゆっくり踏み出した。米欧の中銀の「出口」政策は、大規模金融緩和ですべての手を打ち尽くした事態から抜け出し、確実にやってくる景気後退や金融危機に対処できる余力を手に入れようとしているからだ。金利を引き下げたり国債を購入する金融政策を機動的に発動できる余地を必要としている。このことは、債務をできるだけ減らす財政政策にも通じる。

　この点で、日銀がいまなお大規模金融緩和の継続を謳っているのは、異様である。景気拡大が続いている間に金融政策、そして財政政策を「正常化」して、来たるべき危機に対処できる政策的余力を作るのが筋である。だが日銀は国債の 4 割を保有し、政府も債務を目一杯に膨らませたままで、新しい危機の到来に備える余地をまったく失い身動きできなくなっている。

　政府債務の急増は、巨額のマネーが供給され世界中に溢れていることでもある。10 年前と比べて 4 倍にも増大したマネーは、一体どこへ向かっているのか。

　グローバル化と金融化が進んだ 1990 年代以降、バブルの発生とその破裂が周期的に繰り返される「バブル循環」が資本主義の特徴となってきた。現在の過剰なマネーがどのようなバブルを引き起こすのかの予測は簡単ではないが、その予兆を見出すことはできる。株式市場の過熱がそれである。大量のマネーが流れ込んで、世界全体の株式時価総額は 10 年間で 52 兆ドル増えて、約 2.6 倍に増大した[4]。米国の株式時価総額は対 GDP 比 131％にまで増え（2017 年 6 月）、「危機」前のピーク時の 110％を超えて IT バブル時の151％に迫っている[5]。

　2018 年に入ってニューヨーク株式市場が史上最高値を、また東京株式市場がバブル崩壊後の最高値をつけたかと思えば、3 回も世界的な同時株安に見舞われた。株式市場は氾濫するマネーを吸引して過熱し、不安定性や変動性をますます増幅させている。これが世界経済に先の見えない不安定化をもたらす不気味な要因になっている。

1：朝日新聞 DIGITAL 版 2018 年 7 月 11 日

2：日経新聞 2018 年 2 月 14 日

3：同、2018 年 12 月 14 日

4：同、2018 年 9 月 15 日

5：『週刊エコノミスト』2017 年 11 月 7 日号

V 米中覇権争いの世界

　「危機」から回復し世界同時好況を享受してきた資本主義だが、ここに来て米中間の激しい覇権争いがその前に立ちはだかる最大のリスクになりつつある。

■ 貿易戦争の域を超える争い

　米中間の争いは、貿易戦争として始まった。トランプ政権はその保護主義の鉾先を最大の貿易赤字相手国（赤字額 3757 億ドル、赤字全体の 46％、2017 年）である中国に向け、2018 年に入ると「知的財産権の侵害」を理由に制裁関税を発動した。これに対して中国も報復関税で応じた。

　米中間には、これまで深い経済的相互依存関係が築かれていた。中国にとって米国は最大の輸出相手国（輸出総額の 19％）、米国にとって中国は最大の輸入相手国（同 22％）である[1]。中国が稼いだ貿易黒字は、ドル預金として米国に流れ込んだ。両国の間には米系多国籍企業が中心になってサプライチェーンが張りめぐらされている。

　しかし、いまでは米国の対中輸入額の 50％、中国の対米輸入額の 84％が関税引き上げの対象にされている。その影響は貿易額に出はじめ、またサプライチェーンの寸断による供給不足、部品や製品の価格上昇が起こりつつある[2]。米中間の貿易が相互の関税引き上げによって 20％減少すると、GDP は米国が約 10％弱、中国が 30％以上、世界全体が約 10％のマイナスになるという試算もある[3]。貿易戦争は、経済合理性の観点からすれば誰も得をしない無益な争いである。

　にもかかわらず、中国側の譲歩によって貿易赤字が大幅に減ったとしても容易には終わらない。貿易戦争を超えた争い、すなわちハイテク分野の覇権争いだからである。

　米国の核心的要求は「中国製造 2025」（2015 年発表）の撤回である。これは、ハイテク産業の内製化（国産化）をめざし「製造大国」から「製造強国」へ飛躍するという習近平肝いりの野心的計画である。そこでは次世代情報技術「5G」をはじめ先端技術 10 の重点分野が設定され、さらに 23 の商品に細分化して内製比率の引き上げ目標をそれぞれ設けている。

米国がこの計画を敵視するのは、中国が米国の進出企業に合弁企業の形態を通じて技術移転を強要する、とされるからだ。また中国企業による外国企業の買収・合併に際してその資金を政府補助金の形で提供するからである。たしかに中国は、先端技術の移入・開発において国家資本主義の強みを存分に発揮する。そして米国は、先端技術が軍事に転用されることを恐れている。

　中国の大手通信機企業ファーウェイの幹部を逮捕し、その製品の全面使用禁止を米国が同盟国に求めた出来事は、ハイテク分野の覇権争いの意味を浮き彫りにした。ファーウェイは「5G」を先導する企業なのだ。最先端技術の開発をめぐる争いは、貿易や経済の分野にとどまらず軍事や国家安全保障の分野と深く連動している。そして中国にとっても「中国製造2025」は、対外的な「一帯一路」と並ぶ国家戦略の柱である。貿易面で譲歩できても、この計画の撤回に応じるわけにはいかない。

■ 米中覇権争いの歴史的位相

　ハイテク分野の覇権争いは、21世紀における米中両大国の覇権争いの最前線である。

　米国の副大統領ペンスの2018年秋の演説は、「新冷戦」の始まりを告げたとされる激烈な中国批判であった。ペンスは、「改革開放」に転じた中国を国際社会に受け入れるよう「助けてきた関与の日々はもう終わった」と断じた。「中国は盗んだ技術を使って民間技術を軍事技術に大規模転用している」。巨額の「軍事費を投じ、米国の陸、海、空、宇宙における優位を脅かす能力の獲得を第一目標としている」[4]。

　米中「新冷戦」には、米ソ「冷戦」との類似性も見られる。最近の中国は「中国の特色ある社会主義」、つまり共産党独裁下の国家資本主義を讃え、米国流の資本主義との違いを前面に押し出している。かつての体制選択をめぐるイデオロギー対立の再来を思わせる。また中国の海洋進出や「一帯一路」推進のやり方に見られる「帝国」的振る舞いは、勢力圏の拡張を匂わせる。

　しかし、米中間の覇権争いは、かつての冷戦とは決定的に異なる。例えば「一帯一路」構想は、中国主導だが必ずしも閉鎖的ではない。また米国は、同盟関係を強めて勢力圏を維持する盟主の座に背を向けている。そして、米中間には冷戦期にはなかった深い経済的相互関係が存在する。多国籍企業のサプライチェーンに加えて、中国は米国債の最大の保有国である。中国の対米投

資制限の動きも目立つが、経済的相互依存関係が破壊されてしまうことは考えられない。こうした点から、南シナ海などで軍事的な緊張が一時的に生じても、覇権争いが軍事的衝突にまで至る可能性は小さいだろう。

この覇権争いは、中国が米国に代わって新しい覇権国にのし上がるプロセスだと見ることもできない。中国はいまのところ、そうした野心も能力も持ち合わせていないからである。中国は、米国をGDPで確実に追い抜くだろう。しかし、人民元が覇権国の要件である新しい基軸通貨になる可能性は小さい。さらに、中国は、覇権国に不可欠の倫理的・道徳的・文化的なヘゲモニー力を致命的に欠いている。

米国も、先端技術や軍事の面での中国の挑戦を恐れて斥けようと躍起になっているが、覇権国の地位を再構築しようとする野心を放棄している。オバマ時代までの「自由、人権、民主主義」といった普遍性のある理念も、グローバル化のルール（TPP協定など）も自ら壊している。

こうして世界は覇権国なき時代に入っているのだが、この世界の様態は2つあると考えられる。1つは、多国間主義や国際協調システムが構築され、グローバル化と統合への力が働く様態である。

これは、リーマン・ショックをきっかけに姿を現わした。その象徴が中国を主役として招き入れたG20サミットである。先進国だけでは「危機」に対応できず、中国を筆頭に新興国の力を借りる国際協調の新しい枠組みが必要になったからだ。中国は期待に応えて財政出動の先頭に立った。米中間ではグローバル化のルールをめぐる競争も激しくなったが、両国の合意で地球温暖化対策のパリ協定も結ばれた（2015年）。

潮目が大きく変わったのが2016年である。国際協調やグローバル化・統合のシステムに亀裂が入り、国益優先・ナショナリズムの声が強まり、分断への力が働くというもう1つの様態が顕在化した。「脱グローバル化」の流れである。「米国第一」のトランプの登場、イギリスの国民投票でのEU離脱（Brexit）決定に始まり、米中の貿易戦争にまで至った。G20が「保護主義と戦う」という文言を共同声明から削ったことは、「危機」後の国際協調の枠組みの自壊を象徴している。新自由主義の旗手として振る舞っていたフランスのマクロンも、「黄色いベスト」運動の一撃を食らってEU統合の深化（「共通予算」案）の野望を引込めざるをえなかった。

資本の力と運動は、グローバル化と統合を強力に推進する力として働く。現在もGAFAなど巨大IT企業は、情報支配を介してグローバル化を推進す

る主役となっている。しかし、グローバル化は、各国内部に巨大格差や深い分断を作りだしてきた。この格差や貧困に対する民衆の不満や怒りは、グローバル化や統合や国際協調を拒否する力として噴き出してくる。2016 年以降の世界では、社会内部の格差や分断から発した不満や抗議を表現する政治潮流や運動がグローバル化と国際協調の枠組を揺さぶり機能不全に追いやりながら、国家間の対立を顕在化させている。

1) 経産省「通商白書」2018 年版、P.230、P.39
2) 日経新聞 2018 年 10 月 25 日
3) みずほ総研、高田　創、「DAIAMOND online」2018 年 9 月 5 日
4) マイク・ペンス、2018 年 10 月 4 日のハドソン研究所での演説

Ⅵ 社会運動の新しい可能性

　リーマン・ショック（金融危機）後の世界で先進国に生じた政治的変動は、中道政治勢力の弱体化である。この勢力は二大政党システムを形成し、交互に政権を担いながらグローバル化を推進してきた。中道の右派であれ左派であれ、新自由主義に親和的であった。「危機」から 10 年、この中道勢力は人びとの不信にさらされ、支持を失ってきた。

　代わって躍進してきたのが、「自国第一」主義と移民排斥の排外主義の右翼ポピュリズムである。米国では共和党主流派を押しのけ民主党主流派を破ってトランプを大統領の座に就け、欧州の国々の選挙と議会を席巻してきた。右翼ポピュリズム勢力は、グローバル化の産み落とした格差や貧困に対する不満や怒りを代弁している。中道勢力が「置き去り」にしてきた人びとの情念を反映しているのである。

　しかし、格差や貧困に対する抗議を表現しているのは、右翼ポピュリズムだけではない。資本によるグローバル化に異議を唱えつつ多様性を主張する新しい左派の政治潮流も活性化している。

　米国中間選挙（2018 年）の下院選で見事な勝利を収めた民主党左派の新人オカシオ＝コルテスは、その象徴である。元ウエイトレスの彼女は、公立大学の無償化、メディケア・フォー・オール（国民皆保険）の創設、移民関税執行局の廃止などのラディカルな政策を訴えて支持を集めた。彼女は、民主社

会主義者サンダースが立ち上げた"Our Revolution"に推されている。主張は実に鮮明である。「私たちの民主政治への戦いはジェンダーや人種差別に対する取り組みだけでは十分ではありません。核心は、階級の問題なのです」[1]。

そして、民主党左派の躍進を支えた要因にこそ注目したい。1つは、若者を中心に広がる「反資本主義」の意識である。ギャロップの世論調査では、18〜29歳のなかでは資本主義を支持すると答えた人は、10年前から23%減って45%にまで落ち込み、民主党支持者の間では57%が社会主義を好み、資本主義を好むのは47%であった[2]。

もう1つは、民主党左派が2011年のオキュパイ（ウォールストリート占拠）運動をその源としていることである。オキュパイ運動は、同じ年の「アラブの春」に共鳴して登場し、スペインの15M運動などとの同時代性をもって「危機」以降の時代（運動としては11年以降）の社会運動の新しい特徴を代表していた。それは、「1%」による富と権力の独占に対する「99%」のたたかいを宣言した。そこには「階級的対抗」の復権が表現されていた。1968年以降の社会運動との顕著な違いである。ポスト68'の運動は、ジェンダー・環境・脱原発・マイノリティ差別などを主題にして展開されてきたが、その分だけ階級的な対立の問題を後景に押しやることになったからである。

オキュパイ運動は、貧富の格差とそれを生み出す富の独占の体制を真正面から主題化した。しかし、それは古い階級闘争への回帰ではなく、ポスト68'の社会運動の特徴を引き継いでいた。「中央」指導部やカリスマ的リーダーがいなく、SNSを介したネットワーク的つながりで巨大な行動が組織される。また広場などの「占拠」を通じて熟議民主主義と共同体的な自治空間の創出が試みられる。

オキュパイ運動が示した社会運動の新しい特徴は、フランス全土で起こった「黄色いベスト」運動にも明確に見てとれる。この運動では、42の要求項目の最初に「ホームレスをなくせ」、「所得税を累進的に」、「一律スライド制最低賃金を手取り1300ユーロに」といった低所得と格差に苦しむ民衆の要求が掲げられている。そして運動の参加者は実に多様であり（右から左まで、都市から地方まで）、「中央」になるリーダーの姿は見えずSNS上の呼びかけで毎週のデモが展開されている。また各地の交差点で小屋やテントを建てて、占拠が続けられている。

オキュパイ運動からの社会運動の新しい流れは、資本主義に批判の鉾先を向ける性向をおび、国益主義に収斂するだけの右翼ポピュリズムとは区別さ

れる。だから、街頭での大きな抗議デモや広場占拠の直接行動だけには尽くされない。ローカルから循環型経済を創る、自分たちの手でシェアリング経済を発展させる、協同組合など社会的連帯経済を組織する。金融化とGARFが支配する資本主義に対抗するオルタナティブな経済と社会をつくりだす試みや運動が、新しい社会運動の広い基礎を形づくりつつある。

1）宮前ゆかり「民主党を変革しつつある社会主義者たち」『世界』2018 年 12 月号
2）中林美恵子「中間選挙後の米国選挙」㊤、日経新聞 2018 年 11 月 15 日

［原題「リーマン・ショックから 10 年──何が変わったのか」、
初出：『季報　唯物論研究』№ 146、2019 年 2 月］

コロナ・ショックとデジタル資本主義

I コロナ経済危機

■「世界大恐慌以来の経済危機」の到来

　新型コロナウイルスの感染が世界を震撼させてきた。2020年4月25日に280万人であった感染者は、9月18日に3000万人を突破し、わずか4カ月半で10倍以上に増えた。死者も19万人から100万人超へと5倍増となった（なお、1年後の2021年4月18日には感染者1億4073万人、死者301万人に、2年後の22年4月13日には感染者5億0090万人、死者618万人に達した）。感染拡大にともなって都市封鎖、外出自粛、休校、商店や文化・娯楽施設の閉鎖などが、世界中で相次いだ。

　社会活動の全面的な停止は、リーマン・ショックを超えて90年前の「世界大恐慌以来の最悪」（IMF）の経済危機を引き起こした。2020年の世界経済は、▲3.1％の大幅なマイナス成長に陥った。これは、リーマン・ショック時の▲0.1％をはるかに上回る。先進国は▲4.5％のマイナス成長であったが、世界大恐慌時の▲7.6％（1932年）以来の落ち込みとなった。また、2020年の世界貿易は、前年比▲7.0％も縮小した。リーマン・ショック時の▲18.3％に次ぐ縮小となった。

　とくに、コロナ感染が最初に襲来した時期のショックは、すさまじかった。世界の主要国（日米欧中の19か国、世界GDPの3分の2を占める）の20年4～6月期の実質GDPは、約1割（前年同期比9・1％）も減少。米国が年率換算で前期（1～3月期）比▲32.9％、ユーロ圏が▲40.3％、日本が▲28.1％と記録的な落ち込みとなり、辛うじて中国だけが前年同期比3.2％と2四半期ぶりにプラス成長になった。また、世界の上場企業1万社のうち、4～6月期

の売上高が前年同期比3割以上減った企業が24％に上った。つまり4社に1社が赤字に転落したと推測される[1]。

経済危機は、なによりも雇用の危機として労働者を襲った。ILOは、世界の労働人口の約38％に当たる12億5000万人がレイオフや給与削減などの危機に直面していると警告したが、この数字が現実のものになった。

米国では、失業率がコロナ危機前（20年2月）の3.5％から4月には14.7％に跳ね上がり、失業者も580万人から2308万人に急増。失業率はその後、11.1％（6月）、8.4％（8月）と徐々に改善され、失業者も1355万人（8月）にまで減った。だが、労働力人口の減少（前年比300万人）に示されるように仕事探しを諦めた人が多く、隠れた失業者を含めると雇用状況は改善されないままである。

日本の失業率は3.0％（8月、コロナ危機前の2月は2.4％）、失業者は205万人（2月は166万人）。米国やユーロ圏（6月に7.8％、若者は17.0％）に比べても、リーマン・ショック時と比べても、悪化の度合いは緩やかに見えた。しかし、休業者が216万人、就業者数の減少が45万人（3〜7月）と、潜在的な失業者が増えた。

雇用の危機は、けっして平等主義ではない。解雇や雇止めに遭った人のうち77％が非正規であった（厚労省、2020年9月の調査）。また収入の減少に見舞われた人は4人に1人だが、正社員では5人に1人に対して、非正社員では3人に1人近くになる。そして、非正規労働者は、8月までの6カ月間で89万人、前年同月比（8月）で120万人も減少、つまり仕事を失った。危機は、非正規労働者、アルバイトの学生、フリーランス、シングルマザーなど不安定で低賃金で働く人びとに集中的に襲いかかったのだ。

▌経済回復の足取り

未曽有の経済危機に直面して、各国の政府と中央銀行はかつてない大規模な経済対策に踏み切った。財政出動は世界のGDP（18年）の13％に当たる11兆ドル（約1170兆円）弱、金融緩和（7つの中銀の保有資産の増大分）は6兆ドルにもなる。それは、企業の資金繰り支援から家計への現金給付（米国、日本）、給料の立て替え払い（ドイツなど）に至るまで広範囲に及んだ。

こうした国家の支援策は、雇用の極端な悪化と企業の連鎖倒産を食い止める上で効果を発揮した。例えば米国で政府が各州の失業手当に上乗せした週

600ドルの特例加算は2500万人に支給され、月額600億ドル、全米の家計所得の4％にもなり、個人消費を下支えした。

そして、中銀の大規模な金融緩和は株価の急激な回復をもたらした。米国のダウ工業平均は2020年3月には1万8591ドルに下落したが、すぐに上昇に転じ9月に入ると2万9000ドルと半年前の高値水準を回復。日経平均株価も、3月の1万6552円への急落後は反転し、9月には2月以来の2万3400円台に回復。世界の株価の時価総額は1～3月には約2割、19兆ドルも減少したが、8月末には過去最高の89兆ドルになった。

実体経済の急激な悪化とは対照的に株価が急騰するという不可解な現象には、いくつかの要因がある。そもそも株式市場は予想と期待で動くのだが、政府の経済活動再開策による景気回復への過大な期待と願望が株価を押し上げた。そして、コロナ危機を逆手にとった巨大IT企業の収益増大と株価急上昇が株式市場を牽引したが、やはり中銀による大量のマネー投入が大きな役割を演じた。金融緩和に後押しされて銀行の貸出が急増したが、それは設備投資や賃金への支出、つまり実体経済の回復には回っていない。結局、大量のマネーは企業や個人の現預金の増大を経由して株式市場に流れ込んで、バブル状況を作りだしたのだ。しかも、株価の急速な回復は富裕層の金融資産を大きく増やし（米国では3～5月に19％も増大）、貧富の格差をいっそう拡大している。

政府の大がかりな支援策は経済の底割れを何とか防いだが、回復の足どりはおそろしく緩慢である。

第1に、新型コロナの感染が拡大し続け、個人消費の回復が鈍い。社会・経済活動の再開にブレーキがかかっている上に、大勢の人が仕事を失ったり収入を減らしたから「不要不急」の支出に回すお金がない。いち早く経済回復に向かった中国でも、消費は徐々に増えているとはいえ、雇用と所得は停滞したままだ。政府は消費喚起に躍起だが、いつ失業や収入減に遭うかもしれないという不安は、人びとを消費の抑制と貯蓄に向かわせている（日本の家計の現預金は、20年6月末時点で前年比4.0％増の1031兆円と過去最高に）。

第2に、国際協調の枠組みが壊れたままである。リーマン・ショックからの急速な回復を可能にしたのは、中国を組み入れた新しい国際協調体制（G20サミット）の創設であった。中国は期待に応えて4兆元の財政出動とその後の高度経済成長によって世界経済の回復を牽引した。しかし現在、米中対立は激しさを増すばかりで、国際協調へのヘゲモニー行使の動きはどこからも

生まれていない。グローバルなサプライチェーンの再構築や人の移動の全面再開の見通しも不確実である。

　経済のV字回復といった期待や幻想は吹っ飛び、元の水準に戻るのには2年はかかるという厳しい予想が多数だ。日本やEUより好調だった米国も、今回の危機によって潜在的成長率が低下し低成長・低インフレ・低金利が常態化する、つまり「日本化」すると予測されている。世界経済の回復と成長を牽引する新しいドライバー（国と産業）が見当たらないとすれば、先進国が「長期停滞」に陥ることは避けられないだろう[2]。

---

1) 日経新聞 2020年8月22日
2) コロナ経済危機については、拙著『コロナ・ショックは世界をどう変えるか』（2021年、研究所テオリア）の第Ⅱ部「コロナ経済危機の襲来と行方」で詳しく論じてある。

Ⅱ　デジタル資本主義が加速する格差拡大

■ デジタル資本主義の本格的展開

　深刻な経済危機の勃発は、資本主義のそれまでのシステムが機能不全に陥ったことを告げる。同時に、資本主義は危機を通じて自己修正と変態を試み、延命しようとする。1929～32年の世界大恐慌は自由競争的資本主義を終焉させ、ケインズ主義的資本主義への移行をもたらした。リーマン・ショックは新自由主義の破綻を告げ、政府（金融緩和と財政出動）主導の金融化資本主義、そして巨大IT企業が主役となるデジタル資本主義の本格的な幕開けとなった。

　では、今回のコロナ経済危機は、資本主義にどのような変態を強いるのだろうか。とりあえず、4つの変化を挙げることができる。（1）デジタル資本主義の本格的展開、（2）政府と中銀が主導する金融化資本主義のいっそうの進展、（3）株主資本主義から「ステークホルダー資本主義」への転換、（4）「グリーン資本主義」への転換。

　最大の変化は、デジタル資本主義への急速かつ全面的な転換である。それは、テレワークやオンライン消費のような働き方や消費のデジタル化が急速

に進むと同時に、自動車や石油の巨大多国籍企業に代わってGAFAM（グーグル、アップル、フェイスブック、アマゾン、マイクロソフト）が圧倒的支配力を握る資本主義への移行である。

　新型コロナによる人の移動や対面活動の突然の収縮は、働き方や消費生活のあり方を一変させた。テレワーク、オンライン購入、オンラインでの授業や診療、WEB講座などが一気に広がった。マイクロソフトのCEOサティア・ナデラは、コロナ危機によってDX（デジタル・トランスフォーメーション）は「2年分の変化が2カ月間で起きた」と言う。

　デジタル化に伴うデータ通信量は、世界全体で1～3月期には前年同期の2倍以上になる毎秒160テラ（テラは1兆）に増えた[1]。Zoomは、昨年12月には1000万ユーザーにすぎなかったが、いまでは3億人が使う巨大プラットフォーマーにのし上がった。その売上高は5～7月には前年同期の4.6倍、純利益は34倍にも増大した[2]。

　日本でも、在宅のテレワークが急速に導入された。内閣府の調査では、テレワークを経験した人は全国で34.6％、東京23区では55.5％。その最大のメリットとして実感されたのは、長い通勤時間から解放されたことである。東京圏（1都3県）の居住者の通勤時間は平均で往復1時間34分にもなるから、当然であろう。ただし、「生産性の向上」を挙げる人は少なく、日本生産性本部の調査では「仕事の効率が下がった」と答えた人が66％もいた。女性への家事・育児負担の押しつけ、仕事に専念できるスペースを持てない住環境の貧しさも一因のようだ。

　さらに、テレワークの普及は、地方への移住を後押ししている。2020年7月には東京圏からの転出者が転入を初めて上回り、注目された。テレワーク経験者の24.6％が「地方への移住の関心」が高くなったと答えている。またIT系企業の求人の増え方は、大都市よりも地方の方が高くなっている[3]。本社機能を東京から淡路島に移し1200人を移住させるパソナのような企業も現れている。

　テレワークの広がりは一過性に終わらず、持続し定着するにちがいない。すでにいくつかの大企業は、コロナ収束後も在宅勤務の割合を高める方針を打ち出している。NTTは、オフィス部門を中心に在宅勤務率を5割以上に保つ。富士通は2022年度末にオフィスの規模を半減し、在宅勤務を標準とした働き方に移る。日立は、2021年4月以降も国内従業員の出社率を5割にとどめる。それによって、「ジョブ型雇用」に転換する、通勤手当がなく

なり通信料が支給される、単身赴任がなくなる、といった働き方の変化が生じるだろう。

■ GAFAM の圧倒的な支配の確立

　労働や生活の場面でのデジタル化は、利便性が高まることと引き換えに巨大 IT 企業の支配を受け入れることにつながる。デジタル資本主義の核心には、GAFAM が現代の最大の資源である情報の独占的利用によって巨額の利益を稼ぎ出し、圧倒的な支配を及ぼすという権力構造がある。

　米国下院の公聴会で厳しく追及されたが、GAFA は情報の世界で独占的な地位を確立している。アマゾンは米国の電子商取引の 38.7％（2020 年 2 月）、グーグルは世界の検索サービスの 91.8％（2020 年 6 月）、フェイスブック（メタ）は世界のソーシャルメディアの 74.0％（2020 年 6 月）を占めている。アップルは、世界のスマホ市場のシェアは 13.9％（2019 年）と第 3 位だが、アップルストアなど多くのサービスを提供している。

　コロナ危機のなかで、自動車や航空をはじめ多くの企業が売上げと利益の急落に見舞われた。だが、これを尻目に GAFA は、危機に便乗して売上げと利益を急増させた。アマゾンは、ネット小売りの急増で 2020 年 4 ～ 6 月期に売上高を前年同期比 40％、純利益を 2 倍も増やした。アップルは、在宅勤務やオンライン教育の広がりで Mac や iPad の販売を増やし、アップルストアの売上げの伸びもあって、売上高が 11％、純利益が 12％増。フェイスブックは、5 ～ 6 月の広告収入が急回復し売上高が 11％、純利益が 2 倍増。グーグルだけは、検索連動の広告収入の減少で売上高を 2％減らしたが、クラウド部門の売上げ増で減収減益が小幅にとどまった[4]。

　その結果、GAFAM の株価が急騰した。アップルの株価は 3 月の下落から反転して上昇し、8 月には時価総額が米国企業として初めて 2 兆ドルを突破。アマゾンも株価が 76％値上がりし、時価総額が 1 兆 6300 億ドルになった。

　世界の時価総額トップ 10 企業のうち、IT 企業はアップルを筆頭に中国の 2 企業を含めて 7 社を占める（2020 年 8 月）。リーマン・ショック後の 2010 年には、トップ 10 のうち 2 社のみだった（表1）。この 10 年で、巨大 IT 企業の時価総額は急増。アップル 9.8 倍、マイクロソフト 7.8 倍、グーグル 7.5 倍、アマゾンに至っては 30 倍という増え方である。ちなみにトヨタは 1.7 倍増にとどまり、エクソンモービルは 4 割減である。GAFAM の時価総額は米国の

株式市場の18%弱を占め（2020年4月）、巨大IT企業に資金がますます集中している。こうした数値は、資本主義が自動車や石油を主役とする工業型資本主義から情報を主役とするデジタル資本主義へ転換してきたこと、そしてコロナ危機がこの転換を加速していることを雄弁に物語っている。

　GAFAMは、他の企業が製品やサービスを供給する基盤・場（プラットフォーマー）である。大勢の人や車が往来する道路と同じく、情報が行き交い集積される社会インフラ、つまり人びとの生活や経済になくてはならない公共財

表1　世界の時価総額トップ10企業

2020年8月		（億ドル）
1	アップル（米、IT）	21525
2	サウジアラムコ（サウジ、石油）	18601
3	アマゾン（米、IT）	16567
4	マイクロソフト（米、IT）	16171
5	グーグル（米、IT）	10792
6	フェイスブック（米、IT）	7731
7	アリババ（中国、IT）	7465
8	デンセント（中国、IT）	6720
9	バークシャー（米、投資）	5077
10	Visa（米、金融）	4392

2010年8月		（億ドル）
1	エクソンモービル（米、石油）	3001
2	中国石油天然気集団（石油）	2701
3	アップル	2192
4	中国商工銀行（金融）	2125
5	マイクロソフト	2080
6	中国移動通信（通信）	2072
7	中国建設銀行（金融）	1921
8	ウォルマート（米、小売り）	1903
9	バークシャー	1894
10	ＢＨＰ（豪、鉱業）	1732

出典）『週刊東洋経済』2020年9月19日号

になっている。しかし、GAFAM は、無償のサービス提供と引き換えに手に入れた大量の個人の情報を好き勝手に使って広告料収入から巨額の利益を稼いでいる。公共的な情報インフラを私的な利益目的のために独占的に囲い込んでいるのだ。

ここから、グローバル企業（GAFA）と国家と民衆の間で入り組んだ政治的攻防が展開されている。各国政府は、国家の通貨発行権に挑戦するフェイスブックの仮想通貨「リブラ」の発行を警戒し、規制を強めようとしている。また、米国議会は GAFA の解体・分割を求める声を上げている。しかし、EU 諸国が推進するデジタル課税の導入をめぐっては、米国は自国企業 GAFA の利益擁護の立場から足を引っ張った。市民の側は、GAFA による巨額の利益独占を制限する措置を求めると同時に、個人情報の自己コントロール権を確立しようとしている。企業と国家の手に情報が集中することを拒み、市民の間で情報や知識を共有する試みも進んでいる。

▋ テレワークが加速する格差拡大

デジタル資本主義への転換は、巨大 IT 企業の覇権を生むと同時に、社会的な不平等と格差をますます拡大する。コロナ経済危機は、放置されてきた格差構造によって非正規雇用の労働者を直撃したが、一挙に普及したテレワークも格差をいっそう大きくしている。テレワークの実施率は 35%（内閣府、LINE の調査とも）であったが、産業・業種、企業規模、雇用形態の違いによって明確な格差が見られる。

LINE の調査では、IT・通信・インターネット関連が 73% と最も高く、次いで金融・保険が 58% に対して、製造業では 30% 台、医療・福祉は 10% 未満にとどまる。生産性が高く賃金も高い分野で導入が進んでいる反面、多くの人手を要する、つまり生産性が低く賃金も低いサービス分野ではあまり導入されていない。また、従業員が 1～2 万人の大企業では 65% と高くなっているが、従業員 500 人以下の企業では 35%、1～10 人の小さな企業では 12% にすぎない。

テレワークの導入は、正社員と非正社員の間でも明確な差がある。パーソナル総研の調査では、全国平均で正社員が 29.7% に対して、非正社員が 17.0%。派遣や契約の労働者のなかでは、希望しても在宅勤務を認められず、感染リスクを避けるために契約更新に不利になるリスクを覚悟して休みを

とった人も少なくない。

　IT や金融などの大企業オフィスの正社員がほとんどテレワークに移った光景とは対照的に、サービス部門や製造業・建設業の現場、中小零細企業ではこれまで通りの働き方が続けられた。とくに医療・介護・保育、スーパー、配送、清掃・ごみ収集などは、身体を動かし額に汗してサービスを提供する仕事であり、テレワークには適さない。人と接触・対面するから、感染リスクも高くなる。コロナ危機の渦中でこうした分野で大勢の人びとが、感染リスクに怯えながら社会生活を維持するために働き続けた現実が浮かび上がった。

　米国では新型コロナによる死者数は、ヒスパニックやアフリカ系が白人の2倍に上る。貧困から来る栄養状態の悪さや医療格差もあるが、テレワークができない低賃金の仕事に就いていることも原因である。感染リスクとテレワークの相関関係には驚かされる（表2）。

表2　感染リスクとテレワークの相関（米国）

	在宅勤務ができる	感染症の死者
アジア系	37%	8.4 人
白人	30%	10.2 人
アフリカ系	20%	19.8 人
ヒスパニック	16%	22.8 人

（NY 市、10 万人当たり）

出典：朝日新聞 2020 年 5 月 5 日、9 日

　テレワークの普及は、働き方をめぐって労働者内部の格差を大きくしている。それが可能な労働者と不可能な労働者の間の格差は、生産性の高い IT や金融の部門で高い賃金を得て働く労働者と生産性の低いサービス部門で働く低賃金の労働者との間の断絶・格差として現われる。

　デジタル化は、労働の場面だけではなく教育の場でも格差を生み出している。例えば中学生の場合、オンラインで学校から授業や学習指導を受けていたのは、年収 600 万円世帯では 40％だが、600 万円未満世帯では 21％。塾など学校外でオンライン教育を受けていたのは、前者では 36％に対して、後者では 20％にすぎない [5]。

■ 労働の両極化

　新型コロナをきっかけにしたテレワークの急速な広がりが見せつけたのは、デジタル資本主義における労働の両極化である。デジタル化に伴う労働の変化というと、製造業の労働者が減少の一途を辿り、代わって情報や金融などの先端部門で高度のスキルや知識を備えて働く労働者が増えることに光が当てられる。しかし、現実には、最も多くの労働者が増え続け働いているのは、人手を必要とするサービス部門、つまり生産性の低い分野なのだ。

　デジタル化が先行した米国では、生産性と賃金が高い先端部門（情報、金融、卸売り、専門・業務サービス）の就業者数は、1990年以降増え続けて全就業者の25.8％に達した（2016年）。だが、就業者の増加率が最も高いのは、「教育・健康サービス」（介護など）である。これに「娯楽・ホスピタリティ」、「小売り」を加えた低賃金のサービス部門の就業者は37.6％（同）を占める。なお、製造業の就業者は8.4％にまで減少している [6]。

　日本では、先端部門（情報通信、金融保険、学術・専門サービス）の就業者は、情報通信を中心にここ20年近くで（2002年→2020年）124万人増えて650万人になったが、全就業者の9.7％にとどまる。製造業では150万人減って、1060万人、全体の15.9％に。目立って増えたのは「医療・福祉」で、386万人増で848万人に。医療・福祉に「卸・小売り」、「宿泊・飲食」、「生活関連サービス・娯楽」を加えたサービス部門の就業者は、2570万人、全体の38.4％を占める。

　この分野の労働者の特徴は、賃金が低いことだ。産業全体の平均月30.8万円に対して、宿泊・飲食24.8万円、生活関連サービス・娯楽26.4万円、医療・福祉28.5万円にとどまり、卸・小売りでも31.6万円。対して、情報通信37.5万円、金融保険36.6万円である（2019年）（表3）。そして、この分野では非正規雇用の割合が高い。パート・アルバイトが占める割合は、飲食サービス65％、生活関連サービス44％、小売り55％、医療・福祉30％となっている（2018年）。

　デジタル化に伴って労働の両極化が進行するが、その中心問題は、最大の雇用分野であるケアなどサービス部門の労働者が不安定な就労と低賃金を強いられ困窮することである。そして、コロナ危機は、宿泊・飲食、生活関連サービス・娯楽、小売りといった分野を直撃し、多数の労働者の収入と仕事を奪った。

表3　主要産業別の賃金および労働生産性

（単位・千円）

	賃金	労働生産性
産業計	307.7	7,943
情報通信	375.0	13,898
金融・保険	365.5	13,262
製造業	295.2	10,940
教育・学習支援	387.9	10,381
学術・専門・技術サービス	387.0	6,577
卸売・小売	315.7	6,440
医療・福祉	284.8	4,580
生活関連サービス・娯楽	263.6	3,608
宿泊・飲食サービス	247.8	3,179

※賃金は月額・2019年、「賃金構造基本統計調査」2019年版
※労働生産性は2018年、就業者1人当たりの名目労働生産性　日本生産性本部
　「主要産業の労働生産性水準」

1）日経新聞 2020年4月28日
2）同、2020年9月2日
3）同、2020年9月16日
4）朝日新聞 2020年8月1日
5）同、2020年9月19日
6）経産省『通商白書』2017年版

Ⅲ 生産性の論理ではなく社会的必要性の論理を

■「社会的投資戦略」では解決しない

　デジタル化の下での労働の両極化に関して、人的資本投資（職業訓練）の強化による先端部門への労働移動の促進によって格差を解決できるという見解がある。「社会的投資戦略」を主張する諸富　徹がその1人である。

　諸富は、デジタル資本主義への転換を「資本主義の非物質主義的転回」あるいは「非物質化」と規定する。「資本主義の価値の担い手が『物質的なもの』から『非物質的なもの』へと移行する……。経済成長を牽引するのは、『物

的資本（有形資産）』から『無形資産（知的財産、ソフトウエア、組織、ブランド等)』の蓄積に移行する。……。最も重要な投資は、工場建設などの物的投資から『人的投資』へと移行していく」[1]。

　諸富は、資本主義の「非物質化」は高技能職の労働者と低技能職の労働者の間の「不平等と格差を拡大させる」と指摘する。なぜなら、「非物質化」は「労働者に求められる能力」を変化させるからだ。創造性やコミュニケーションといった能力への「要求水準を満たす人々への労働需要は高まるが、そうでない人々への労働需要は縮小する」[2]。前者の賃金は上がるが、後者の賃金は低下する。

　そこで、諸富は、労働者への教育訓練投資によって能力を高め低技能の職種から高技能の職種に移ることを支援すべきだ、と言う。すなわち低生産性・低賃金のサービス部門から高生産性・高賃金の先端部門への労働移動の促進である[3]。それは、スウェーデンをモデルにして「積極的労働市場政策」を核にする「社会的投資戦略」と呼ばれる。

　しかし、この戦略は根本的なジレンマを抱えている。多くの労働者がスキルアップし雇用可能性を高めたとしても、そのすべての人が先端部門で雇われることは不可能だからだ。ITやAIによって生産性を高める先端部門は、相対的に人手を必要とせず雇用吸収力に限界がある。すでに見たように情報や金融の部門の雇用は増えていくが、それを上回るテンポで雇用が増え最も多数の労働者が就労するのは、医療・介護をはじめとするサービス部門なのだ。この部門でもAI搭載のロボットの導入によって生産性が高まるだろうが、しかし人間が不要になるのではなく、より低賃金で大量の労働者が雇われ働き続けると予測される。

　興味深いのは、諸富とは対照的に、スウェーデン・モデルを精力的に紹介してきた宮本太郎が「社会的投資戦略」の限界を指摘していることだ。宮本は、資本主義の「非物質化」が「新しい生活困難層」を生み出していることに注目する。「不安定雇用・低所得層、ひとり親世帯、フリーランス、軽度の障害のある人々など」である。この「働く貧困層」の増大は、複合的な要因に起因していて、高度なスキルや知識の欠如にだけ原因があるわけではない。しかも、先端部門が「多くの雇用を吸収しなくなっている」。そのため、人的資本投資によって先端部門への労働移動を促進する「社会的投資の戦略が『新しい生活困難層』の困難を解消しつつ……あるとは言い難い」。したがって、「社会的投資戦略を超えるか……あるいは社会的投資戦略の新たな形を

構想する」必要がある、と。そこでは「先端部門ではなくとも」地域や社会的経済の場で雇用を創り、人びとの「多様な潜在的力」を高めることが言われている[4]。なかなか示唆に富んでいる。

■ 重要なのは生産性ではなく社会的必要性

デジタル資本主義がもたらす労働の両極化や格差拡大にどう向き合うべきか。私たちは、次の2つの常識＝神話の呪縛から自由になることが必要だ。

(1) 大量の労働者が生産性の低い部門で働く状態は、生産性向上を妨げて経済成長の足を引っ張るから、速やかに解消されるべきである。(2) 生産性の低い分野では、賃金が低くなるのは当然である。この2つの命題は一体のものだ。したがって、多くの労働者の賃金が上がり格差が縮小されるためには、生産性の低いサービス部門から生産性の高い先端部門への労働移動＝転職を促進する政策が重要だ、と。繰り返し唱えられてきた政策主張である。社会的投資戦略も「格差が拡大することを未然防止する」と同時に「経済成長を促す」[5]とされる。

しかし、繰り返すと、デジタル化は先端部門の雇用を増やすが、それを上回るテンポでサービス部門の雇用が増える。そこで最も大勢の人びとが働き続ける。しかも、コロナ危機の渦中で、医療・介護・保育をはじめスーパーや配送、清掃やごみ収集などの労働は、社会生活を維持するエッセンシャルワークであると、あらためてその重要性＝価値が認識された。行き届いた対人サービスの提供は人手と手間をかけることを必要とするから、生産性が上がらないのは当然である。

多くの人を高生産性の先端部門に移動させる必要はない。大勢の労働者がサービス部門で働く場を確保し、人びとに必要なサービスを提供する——そういう経済の姿が望ましい。そのためには、彼ら・彼女らが不安定就労と低賃金に置かれている現状を抜本的に変えなければならない。医療・介護などエッセンシャルワークを、生産性という資本主義的基準ではなく、社会的必要性（使用価値）という基準に則って評価しなおし、賃金を大幅に引き上げる。それがサービス価格の高騰に跳ね返って低所得層がサービスから排除されないためには、社会の「共同の財布」である税の投入が必要になる。

医療・介護をはじめ生産性の高くない部門で、最も多くの人びとが働く。そうした経済は当然にも成長が望めないから、脱成長経済である。そのこと

はまた、大都市から地方への移住が進めば、エネルギーと食の地域自給や地域通貨の再活性化を柱にした地域内循環型経済の発展につながるだろう。それは閉鎖的ではなく、IT を有効に駆使して全国的・国際的つながりを創り出す。GAFAM の支配するデジタル資本主義に対抗する確実な足場となろう。

1）諸富　徹『資本主義の新しい形』（2020 年、岩波書店）、はしがき
2）同上、P.139
3）同上、P.195 〜 196
4）宮本太郎「社会的投資戦略を超えて」（『思想』2020 年 8 月号）
5）諸富、前掲、P.163 〜 164

［原題「新型コロナとデジタル資本主義」、
初出『季刊ピープルズ・プラン』№. 90、2020 年 11 月］

I 岸田政権の「新しい資本主義」とは何か

▓ 新自由主義による弊害

　岸田首相の掲げる「新しい資本主義」は、必ずしも大きな話題になっていない。アベノミクスが当初から強い反響や激しい論争を呼んだのとは対照的である。とはいえ、「新しい資本主義」には、これからの日本の経済・社会の方向性に関わる重要な論点が含まれている。

　その出発点は、新自由主義によって資本主義の弊害が顕著になったという認識である。「市場や競争に任せれば全てがうまくいくという……新自由主義の広がりとともに資本主義のグローバル化が進むに伴い、弊害も顕著になってきました。市場に依存しすぎたことで格差や貧困が拡大したこと、自然に負荷をかけ過ぎたことで気候変動問題が深刻化した」[1]。したがって、「新しい資本主義」は、資本主義の「さまざまの弊害を是正する仕組を、成長戦略と分配戦略の両面から資本主義の中に埋め込み、資本主義がもたらす便益を最大化していく」[2] ものである、と。

　そして、これは、中国の挑戦に対応する資本主義のバージョンアップを意味する。「貧困や格差拡大による国内での分断によって民主主義が危機に瀕する中で、国家資本主義によって勢いを増す権威主義的体制からの挑戦に対し、資本主義をバージョンアップすることで対応するしかありません」[3]。

　「新しい資本主義」の柱は、4つあるとされる。

　1つ目は、企業が株主だけでなく、「三方良し」の経営理念に立って従業員・顧客・取引業者・地域社会など多様なステークホルダーの利益を考慮する。

　2つ目は、「成長と分配の好循環」を実現する。「成長戦略によって生産性

を向上させ、その果実を働く人に賃金の形で分配することで、広く国民の所得水準を伸ばし、次の成長を実現していく」[4]。

3つ目は、官民の連携で投資を拡大する。「付加価値の高い製品やサービスを生み出し、高いマークアップ率を獲得できる企業・産業構造を創らなければなりません。そのために、単に市場や競争に委ねてしまうのではなく、官民が、それぞれの役割を果たしながら、協力してその構造を作り上げる」[5]。

4つ目は、「人」、すなわち「人的資本」への積極的な投資である。「新しい資本主義では、その鍵を『人』、すなわち人的資本に置くことにします」。デジタル化やグリーン化といった「大きな変革の……荒波の中で、創造性を発揮するためには、工場などの『物』よりも、相対的に『人』の重要性が大きくなり、『人』が価値の源泉にな」るからである[6]。

■ 資本主義の危機という認識

格差と貧困の拡大、気候危機の深刻化といった「資本主義の弊害」についての岸田の認識は間違っていない。資本主義の陥っている危機が深刻であり、「弊害を是正する仕組みを埋め込んだ」資本主義への自己修正、バージョンアップが強く迫られている、と。ここまで自民党政権の首相が言うのは異例のことである。安倍や菅の現状認識とは、レベルが違う。岸田の頭には、資本主義をバージョンアップしないと、台頭する中国の国家資本主義・権威主義体制からの挑戦に対して、自由と民主主義を標榜する資本主義は、まともに対応できないという危機意識がある。

資本主義の危機の1つは、巨大格差の出現である。国民所得に占める上位1％の富裕層の割合を米国で見ると、20世紀初頭は20％を超えていたが、2度の世界大戦と戦後体制を経て低下し、60〜70年代には10％近くにまで下がった。しかし、90年代以降はその割合は再び高くなり元の20％に戻った。もう1つは、気候危機の深刻化である。IPCCの何回もの報告が警告してきたにもかかわらず、温室効果ガスの排出は世界で増え続け、地球温暖化による被害は洪水・熱波・森林火災・干ばつなどの破壊的現象としてますます大きくなっている。

資本主義の危機の深さと自己修正の必要性についての危機感は、岸田だけではなく企業経営者によっても共有されている。経団連会長の十倉雅和は「世界的な資本主義、市場原理主義の潮流によって格差の拡大や固定化、気候変

動問題や生態系の崩壊がもたらされた」、「課題を踏まえて行き過ぎた資本主義の路線を見直す時期に来ている」と述べている[7]。

日本経済新聞も、2022 年元旦の紙面のトップで次のように訴えている。資本主義は「過度な市場原理主義が富の偏在のひずみを生み、格差が広がる。格差は人々の不満を高め、それが民主主義の危機ともいわれる状況を生み出し……世界では中国を筆頭とする権威主義が台頭する」という「第 3 の危機」に直面している[8]。ひょっとすると、左翼やリベラル派のほうが資本主義の危機についての認識が甘いのかもしれない。

1) 岸田文雄「私が目指す『新しい資本主義』のグランドデザイン」、（『文芸春秋』2022 年 2 月号）
2) 岸田、「施政方針演説」2022 年 1 月 17 日
3) 同「グランドデザイン」
4) 「『新しい資本主義実現会議』の緊急提言」2021 年 11 月 8 日
5) 岸田、「グランドデザイン」
6) 同上
7) 日経新聞 2021 年 12 月 24 日
8) 日経新聞 2022 年 1 月 1 日

Ⅱ 資本主義の新しい局面

■ コロナ・ショック後の変化

岸田流「新しい資本主義」は、資本主義が危機に対応・自己修正しながら変化していく動きを映し出している。資本主義は、どのように変わりつつあるのか。私は『コロナ・ショックで世界はどう変わるか』のなかで、コロナ・ショックによって資本主義がどのように変わるかについて、5 つのことを挙げた[1]。

1 つ目は、**デジタル資本主義化**が急速に進展する。先ほどの概念で言うと、人的資本の価値が高まり、人的資本への投資が強化される。これは、「非物質化資本主義」とも呼ばれる。

2 つ目は、**財政拡大が主導する金融化資本主義**がいっそう進展する。中央銀行の金融緩和に支えられた政府の財政出動が経済成長にとってますます不

可欠の役割を果たす。この傾向はリーマン・ショック後に進んだのだが、コロナ禍のなかでもポストコロナでもいっそう強まる。このことは、債務、つまり借金が増えることを意味する。家計・企業・政府の債務全体は、コロナ前の260兆ドルから2021年末には300兆ドルへと40兆ドルも増えた。うち政府の債務は約100兆ドルで、世界のGDPはほぼ同じ額である。家計・企業の分も含めた債務は、GDP全体の3倍になっている。

3つ目は、株主資本主義から「**ステークホルダー資本主義**」に転換していく。

4つ目は、化石燃料依存の資本主義から「**グリーン資本主義**」に移っていく。脱炭素化への投資が飛躍的に増大し、グリーン成長がめざされる。

5つ目は、**ポスト資本主義の試み**が芽生えてくる。例えば協同組合など社会的連帯経済の広がり、水の再公営化、地方への移住やナリワイ（自営業）の活性化などの動きである。

岸田は、こうした新しい変化のいくつかを自説に採り入れようとしている。

その1つが、ステークホルダー資本主義への転換である。米国の経営者団体「ビジネス・ラウンドテーブル」は、2019年夏に次のように言明した。「企業は顧客への価値の提供、従業員の能力開発への取り組み、サプライヤーとの公平で倫理的な関係の構築、地域社会への貢献、そして最後に株主に対する長期的利益の提供を行う」[2]。これを受け継いで、世界経済フォーラム（ダボス会議、2020年1月）は、そのテーマを「ステークホルダーが創る持続可能で結束した世界」に設定した。これは大企業CEOが言っているだけで実態は進んでいないという批判もあるが、利益追求をめざす資本主義企業のあり方の重要な転換である。

1970年に、新自由主義の元祖M・フリードマンは「企業の社会的責任は株主のために利益を追求すること」だと断言した[3]。これが米国で主流になる株主資本主義の考え方であり、株主の利益を最大化するために企業は、短期の利益を追求してきた。ステークホルダー資本主義はこれを転換して、企業に社会的な貢献を求める。国連のSDGs（持続可能な開発目標）を多くの企業が受け入れはじめているのも、その流れである。

もう1つは、人的資本への投資を重視する非物質化資本主義、あるいはデジタル資本主義への移行である。

諸富　徹は「経済成長を牽引するのは、『物的資本』から『無形資産』の蓄積に移行する。それにともなって……もっとも重要な投資は、工場建設などの物的投資から『人的資本投資』へと移行していく」[4]。「日本の最大の問

題は、企業でも政府でも、人的資本投資があまりにも過小な点にある」と述べている[5]。先に見たように、これとそっくりのことを岸田は言っている。

■ 新自由主義の行き詰まり・グローバリズムの挫折

　財政拡大主導の金融化資本主義という点では、金融政策に依存する新自由主義がまったく行き詰まって**財政政策主導の「大きな政府」路線への転換が**起こっている。その典型は、バイデン政権の経済政策である。バイデンは就任と同時に家計支援として2兆ドルを支出し、さらにインフラ整備と脱炭素化に2兆ドル、格差是正に1.8兆ドル、合計6兆ドル（約660兆円）もの巨額な財政支出計画を打ち出した。また、その財源確保のために富裕層への金融所得課税の強化、大企業への法人税率引き上げを提案した。これらは共和党の抵抗や民主党内中間派の造反で規模縮小を強いられているとはいえ、明確に新自由主義からの転換を示すもので、「経済政策の静かなる革命」と呼ばれている。

　中野剛志は、新自由主義から「大きな政府」路線への転換は米中覇権争いの激化によって強いられたものだと分析している。「新自由主義的な路線を是正するには……地政学的な外的圧力が必要になる。それが、中国であった」。「グローバル化は、アメリカの経済力を弱体化させる一方で、中国の経済力を強化するという対称的な結果をもたらしたのであるから、グローバル化も是正しなければならない」[6]。

　冷戦崩壊後、資本＝多国籍企業が旧ソ連圏や中国にも乗り込んで自由な利益追求活動を展開する。中国や旧ソ連圏諸国の経済成長を促すことで中間層を分厚くし、民主化する。そして米国主導の「平和」な国際秩序を創る。これがグローバリズム（グローバル化）のビジョンであった。それはまた、アフガンやイラクに見られるように、米国に都合が悪い時には平気で軍事侵攻する。グローバリズムはIMF主導の新自由主義経済政策を世界大で推し進め、格差拡大や生活の貧困化を招いてきた。

　ところが、この米国主導の**グローバリズムは、中国の経済・軍事大国としての急速な台頭によって挫折に見舞われた**。中国は共産党一党独裁が永続する権威主義的な政治体制を構築しながら、驚異的な経済成長に成功した。米国の覇権は脅かされ、その衰退が明らかになってきた。GDPでは、2020年で米国が約20兆ドル、中国が15兆ドル、日本は5兆ドルだったが、2035

年には米日両国の合計 40 兆ドルを中国が上回ると予測されている[7]。軍事費では、2000 年には米国の 4790 億ドルに対して中国が 480 億ドル、10：1 の比率だったが、2020 年には米国の 7670 億ドルに対して中国が 2450 億ドルと、3：1 にまで差が急速に縮まった。

　米国は、「中国という経済と安全保障のハイブリッドの脅威に対抗するためには自国の軍事力と同時に経済力を強化しなければならない」。「新自由主義的な路線を転換し、積極的な財政政策と産業政策を強力に遂行する必要性」が生じた[8]。

　そして、2022 年 2 月 24 日のウクライナ戦争の勃発は、グローバリズムの挫折を告げた。エネルギー資源や食料や半導体の供給網の寸断は、コロナ危機時を上回っている。主要な輸出国は次々に輸出制限に踏み出していて、資源や戦略物資を囲い込む**経済ナショナリズム**が台頭している。「**経済安全保障**」という考え方が、先進国か新興国・発展途上国かを問わず世界各国を捉えている。これはグローバル化とは対極にあるもので、国家が産業政策によって特定の産業の成長を支援し、半導体などの戦略物資や先端技術を管理しようとする。

　岸田の「新しい資本主義」でも、市場競争だけに委ねず官民の連携で付加価値の高い製品を生む投資に力を入れることを謳っている。米中覇権争いを念頭に置いて、2022 年の国会で経済安全保障法が成立した。日本でも、ウクライナ戦争の影響をもろに受けた輸入インフレが進むなかで、資源や食料の安全保障を強化せよという声が高まっている。

　グローバリズムが世界を席巻したポスト冷戦の時代には、国家が背景に退いて資本＝多国籍企業が前面に躍り出た。しかし、コロナ・パンデミック、そしてウクライナ戦争をきっかけにして国家が再び主役として表舞台に登場するようになっている。ただし、かつての帝国主義時代のように国家だけが主役となるのではない。国家と資本の新たな相互依存（対立を孕む）の関係が、米中それぞれの勢力圏の内部で、また地球大でも創り出されていくと予想される。

■ 「新しい資本主義」は新自由主義の継続ではない

　岸田は、経済成長と市場競争を優先したアベノミクスを明示的に否定しないが、それとは距離を置こうとしている。2021 年 10 月 8 日の所信表明演説

では、「最大の目標であるデフレからの脱却を成し遂げます。そして、大胆な金融緩和、機動的な財政政策、成長戦略の推進に努めます」とアベノミクスの「3本の矢」の「公式」を繰り返していた。ところが、2022年1月17日の施政方針演説では、この公式は跡形もなく消滅した。とはいえ、5月5日のロンドンのシティーでの講演では、「貯蓄から投資へ」と株式投資の促進による経済成長を謳い、同時にアベノミクスの「公式」を持ち出すという変わり身の早さを見せたのである。

岸田の「新しい資本主義」は、繰り返し新自由主義の弊害を強調することに見られるように、**新自由主義から「大きな政府」への転換の流れ**にある。この点で、左翼・リベラルの見方は、ひじょうにズレている。例えば「破たんした新自由主義の継続そのもの」[9]と見るのは、まったく的外れだと言わねばならない。

現に、安倍は岸田に強く釘を刺していた。「新自由主義を採らないと岸田さんは言っているが、成長から目を背けると捉えられないようにしないといけない」、「社会主義的になっているのではないかととられると市場も大変マイナスに反応する」[10]。

また、新自由主義の代表的論客である八代尚宏も、「新しい資本主義」を手厳しく批判している。「政府が特定の産業や企業を支援する……産業政策は、日本の産業が活力にあふれていた高度成長期にも成功しなかった」。「現在、最も重視すべきは、制度や規制の改革を通じた成長戦略ではないだろうか」[11]。

---

1) 拙著『コロナ・ショックで世界はどう変わるか』P.48〜50
2) ビジネス・ラウンドテーブル「企業の目的に関する声明」（2019年8月19日）
3) M・フリードマン「企業の社会的責任はその利益の増大である」（New York Times Magazine 1970年9月）
4) 諸富徹『資本主義の新しい形』（2020年、岩波書店）はしがき
5) 同上、P.180
6) 中野剛志『変異する資本主義』（2021年、ダイヤモンド社）P.284〜285
7) 日経新聞2021年2月22日
8) 中野、前掲、P.284〜285
9) 「しんぶん赤旗」2022年1月16日
10) 安倍晋三「NIKKEI日曜サロン」、BSテレビ東京2021年12月26日
11) 八代尚宏「岸田政権 "新しい資本主義" より重視すべき『新自由主義の規制改革』」（DIAMOND online 2021年12月3日）

Ⅲ「成長戦略」と「分配戦略」

■ 「成長戦略」と「分配戦略」の中身

　「新しい資本主義」は「成長と分配の好循環」を大きな柱にしているが、アベノミクスの経済成長優先主義から「分配重視による成長」に軸足を移したいという意図がある。しかし、その「成長戦略」と「分配戦略」に立ち入ってみると、「成長戦略」に比べて「分配戦略」があまりにもお粗末なことが分かる。

　まず、その**「成長戦略」**は、高い付加価値の創出をめざして官と民が連携して大胆な投資を行うというものである。「付加価値の高い製品やサービスを生み出し、高い売値を確保し、高いマークアップ率を獲得できる企業・産業構造を創らなければなりません」。「高い付加価値を生み出すため先ずは国と民間が共に役割を果たし、科学技術、経済安全保障、デジタル、気候変動などの分野に大胆な投資を行うとともに、……人への投資を強化していきます」[1)]。

　具体的な内容として、1つ目は、革新的な製品やサービスを生み出すスタートアップ（新規事業を急成長させる新興企業）の創出、科学技術・イノベーションの推進のための大規模な研究開発投資である。5年間で政府が約30兆円、官民合わせて約120兆円を投入する。また10兆円の大学ファンドの創設と運用が計画されている。

　2つ目は、デジタルを活用した地方の活性化という「デジタル田園都市国家構想」である。例えば5G、データセンター、光ファイバーなどのインフラ整備やデジタルサービスの実装。これらは、1978年に大平正芳政権が「田園都市構想」として主張したものにデジタル化を結び付けている。

　3つ目は、「経済安全保障」である。戦略物資の安定供給確保のためのサプライチェーンの強靱化と基幹インフラの信頼性を確保する。典型的には、TSMCとソニーによる熊本の半導体工場建設に4000億円の補助金を投入する。

　4つ目は、脱炭素化を促進するための「クリーンエネルギー分野への大胆な投資」である。再エネの普及などのための2兆円のグリーン・イノベーション基金を創設・運用する。これは、菅政権が打ち出した政策を継続する。

　次に**「分配戦略」**であるが、第1の柱が**「所得の向上につながる賃上げ」**である。岸田自身が、「日本の実質賃金の伸びは1991年〜2019年の間に1.05倍しか増えていない。賃上げによって国民の『可処分所得を増加させ、消費

を増やして』経済成長につなげていく」[2]と強調している。その具体策は、賃上げ税制の拡充、公的価格の引き上げ（公共サービスを担うケア分野の労働者の収入の引き上げ）、最低賃金の時給 1000 円以上への見直しの 3 つとされる。

第 2 の柱が「『人への投資』の抜本的強化」である。「モノからコトへと進む時代、付加価値の源泉は、創意工夫や、新しいアイデアを生み出す『人的資本』、『人』です。しかし、我が国の人への投資は、他国に比して大きく後塵を拝しています」[3]。そこで、職業訓練など人的資本への投資として、政府が 3 年間で 4000 億円を投入する。

人的資本への投資の拡充は、労働者がスキルアップして高い賃金を得られるようになるという意味で「分配戦略」である。だが、もう一つの狙いは、むしろ生産性向上による経済成長をめざすという意味では「成長戦略」なのである。岸田自身も「分配戦略による人への投資こそが成長戦略でもある」[4]と言っている。

■ あまりに見すぼらしい分配重視

「成長戦略」には多くのメニューが盛り込まれているのに対して、肝心の「分配戦略」の中身はあまりにも貧弱である。

賃上げ促進の具体策は、**賃上げ税制**が中心になっている。これは、企業が従業員の給与を一定額以上増やせば、増加額の最大 30%（大企業）〜 40%（中小企業）を法人税から控除するという仕組みである。実はすでにアベノミクスの下で 2013 年から導入されているのだが、大した効果を発揮できなかった。なぜなら、全企業の約 6 割が赤字決算で法人税を納めていないからだ。したがって、65% が赤字経営（2019 年）の中小企業にとって税控除は賃上げを行うインセンティブにならない。企業が賃上げするのは、人材を確保するためか労働意欲を向上させるためである。法人税を減税してもらうために賃上げする企業などないのである。

2022 年の春闘で、電機や自動車の大企業は労組の賃上げ要求に満額回答したが、それだけ儲かっていて余裕があるということである。大企業は法人税を納めているので、賃上げ税制は大企業に有利な制度なのである。問題は、雇用全体の 7 割を占める中小企業で賃上げができるかどうかである。いま、輸入資源の高騰でコストが上昇するインフレが急激に進行しているが、原材料コストの上昇分を販売価格に転嫁できないと賃金を抑えこむしかなくな

る。そうすると、政府のめざす3%賃上げなど困難になる。実際に、22年春の賃上げは、連合の集約によれば2.07%にとどまった。

　では、賃上げの実現には何が必要か。労働組合の闘争力の再生が不可欠だが、政府の政策としては次のことが必要である。

　第1に、同一労働同一賃金を実現する、つまり同じ仕事をしている正規と非正規、男性と女性の間の大きな賃金格差をなくす。違反企業に対しては、企業名の公表や重い罰金など制裁を科すことが必要になる。第2に、最低賃金を時給1500円以上に引き上げる。これによって、年収200万円以下のフルタイム労働者をなくす。第3に、医療・介護・保育などケア分野のエッセンシャルワーカーの賃金を抜本的に引き上げる。

　岸田政権は、第1の正規・非正規と男女間の賃金格差の解消については何も提案していない（男女間賃金格差の公表を301人以上の企業に義務づけることにしたぐらいである）。第2の最低賃金引き上げについては、時給1000円への引き上げにとどまっている。これは現在の水準から僅か70円アップにとどまり、物価上昇を考えれば、ほとんど賃上げにならない。

■ ケア労働者の報酬引き上げも見かけだけ

　注目すべき唯一のものは、第3の**ケア労働者の賃金を引きあげる「公的価格の引き上げ」**である。コロナ危機のなかで、医療・介護・保育などのケアを担うエッセンシャルワークがいかに重要であるかが身をもって認識された。同時に、彼ら／彼女らの仕事がその社会的必要性の高さにふさわしい正当な評価と処遇を受けていないことも明らかになった。看護師の給料は労働者全体の平均より少し高いだけで、介護職や保育士の給料（所定内賃金）は平均より月6万円も低い（表）。この改善に着目したことは、評価できる。

　しかし、岸田政権が行う報酬引き上げは3%、看護師は月1万2000円、介護職と保育士は月9000円にすぎない。これでは、介護士と保育士は、労働者全体平均の35.2万円（現金給与総

表　職種別所定内給与（月額）

男女計平均	30.7万円
医師	91.0
システムエンジニア	38.0
自動車組立工	34.1
看護師	33.4
ホームヘルパー	24.0
介護施設職員	24.4
保育士	24.4

出所：賃金構造基本統計調査 2019年

額）に 4.9 〜 4 万円も及ばない。看護師は全体の平均を現状では 4.2 万円上回っているとはいえ、その 8 〜 12％（3.1 〜 4.7 万円）は夜勤手当である。だから、1 万 2000 円アップでは大した賃上げにならない。しかも、看護師の賃上げはコロナ対応の医療機関の看護師約 57 万人（全看護師の 4 割弱）に限られている。

　なぜ、ケア労働者の賃上げは、申し訳程度の低い水準に押し止められたのか。理由の 1 つは、富裕層や企業への課税強化などによる**財源の拡充を棚上げしたこと**である。これは、バイデンの政策との大きな違いである。もう 1 つの理由は、「新しい資本主義」が**《ケアを中心にする経済・社会》に転換するという戦略的方向性を持たない**からである。ケア分野の労働者の報酬の抜本的な引き上げは、労働者全体の賃金水準を引き上げるテコとなるだけではない。経済・社会のあり方を《石油と自動車を中心にする成長・拡大型経済》から《ケアを中心にする脱成長・定常型経済》へ転換するカギともなるのである。

　さらに、「新しい資本主義」には、分配戦略の胆である**《税と社会保障を通じる所得再分配》の政策が見事にスルー**されている。岸田政権は、18 歳以下の若者への一律 10 万円の給付と住民税非課税世帯への 10 万円の給付を行った。しかし、いずれもその場限りの 1 回切りの施策にすぎず、さらに前者はその目的も曖昧なままであった。若者支援の恒久的な制度や政策、例えば若者に絞って生活支援金を給付する限定的なベーシックインカムなどは、まったく提案されていない。岸田首相は、選挙向けのバラマキ策しか思いつかなかったようだ。

　税制面では、不公正税制の象徴である「1 億円の壁」を突き崩す「金融所得課税の強化」は早々と放棄され[5]、法人税の強化も棚上げされた。また、脱炭素化の切り札ともなる炭素税の大幅な引き上げも、先送りされた。

1）岸田、前掲「グランドデザイン」

2）同上

3）岸田、前掲「施政方針演説」2022 年 1 月 17 日

4）岸田、前掲「グランドデザイン」

5）2023 年度の与党の税制改正大綱（2022 年 12 月 16 日）では、1 億円を超す高所得者への課税強化が盛り込まれたが、その対象は何と 30 億円を超える超富裕層の 200 〜 300 人だけに限られた。所得 1 億円を超える人は 2 万 7395 人（2021 年）いるから、そのわずか 1％ である。所得 50 億円の人では 2 〜 3％ 負担が増えるにすぎない。まさに子どもだましの手口である。

Ⅳ「成長か分配か」をめぐる論争

■「分配重視」を後景に押しやる岸田

「成長と分配の好循環」に関して「成長優先（成長なくして分配なし）」か、それとも「分配重視（分配なくして成長なし）」かをめぐって、岸田のスタンスはぶれまくってきた。

岸田は、総裁選出馬から首相就任（2021年10月4日）までは「分配なくして成長なし」を強調し、その目玉政策として「金融所得課税の強化」を掲げていた。ところが、首相に就任するや否や、この政策が株価の下落を招いたこともあって、これをあっさりお蔵入りさせた。国会論戦で「好循環の出発点は適正な分配にある」と迫る枝野（立憲民主党代表）に対して、「『成長も分配も』が基本スタンス。まず成長をめざすことがきわめて重要」（10月11日）と反論。「分配重視」を匂わせるが、明言しないという曖昧な姿勢をとってきた。

「成長と分配の好循環」は、もともと安倍元首相が2016年に言い出したものである。「経済の好循環」によるトリクルダウンというアベノミクスの路線は、何の果実も産み落とさなかったため、人びとの不満が強まっていた。加えて、2015年の安保法制反対運動の高揚に見られるように政権批判も高まっていた。安倍は、こうした不満や批判をなだめるために「成長優先」を弱めて「成長も分配も」に軌道修正したわけである。私はこのことに警戒するように発信したが、リベラル・左翼の側はあまり注意を払わなかった

そして、安倍政権は、生活保護の生活費基準の切り下げなどを強行する一方で、リベラル・左派の政策主張をかなり採り入れた。ひとり親世帯の児童扶養手当の増額、幼児教育（保育所などの3〜5歳児の保育料）の無償化や所得制限付きの給付型奨学金の支給などである。安倍本人も「私がやっていること（経済政策）はかなりリベラルなんだよ」（2017年10月）と言っていた。

とはいえ、アベノミクスの本筋はあくまでも「成長優先」である。岸田はアベノミクスを表向きは否定しないが、格差是正を強調することで「分配なくして成長なし」に軸足を移すことを示そうとした。しかし、実際には、先に見たように「分配戦略」の内容が貧弱なために「成長戦略」の施策だけが具体化される。そればかりか、2022年5月のシティーでの講演では株式投資の促進による成長をぶち上げる。そして、6月に決めた「新しい資本主義」

実行計画では、当初の「所得倍増」計画は、株式投資による「資産所得倍増」計画にすり替わってしまった。

　岸田流「新しい資本主義」は、本格的な「分配」政策に踏み込むことができず、「分配重視による成長」の面はどんどん後景に追いやられてきた。そして、2022年10月3日の所信表明演説では「成長のための投資と改革」に多言を費やし、「構造的な賃上げ」を言い出したが、とうとう「分配」というキーワードは姿を消した（岸田の言説の豹変ぶりには、呆れてモノが言えないのだが）。

　したがって、リベラル・左派の側が「分配重視による成長」を対案として打ち出すことのできる政治空間が生まれている、と言える。事実、立憲民主党は「分配なくして成長なし」を2021年秋の総選挙の公約のトップに掲げて対抗しようとした。結果的に、あまり大きな共感を呼ばず選挙では敗北したが、この路線そのものの有効性が失われたわけではない。

■ 経済成長がなくても賃上げは可能

　「成長優先」か「分配重視」かの論争に立ち入る上で、**経済成長と賃金（労働分配率）の引き上げとの関係**を簡単に見ておきたい。

　両者の間には強い相関関係がある（図1）。この30年間、韓国・米国・ドイツなどはある程度GDPが増えて経済成長しているが、日本はほとんど成長していない。そして、成長している国々の賃金は上昇しているが、日本ではまったく伸び悩んでいる。30年間で18万円、4.4％しか増えなかったのである。

　この相関関係から、《経済成長や景気回復・デフレからの脱却がなければ、賃金も上がらないし所得も増えない》という主張を導き出す人も多い。例えば井上智洋は、賃金の停滞、つまり「労働分配率の下落……の主要因は日本がデフレに陥ったことにある」。したがって、「実質賃金を増大させて労働分配率を上昇させるには、デフレから脱却しなければならない」[1] と言っている。

　本当は逆である。**賃金が上がらないから、デフレから抜け出せないのだ。**非正規雇用を大量に増やして賃金を低く抑えこむことができれば、企業はコスト上昇分を販売価格に転嫁しなくても済む。だから、物価が上がらない。

　したがって、**経済が成長していなくても景気が悪くデフレであっても**（企業側の抵抗はより強いとしても）、**賃金を上げることは必要かつ可能**なのである。この20年間ゼロ成長に近い0.5％の低成長が続いてきたが、賃上げの条件は十分にあった（図2）。人件費はまったく増えていないが、企業の経常利益は

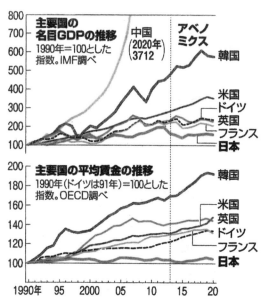

図1　経済成長と賃金上昇の相関関係
出所：朝日新聞　2021 年 10 月 20 日

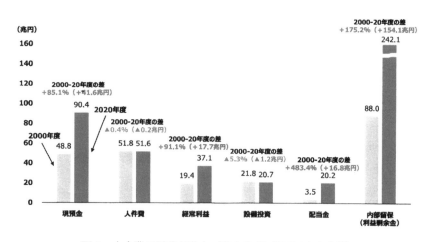

図2　大企業の財務の動向（資本金 10 億円以上の企業）
出所：内閣府「新しい資本主義実現本部」賃金・人的資本に関するデータ（2021 年 11 月）

1.9 倍に、内部留保は 2.8 倍に増えている。大企業は、ゼロ成長やデフレであっても、海外進出した事業や金融化によって巨額の利益を稼いでいる。現代では、経済成長と企業の利益の間にはリジッドな関係がなくなり、両者は直接結びつかなくなっている。

　繰り返すと、経済成長や景気回復・デフレ脱却がなければ賃金も所得も増えないという常識は、神話（経済成長神話）にすぎない。私たちは、経済が成長しなくても不況やデフレであっても、賃上げなど本格的な分配政策の実行を政府や企業に迫らなければならないのである。

■ 「分配重視による成長」路線とその限界

　「成長優先」か「分配重視」かの論争について、中野剛志は、「格差是正につながる分配政策こそが、国全体の経済力を高める成長戦略」である [2] と主張している。なぜなら、消費性向の高い低所得者に所得を分配すると、消費支出が拡大して需要が増え、経済を成長させることができる。また、教育にお金を回せない低所得者に所得を分配すれば、教育への投資、つまり人的資本投資が増え、長期的な成長をもたらすからだ、と。これは、すでに OECD の報告（2014 年）が指摘していたことである [3]。

　たしかに、日本経済の長期停滞やコロナ禍からの回復の遅れは、個人消費支出の停滞による需要の弱さに大きな原因がある。そして、消費支出の停滞は、賃金が増えないことによる可処分所得の伸び悩みに起因していると、とりあえず言える。

　したがって、賃上げや低所得層への現金給付などによって消費性向の高い低所得層の所得を増やす分配政策をとれば、消費支出が伸びて需要の拡大が起こり、経済成長が可能になるはずである（マクロ経済学の理論に従えば）。さらに、コロナ感染が収束すれば、これまでの消費控えによる過剰貯蓄 55 兆円分（日銀の試算）が一挙に消費に向かい需要を力強く押し上げる、といった楽観的な予測さえある。

　しかし、「分配重視による成長」の路線の前には、大きな壁が立ち塞がっている。それは、**所得が増えてもその分を消費に支出するよりも貯蓄に回す傾向がいちじるしく強まっている**という問題である。ここ 10 年近くの消費と貯蓄の傾向をみると、消費支出の低下と貯蓄率の上昇が続いている（図 3）。例えば、コロナ危機下の一律 10 万円給付のうち約 7 割は、消費に支出され

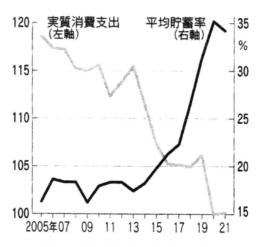

図3 消費支出の低下と貯蓄率の上昇
注：2人以上世帯、実質消費支出は 2020 年= 100
出所：日経新聞　2022 年 2 月 9 日

ずに預貯金に向った。その結果、家計の貯蓄率が前年度より 3.2％も上昇したのである。

　したがって、分配を強化して所得が増えたとしても、消費支出がめざましく増大して需要を力強く押し上げ経済成長を回復させるとは限らない。ある程度消費活動が活発になることは期待できるだろうが、かつてのような勢いは、もはや期待できない。

　社会保障の将来への不安や不信、コロナ危機下で味わった収入減や仕事喪失の辛い体験は、人びとを所得が少し増えても消費に支出せず貯蓄するという「自己責任」型の生活防衛に走らせている。目先の所得増大策ではなく、生活不安をなくす長期的な社会ビジョンや社会保障政策が提示され、それへの信頼が生まれないと、人びとは安心して消費を増やさない。さらに、便利なモノやサービスが溢れかえる現在、若者のクルマ離れに象徴されるように、人びとの欲求の質や対象は変わりつつある。小野善康も、成熟経済では「消費選好」よりも「資産選好」（カネへの欲望）が強くなってモノへの需要が増えない[4]と指摘している。

　「分配重視の成長（分配なくして成長なし）」路線は、格差を是正し生活を豊かにするという点では、「成長優先（成長なくして分配なし）」路線よりはずっと有効であろう。しかし、それは相も変わらず、旺盛な個人消費が主導する

需要拡大による右肩上がりの経済成長の復活を想定し期待している。とにかく賃金と所得が増えて個人消費が増えればよいという狭い視野に囚われている。消費の質や内容について不問に付したままなのである。「分配重視の成長」も「成長優先」も、《これからも経済成長が必要であり可能である》という共通の前提に立っている。しかし、いま、この前提そのものを疑い問い直すことが求められているのである。

---

1) 井上智洋「『新しい資本主義』とこれからの経済政策」（中央公論 2022 年 1 月号）
2) 中野剛志「「『所得分配』政策こそが、成長戦略である"明白な理由"」（「DIAMOND online」2021 年 11 月 16 日）。
3) 本書第 II 部第 1 章 P.145
4) 小野善康『資本主義の方程式』（2022 年、岩波新書）P.7

V 脱成長とグリーン成長

▌経済成長なき時代

ポストコロナの日本社会は、まちがいなく経済成長なき時代に入る。急激な少子高齢化にともなって労働力人口が減っていく。生産年齢人口の割合は 21 年 10 月に 60％を割り込んだが、労働力人口の急減を女性や高齢者の就労促進、外国人労働者の迎え入れで補うことには限界がある。

加えて、深刻化する気候危機に対処する脱炭素化（2030 年までに世界全体で CO_2 排出を半減）を本格的に実行しようとすれば、経済活動をスケールダウンせざるをえない。再エネや省エネだけではなく、ガソリン車やアパレルなど CO_2 排出量の多い製品の生産・販売や生産工程を縮小することが求められるからである。

もちろん年によっては GDP が増大することが起こるが、長期的には低成長・ゼロ成長が常態化することは避けられない。長く続いた低インフレ・低金利から高インフレ・高金利に劇的に転じつつあるが、低成長であり続けることに変わりはない[1]。とすれば、経済成長が望めない時代環境のなかで、人びとの生活が豊かになる道、大多数の人びとの賃金や所得が増える道を探し出していかなければならない。言いかえると、本格的な分配政策の実行を経済成長につなげるのではなく、脱成長の経済と生活の創出につなげる必要

がある。

　私たちが主張する**本格的な分配政策**とは、次のような内容である。

＊正規労働者と非正規労働者、男性と女性の間の大きな賃金格差を解消する。

＊最低賃金を時給 1500 円以上に引き上げ、年収 200 万円以下のフルタイム労働者をなくす。

＊公共サービスを担うケアワーカーの報酬を抜本的に引き上げる。

＊低所得層や若者の最低生活保障の制度（限定的なベーシックインカム）を導入する。

＊ベーシックサービスを実現する。すなわち、医療、教育、保育、教育の公共サービスをすべての人に無償で提供する。低所得者への公的な住宅手当を創設する。

＊「公正な増税」、すなわち大企業と富裕層への課税強化、中間層以上の税負担の引き上げと社会保険料負担の引き下げによって安定した財源を確保する。

■ 脱成長の経済・社会とは

　それでは、脱成長の経済・社会とは、どのようなものか。明らかに「脱成長」への関心と共感は、日本でも広がっている。斎藤幸平『人新世の「資本論」』が新書としては異例の 40 万部を超えるベストセラーになったことは、その象徴である。さらに、物理学の山本義隆[2]、地震学の石橋克彦[3] など自然科学分野の人びとが脱成長への共感を表明している。

　それでも、脱成長を選択すれば低所得の人びとはもっと貧しくなるとか、失業が増えるとかといった誤解や非難がまだある。これまで繰り返し述べてきたが、脱成長の経済・社会がどのような「豊かさ」を創り出すのかについてまとめておく。

（1）ケアを中心にする経済・社会。

　医療・介護・保育・教育などケアの活動が経済・社会の中心になり、同時にエネルギーと食の地域自給を実現する。これは、利潤（金儲け）の最大化ではなく人びとの社会的必要性（使用価値）の充足を最優先する経済に転換することでもある。同時に、女性にケアを無償で担わせるジェンダー不平等の社会構造を覆すことにつながる。

(2)「コモン」を市民の手に取り戻す。

　「コモン」は、水・森林・エネルギーから医療や介護・教育、知識や情報に至るまで《誰もが必要とするが誰のものでもないもの》、つまり本来は共有されるべき富を指す。この「コモン」を金儲けのための企業の手から取り戻し、市民が参加する自治体や協同組合の管理に移す。

(3) 連帯し支え合う社会。

　「自己責任」型の社会から、連帯と支え合いにもとづく社会に転換する。具体的にはベーシックサービスを実現する、人権としての住まいの権利を保障する、限定的なベーシックインカムを導入する。生活の保障と安心のために、個人の預貯金を増やすのではなく「共同の財布」（財政）を「公正な税負担の増大」によって大きくする。

　脱成長の経済・社会はケアを中心に据えるが、それは《石油と自動車を中心にする成長・拡大型の経済》から脱却することを意味する。石油と自動車を中軸にする 20 世紀型の経済から脱却するもう 1 つの経済のあり方として主張されるのは、**《情報や金融などの先端部門が主導する経済》**である。これは、モノづくりを「南」の世界に移転して先進国では「人的資本投資」（職業訓練などによる労働者のスキルアップ、リスキリング）によって生産性の高い情報・金融部門に労働力を移動させる。そのことによって経済全体の生産性（労働者 1 人当たりの付加価値＝売上高）を高めて経済を成長させるというものである。この「非物質化資本主義」論は、岸田の「新しい資本主義」に採り入れられていることは、先に見た。

　情報や金融が主導する経済は、生産性を高めて経済を成長させることができるとしても、先端部門の雇用創出力は限られている。したがって、この経済は、情報や金融の分野で高いスキルを有する賃金の高い労働者を増やすとはいえ、その対極にずっと大量のサービス労働に従事する低賃金・不安定就労の労働者を生み出す。これは、いち早く金融化・情報化を進めた米国の現実が立証している[4]。雇用と労働の両極化が進行し、格差がますます拡大する社会になるわけである。

　ケアの部門は、より良いケアのためには多くの人手を必要とする。したがって、生産性はあまり高まらず経済成長には貢献しないが、雇用創出力は大きい。事実、産業別の就業者数の増え方が最も多いのは、過去 20 年の実績でも今後 20 年間の推計でも医療・福祉の分野なのである。ケア中心の経済は

経済を成長させないけれど、多くの仕事の場を創りだす。しかも、ケア労働への評価を抜本的に見直すから、その報酬は大幅に高まる。このことは、労働者全体の賃金や所得を底上げすることに役立つ。そして、ケアに人材と資金を投入することは、人びとの将来不安をなくすことを可能にする。

■ グリーン成長とは

　ここまで、岸田流の「新しい資本主義」に対抗する代替案として「分配重視による成長」路線が一定の有効性と同時に大きな限界を持つことを明らかにし、「脱成長」への転換の必要性を提唱してきた。「脱成長」の路線と重なりあいながら、より「現実的」な（多数派に受け入れられやすい）代替案として浮上しているのが「グリーン成長」の構想である。

　グリーン成長は、**グリーン・ニューディール政策を本格的に実行することによって脱炭素化と経済成長を同時に達成する**という路線である。すなわち、再生可能エネルギーの導入の加速、ガソリン車から電気自動車（EV）への全面的な切り替え、断熱建造物への改修などへの大規模な投資によってCO_2の排出を大幅に削減するとともに、経済成長と雇用創出を実現する[5]というわけである。

　岸田の「新しい資本主義」の「成長戦略」にも、その柱の１つとして「クリーンエネルギー分野への大胆な投資」が挙げられ、2兆円の基金の創設が計画されている。しかし、2030年までのCO_2排出削減目標は46％（13年比）にとどまり、エネルギー全体に占める再エネの割合の目標も36〜38％にすぎない。そして、原発再稼働や小型原子炉の開発を進めようとしたり、石炭火力の利用に強く執着して国際的な批判を浴びている。

　したがって、グリーン成長の路線は、CO_2排出削減目標の引き上げ、再エネの導入の加速、ガソリン車の新規販売禁止の時期（35年）の前倒し、石炭火力の廃止、原発ゼロをめざすことによって「新しい資本主義」の「成長戦略」と争う（競合し対抗する）ことができる。「分配重視の成長」路線が消費や生活の質、経済の構造という問題に無関心であるのに対し、同じ成長志向であってもグリーン成長路線は**消費のあり方や経済構造を変えていくという方向性**を持っている。その点で、脱成長の路線と重なりあい共鳴しあう。

　いま、ウクライナ戦争の勃発と円安が加速したエネルギー（化石燃料）価格の高騰は、輸入を減らし再エネを拡大する政策への機運を高めている（同

時に、原発依存への逆流も強まっているが）。また、その製品や製造工程が大量のCO$_2$を排出する自動車や鉄鋼などの産業部門の企業も、脱炭素化がもはや避けられないとして新しい製品や技術の開発に力を入れつつある。しかも、グリーン成長は、現在の便利で快適な生活を維持したまま脱炭素化を進めることができるというわけだから、多数の人びとの支持を得られやすい。

■ グリーン成長の限界を超えて脱成長のポスト資本主義へ

しかし、グリーン成長の路線には、大きな限界がある。グリーン・ニューディール政策は、「再エネと省エネを導入して化石燃料消費を減らす」[6] ことをめざしている。ところが、省エネと再エネだけでは2030年のCO$_2$排出削減目標（世界全体で50%削減のためには、1人当たり排出量が多い先進国の日本は100%近い削減が必要）を達成することが難しい。この目標達成のためには、**エネルギーの分野だけではなく現在の経済構造と生活様式の抜本的な変革が必要不可欠である。**

例えば、自動車やアパレルといったCO$_2$大量排出の産業部門の縮小、エネルギー多消費の大都市の縮小と地方分散、交通体系の組み換え、「帝国的生活様式」の変革といったことが必要になる。交通体系の組み換えは、自家用車やトラックの走行を大幅に制限し、代わりにコミュニティバスを拡充する、地方での鉄道とバス路線と都市部での路面電車を復活する、近距離航空路線を廃止するといったことを含む。また「帝国的生活様式」は、グローバルサウスの資源や食料の大量収奪の上に成り立っている、しかもその構造が見えなくさせられている先進国の生活様式を指す[7]。例えば肉やお洒落な衣類をいくらでも安く買って消費するといった私たちの快適な生活は、グローバルサウスの人びとに過酷な労働、資源の収奪、自然環境の破壊という犠牲を押し付け、同時にCO$_2$を大量に排出しているのである。CO$_2$の排出を抜本的に減らすためには、先進国とグローバルサウスの関係を抜本的に改め、私たちの生活様式を変えることが求められる。

経済や社会生活の全体に及ぶこうした変革は、必然的に経済成長のスローダウンや経済活動のダウンサイジングをもたらす。また、脱炭素化の切り札の1つである炭素税の大幅な引き上げは、多くの商品の消費活動を抑制する働きをするから、経済成長にブレーキをかける。だが、グリーン成長路線は成長志向であるため、経済成長にネガティブに働くような思い切った変革や

政策に踏み込むことを躊躇する傾向が強い。

　グリーン成長と脱成長の関係に関して広井良典は、次のように言っている。グリーン成長は「資源消費や環境への負荷を最小限なものにしながら経済成長ないしGDPの増加は追及する」が、脱成長は「GDPの増加をもはや絶対的な目標にせず、それとは異なる『豊かさ』の指標や社会の姿を志向する」。しかし、「現実的には両者は連続的な面をもっており、今の段階でこの両者のいずれをとるかにこだわるのはあまり生産的ではない」。「地球資源の有限性を重視するという基本スタンスにおいて『緑の成長』と『脱成長』は共通しているのであって、究極の姿が『脱成長』であり、『緑の成長』は過渡的な、移行期の戦略として意味をもつ」[8]、と。

　たしかに、グリーン成長と脱成長が重なりあう要素も多いことは、その通りである。いまエネルギー価格の高騰にともなって石炭火力を復活させたりガソリン需要を支えるガソリン税減税といった動きが強まっている[9]。グリーン成長と脱成長は、こうしたCO_2排出削減を後回しにする経済成長優先の主流に対抗して、手を取り合って脱炭素化の実現に向かう必要がある。

　しかし、脱成長をめざす流れは、グリーン成長がエネルギー分野の変革にとどまりがちな限界を乗り越えて、その先に進もうとする。それは、利益の最大化と経済成長を追い求めてやまない資本主義のシステムそのものを変革する、すなわちポスト資本主義の社会へ向かうことにほかならない。

　岸田の「新しい資本主義」は、利益の最大化に一定の制約を課しつつ新たな経済成長をめざそうという企てである。分配重視の成長もグリーン成長も、この資本主義のバージョンアップに対して部分的に対抗しつつ、バージョンアップをより良い内容にしようとする。岩井克人も、20世紀の社会主義の悲惨な経験からすれば、「資本主義が本質的に限界を持つことを前提にして、その中に利潤追求だけでなく温暖化対策や人権擁護など社会問題への貢献を組み込んでいく試み」を行うしかない[10]、と主張している。これが、日本ではリベラル・左派を含めて圧倒的多数の常識になっている。

　しかし、米国でもイギリスでも若者のなかでは「反資本主義」の意識と声が高まっている。巨大格差の出現と気候危機の深刻化は、若者を現状のトータルな否定、現在のシステムそのものの変革へ向かわせつつある。ポスト資本主義をめざす脱成長こそ、「新しい資本主義」と真っ向からの対決することを可能にする道である。

1）日本の企業が予測する今後5年間（2022～26年）の実質成長率は1.0%にとどまり、ゼロ成長に近い（内閣府「企業行動に関するアンケート調査」2021年度）。また、人びとのなかでは、「より低い成長しか見込めない」と思う人が62.8%を占め、「現状並みの成長が見込める」の34.2%、「より高い成長が見込める」の2.0%を圧倒している（日銀「生活意識に関するアンケート調査」2022年12月）。なお、アベノミクスがスタートした2013年9月の調査では、「現状並みの成長が見込める」が51.7%と最も多く、「より低い成長しか見込めない」の42.0%を上回っていた。「より高い成長が見込める」も5.4%であった。

2）山本義隆『リニア中央新幹線をめぐって』（2021年、みすず書房）

3）石橋克彦『リニア新幹線と南海トラフ巨大地震』（2021年、集英社新書）

4）本書第II部第3章の6

5）明日香壽川『グリーン・ニューディール』（2021年、岩波新書）は、「グリーン・リカバリー戦略」を実行すれば、2030年までにCO2排出量を61%（13年比）削減すると同時に、GDPが約100兆円増大し（約3.2%の成長率）、雇用も累積で2544万人創出されると試算している。

6）同上、P.251

7）U・ブラント／M・ヴィッセン『地球を壊す暮らし方』（2017年、中村健吾／斎藤幸平監訳、岩波書店、2021年）

8）広井良典「岸田内閣『新しい資本主義』が話題の一方、多くの人が誤解している『資本主義とは何か』」（『現代ビジネス』2022年1月22日）

9）拙稿「ガソリン価格抑制のための補助金もガソリン税減税も愚策だ！」（ピープルズ・プラン研究所ＨＰ、2022年6月10日）

10）岩井克人「会社の多様性生かし変革を」（日経新聞2022年3月17日「経済教室」「揺らぐ資本主義」㊤）

［原題「『新しい資本主義』の何が新しいのか」、初出「テオリア」№.117～119、2022年6月10日、7月10日、8月10日］

MMT（現代貨幣理論）は
何を見落としているか

I　なぜ、MMT が支持されるのか

▌ はじめに

　お金が溢れかえっている。お金がないと、この社会では生きていけない。かといって、お金に振り回されると、経済も暮らしも不安定になる。お金、つまり貨幣とは何か。貨幣は、その正体が分かっているようでいて、実はよく分からない謎めいた存在である。貨幣の謎は、古代ギリシャの時代から議論され続けてきた。

　貨幣について独特な捉え方をする理論が、MMT（現代貨幣理論）である。MMT は日本では 2019 年に大きなブームになった。輸入理論の例にもれず今ではそれほどでもないが、支持する人は少なくない。政党では、れいわ新選組が MMT に依拠した財政政策を主張しているが、自民党内でも西田昌司のような支持者もいる。

　私自身は、MMT から貨幣や税の捉え方をあらためて見直す重要な示唆を受けたが、MMT の税や財政赤字についての考え方には根本的に疑問や批判がある。そこで、まず MMT の考え方をできるかぎり正確に紹介し、次にそれに対する疑問や批判のコメントを述べることにする。なお、本稿では貨幣と通貨を厳密に区別せず、通貨は流通している貨幣というふうにほぼ同じ意味で使う。

　以下では、MMT の代表的な理論家であるランダル・レイの『MMT 現代貨幣理論入門』（第 2 版、2015 年、鈴木正徳訳、東洋経済新報社、2019 年）とステファニー・ケルトンの『財政赤字の神話』（2020 年、土方奈美訳、早川書房、同年）に即して考察を行う（訳書の引用箇所は、レイ、P.216、またはケルトン、P.123

などと略記する）。

　なお、MMT の立場に立つ次の文献も参考にした。

　＊レイ、「税は何のためか？　MMT のアプローチ」（2014 年 5 月）

　＊同、NHK のインタビュー（2019 年 5 月 19 日「おはよう日本」）

　＊スティーブン・ヘイル「解説：MMT とは何か」（2017 年 1 月 31 日）

　＊ケルトン「日本の債務、全く過大でない」（朝日新聞のインタビュー、2019
　　年 4 月 17 日）

　＊「インフレを恐れるな」（日本経済新聞のインタビュー、2019 年 4 月 13 日）

　MMT の基本的な政策的主張は、次のようなものである。第 1 に、**通貨主権を持つ国においては高いインフレにならないかぎり財政赤字を恐れる必要はない、したがって財政支出を積極的に拡大して完全雇用と経済成長をめざすべきである**。第 2 に、**日本は MMT の正しさを立証している実例である**。後者は、MMT が日本で大きな反響を呼ぶきっかけになった主張である。

　日本は大量の赤字国債を発行しつづけ、その累積残高は 1000 兆円超と GDP の約 2 倍にも膨れあがっている。そのため、猛烈なインフレになるとか財政破綻が生じると言われてきたが、インフレも財政破綻も起こっていない。何故なのか。この疑問に 1 つの答えを出したのが、MMT である。

■ なぜ、支持されるのか

　MMT が支持される理由は、いくつかある。1 つは、**新自由主義の「緊縮財政」路線が破綻した**ことである。なかでも、IMF と EU（ドイツ）と ECB（ヨーロッパ中央銀行）がギリシャに押し付けた緊縮財政路線は、経済と生活を崩壊させ人びとを耐えがたい困窮に追いやった。また、新型コロナのパンデミックが襲来したときに、先進国で最初に医療崩壊に見舞われたのはイタリアである。この国は緊縮財政路線をとってきて、病院を統廃合したり、医師や看護師の数を大きく削っていたからである。

　2 つ目は、**金融緩和政策が行き詰った**ことである。「異次元の金融緩和」がアベノミクスの「第 1 の矢」であったが、日本だけではなく主要国の中央銀行はリーマン・ショック以降、大規模な金融緩和を行って景気の回復を図ろうとした。国債や各種の債券を大量に買いこんだから、その資産は急増した（第 Ⅱ 部第 2 章の図 2、P.162）。同時に長期金利はいちじるしく低下した（ドイツや日本はゼロ金利に）。それに見合って、大量の貨幣（マネタリーベース）が

市中銀行に供給された。中銀が供給するマネタリーベースは、市中銀行が中銀に預ける準備預金（日本でいえば日銀の当座預金）と中央銀行券（日本銀行券）から成る。その大部分は中銀の準備預金だが、これが市中銀行から企業や個人に貸し出されたり引き出されると、世の中に貨幣（通貨）として出回る。それが銀行預金と現金（日銀券や政府硬貨）から成るマネーストックである。

　政府や中銀は、《中銀がマネタリーベースを大量に提供すれば、市中に出まわるお金（マネーストック）も同じように増えて景気回復と物価上昇が進む》というシナリオを描いていた。しかし、国による程度の違いはあっても、先進国は基本的に低成長と低インフレから抜け出せなかった。とくに、日本はそうであった。日本のリフレ派は、金融緩和を継続すれば人びとに貨幣価値が下がることを信じこませ、予想インフレ率の上昇による実質金利の低下※によって投資や消費を促して景気回復と2％のインフレ目標を達成できる、と主張した。だが、「異次元の金融緩和」は何年も続けられたが、景気回復は緩やかで消費者物価は上がらなかった。マネタリーベースをいくら増やしても、企業や個人が資金を積極的に借り出さなかったから、貨幣は実体経済のなかで十分に回らなかったのである。

　こうして金融緩和政策の限界が明らかになると、財政出動によって経済成長を後押しする政策への期待が強まった。緊縮財政を批判し、税収不足に制約されることなく財政支出を拡大することができると主張するMMTが支持と注目を集めることになった。

　※　名目金利－予想インフレ率＝実質金利

■ コロナ禍で大規模な財政出動

　MMTが支持される理由の3つ目は、**コロナ経済危機への対応として各国が大規模な財政出動を行った**ことである。2020年に新型コロナ感染症の世界的な大流行が始まると、社会生活がストップし、消費の突然の蒸発、生産の休止と供給網の寸断、雇用の急激な縮小が生じた。これに対して、各国政府は赤字国債を発行して大規模な財政出動に乗り出した。2020年だけで、財政出動の規模は世界全体で13.9兆ドル（約1445兆円）に上った。米国は4兆ドル、日本は1.7兆ドル（175兆円）、国債発行を解禁したドイツは1.5兆ドル、中国は0.9兆ドルであった。

財政支出は超大型で急を要したため、その財源は国債の大量発行に依存せざるをえなかった。政府の累積債務は急激に膨らみ、公的債務残高は世界のGDP約90兆ドルに匹敵するまでになった。なかでも突出しているのが日本で、対GDP比で266％にまで増えた。米国のそれは対GDP比で131％、ユーロ圏のそれは101％である。

　こうした状況のなかで、財務省の矢野康司事務次官が2021年秋、総選挙を前にして各政党が「バラマキ合戦のような政策論」を展開していると批判し、このまま行けば「将来必ず、財政が破綻する」と警告した[1]。矢野論文そのものは、なぜ、どのようにして財政破綻が生じるのかについて説得力のある議論を展開していない。だが、現役の財務次官の諫言ということで話題になった。これに対して、アベノミクスの擁護者であった浜田宏一が「自国通貨を発行している政府は破産しない。政府は必要に応じて貨幣発行すれば、債務超過は解消できる」というMMTを持ち出して反論している[2]。国の借金が対GDP比1000％になっても、「国債を買ってくれる人はいる」から「大丈夫だ」、と。

　MMTは、政府の累積債務が膨大に積みあがっても、財政破綻はしないしインフレも生じていないから財政赤字を恐れる必要はないと、「安心」を保証している。言い換えると、大きな財政支出を支えるために**国民が多額の税を負担する必要がないという「安心」を提供**している。日本や米国では、政府や政治への不信感が強いことと相まって税を負担することへの抵抗感がひじょうに強い（米国では共和党支持者だが、日本では左派の支持者も）。そうした人びとにとって、MMTが心地よい「安心」を提供しているとも言える。

　コロナ経済危機は、高インフレが生じないかぎり財政赤字を恐れることなく財政支出を拡大するべきだと主張するMMTへの追い風になってきた。ところが、2021年後半からコロナ禍からの経済回復がまだ途上にあるにもかかわらず、米国やヨーロッパでは主として資源高に起因する想定外の高インフレが襲来した（22年1月には、米国の消費者物価上昇率は22年1月に7.5％、7月に8.5％、ユーロ圏のそれは同1月に5.1％、7月に8.9％）。インフレに対しては、各国政府と中銀はとりあえず金融引き締め（金利引き上げ）で対応しようとしているが、財政政策の転換も問われてくる。高インフレが長期化する気配を見せている現在、MMTはどのような政策を提案できるのだろうか。ぜひ、聞かせてほしいところである。

■ MMT が標的にする考え方

　MMT は、一面ではケインズ経済学の伝統的な枠組みを継承している。すなわち、経済不況や失業者の多い「不完全雇用」の時期には、財政赤字を許容して財政支出を拡大し、有効需要を増やす政策をとる必要がある、という考え方である。緊縮財政に走る新自由主義とは、真っ向から対立する。

　他方では、貨幣と税についての独特な捉え方をすることで、あえて異端派として主流経済学を激しく攻撃する。主流経済学とは、マネタリズムや M・フリードマンのネオリベラリズムを採り入れてきているニュー・ケインジニアンのことである。

　MMT が批判と攻撃の標的にする考え方とは、R・レイによれば次のようなものである。

「●政府には（家計や企業のように）予算制約があり、課税や借入れによって資金を集めなければならない。

　●政府赤字は有害であり、（深刻な不況のような）特別の環境下を除けば、経済の重荷である。

　●政府赤字は金利の上昇を招き、民間部門を締め出し（「クラウディング・アウト」）、インフレを引き起こす。

　●政府赤字は、投資に使える貯蓄を減らしてしまう。

　●政府赤字は将来世代につけを残す。政府はこの重荷を減らすために、歳出削減や増税を行う必要がある。

　●今日の政府赤字の増加は、（赤字がもたらす債務の元利金を支払うための）明日の増税を意味する。」（レイ、P.216 ～ 217）。

　ここで列挙されているのは、いずれもマクロ経済学の教義であり、社会的通念でもある。例えば、常識的には、財政赤字が拡大すると、限られた貨幣（資金）を政府と民間部門が奪い合って金利が上昇して、民間部門が資金不足に陥ると考えられている。あるいはインフレが起こると、考えられている。では、こうした常識的な考え方を MMT がどのように批判しているか。見ていこう。

　1）矢野康司「財務次官、モノ申す」（『文芸春秋』2021 年 11 月）
　2）浜田宏一「国の借金はまだまだできる」（『文芸春秋』2021 年 12 月）

Ⅱ MMT は貨幣と税をどう捉えているか

▌貨幣の捉え方——信用貨幣説

　MMT は、貨幣と税について独特な考え方をしている。

　貨幣の本質とは何か。これについては膨大な議論の積み重ねがあるが、簡単に言うと、2 つの典型的な捉え方がある。1 つは、**商品貨幣説**、あるいは**物品貨幣説**。すなわち、貨幣とは特殊な商品であり、どんなモノとも直接に交換できる商品である。多くの商品のなかで、直接交換可能性という特殊な性質を備えた商品、例えば金や銀が貨幣になった、という捉え方である。

　もう 1 つは、**信用貨幣説**。貨幣とは、債権・債務関係から生まれる譲渡可能な債務証書である、と捉える。例えば、私が A さんからモノを買って、後で決済すると約束した債務証書を渡す。私が何日か後に A さんに現金を支払えば、債務は履行されて消えてしまう。ところが、A さんは、その前に B さんから別のモノを買って私の債務証書を B さんに譲り渡す。B さんは債権者として私から現金を取り立てることもできるが、C さんとの取引でその債務証書を C さんに譲る。C さんが私に対する借金を返済するために、私の債務証書を私に譲り渡せば、私の債務（A さんへの）も債権（C さんへの）も同時に消える。このように、債務証書が人から人の手へと移っていくことで、一連の取引や貸し借りが成り立つ。これが貨幣である、と。

　MMT は、商品貨幣説を批判し、信用貨幣説に立っている。「貨幣は商品ではなく、債務証書で」ある（レイ、P.323）。「MMT は……物々交換説を拒絶し、代わりに表券主義※に……依拠している」（ケルトン、P.48）。

　※ 表券主義：貨幣は、国家が法制によって創造したものと捉える考え方。

▌貨幣はどこから創り出されるのか——内生的貨幣供給論

　そして、MMT は、世の中に出回る貨幣、つまり通貨がどのように創りだされるのかという問題に関して、内生的貨幣供給論と呼ばれる考え方に立つ。これは、**銀行の貸出が行われる時に同時に預金という形で通貨が創造される**、という見方である。

私たちは、ふつう、通貨といえば日本銀行券（例えば1万円札）と政府硬貨（例えば500円玉）を思い浮かべるが、通貨の大部分はこうした現金の形よりも預金の形で存在する。貨幣は、私たちに見えない所で銀行口座（日銀の当座預金から市中銀行やネット銀行の預金口座まで）の間のやり取りとして流通しているのである。日本は比較的現金が多く使われる国だが、世界的にはキャッシュレスの国のほうが増えている。日本でも、労働者は給与をかつては封筒に入った現金でもらっていたが、現在ではほとんど銀行口座に振り込まれる。買い物も、カードでの支払いが多くなっている。

　したがって、貨幣（通貨）は預金という形で動いていて、預金通貨のほうが大部分を占めているのである。では、預金は、どうやって生み出されるのか。

　これまでの経済学では、**まず銀行に現金**（中央銀行券と政府硬貨）**が預けられ、その預金の一部が貸し出される**と考える。例えば、Zが100万円をA銀行に預金する。A銀行は、準備預金としてその10％、10万円を除いて90万円をYに貸し出す。次に、Yは90万円をB銀行に預ける。B銀行は、10％の準備預金として9万円を差し引いた81万円をXに貸し出す。さらに、Xは81万円をC銀行に預ける。C銀行はまた、72.9万円をUに貸し出す。このようにして、最初の100万円の何倍もの預金（新たに171万円）が生まれる。これを信用創造と言う。

　これに対して、そうではなく、**まず銀行による貸し出しが行われて、同時に預金が創られる**、という考え方が対置される。銀行が顧客（企業や個人）に対して貸し出しを行うと、それと同時に同じ額が預金として記帳される。銀行は顧客に対して債権（返済させる権利）を持つが、同時に預金という形で債務（要求があればいつでも支払うという約束）を負う。こうして、現金の預け入れがなくても銀行による預金の創造として貨幣が創造される。これを内生的貨幣供給論と言う。

　この2つの考え方を金融政策に当てはめると、どうなるか。前者は、日銀がマネタリーベースをどんどん市中銀行に出せば（日銀の当座預金が増える）、それがそのまま通貨として世の中に出回る。つまりマネーストックが増える、と考える。経済の外部から貨幣を投入して経済を動かしていくことができる、という考え方である（外生的貨幣供給論）。後者は、企業や個人が投資や消費に必要な資金の貸し出しを銀行に要求し、銀行が貸し出しに応じることによって市中に貨幣が出回る（銀行預金と現金が増える）、と考える。つまり、実体経済の側からの資金（貨幣）への需要があって、はじめてマネーストッ

クが増える、と。

先に見たように日銀の金融緩和政策の失敗は明らかなわけで、この点から考えれば内生的貨幣供給論が正しい。こうした点については、横山昭雄[1] が説得力のある説明をしている。

MMT は、内生的貨幣供給論の立場に立つ。「銀行は融資を実行する際に預金を創造し、融資はそうした銀行預金を使って返済される」。「すべての銀行預金は、銀行が借り手の借用書を受け取った時に銀行が行う『キーストローク』（コンピュータへの入力）が生み出す」（レイ、P.137）。ただし、内生的貨幣供給論は、必ずしも MMT 独自の考え方ではない。MMT の独自性は、内生的貨幣供給論の論理を政府の通貨発行に当てはめたことにある。

■ MMT の基本命題「租税が通貨を動かす」

MMT の基本命題は、「租税が通貨を動かす」（ケルトン、P.123）である。

人びとは、なぜ、政府の発行する通貨を信用して受け取るのか。MMT は、その理由は国民が納税の義務を果たすためには政府が支出（公共事業や福祉事業のために資材や労働力を買い入れる）のために発行する通貨を用いる以外に手段がないからだ、と主張する。そのことによって、その通貨は、民間の企業や個人どうしの取引でも使われるようになる、と。

そもそも、なぜ、人びとは一片の紙切れにすぎないような貨幣を価値あるものとして受け取るのか。岩井克人は、他の誰もがこれは貨幣だと信用して受け取るから貨幣として流通する、と言った[2]。逆にいえば、これを他の人が受け取らないだろうと信用しなくなれば、貨幣はただの紙くずになってしまう。たしかに、貨幣は相互の信用関係の上に成り立っている。しかし、「貨幣が貨幣として流通しているのは、それが貨幣として流通しているからでしかない」[3] というのは循環論法である。どのような信用関係の上に貨幣が流通するのかを考えなければならない。特定の地域やコミュニティの内部でだけ成立する信用関係もあれば、一つの国家内の全域で成り立つ広い信用関係もある。

MMT は、政府が支出のために発行した貨幣（紙切れにすぎない紙幣であっても）を、税金を納めるのに使えば政府が必ず受け取ると約束している。だから、政府の発行する貨幣は最も高い信用を得て需要（入手）され、広く流通する、と説明する。

現代では、税金は貨幣でないと納められない。丸一日、公共施設の清掃の仕事をして働くから、税金を納めたことにしてくれと言っても拒否される。コメや野菜といった物納も認められない。では、税金を納めるための貨幣を、国民はどうやって手に入れるのか。MMTは、政府が資材や労働力の購入のために通貨を発行することによってだ、と考える。

　「納税者が通貨を使って租税を支払うのであれば、彼らが租税を支払うことができるようにするために、まず政府が（通貨を発行して）支出をしなければならない」（レイ、P.40）。「政府は支出することによって通貨を世に送り出し、国民が国家への債務（税金）を支払うのに必要なトークン（代用通貨）を入手できるようにする。政府がまずトークンを供給しなければ、誰も税金は払えない」（ケルトン、P.48）。

　言い換えると、MMTは、通貨は**政府の債務証書**であり、負債であると捉える。国民は政府に対して税を支払う義務＝債務を負っている。これに対して、政府は財やサービスの購入の対価として通貨を発行するが、その通貨は、政府が税の支払い手段として必ず受け取ることを約束している。すなわち、**必ず受け取るという義務**を政府が負うことになる。**この義務のことを政府の債務**と捉えているのである。この債務は、ふつう私たちが思い浮かべるような義務＝債務、例えばそれを持ち込めば金に換えるとか借金を決済するといった約束ではない。また、政府発行の通貨は、債務証書＝負債だといっても、国債のように保有していても利子が付かない。

　税が支払われることによって国民が負っている債務、つまり納税の義務は果たされる。すなわち、国民の債務は消去される。同時に、国家も債務を償還する、つまり債務を消す。通貨を受け取るという約束＝義務を履行したわけだから、政府の負っている債務はなくなるわけである。納税されることによって、政府の債務証書である通貨は消える。「政府の通貨（という負債）の償還は、金によってではなく、政府に対する支払いを通じて履行される」（レイ、P.122）。

■ 「財源としての税は必要ない」

　主権を有する国家の政府は、通貨をどんどん発行できるから、支出のための財源として税は必要ない。だから、政府の支払い能力に制限はない。これが、MMTの際立った考え方である。

「政府の財政は家計や企業のそれとはまったくの別物だ……。主権を有する政府が、自らの通貨について支払不能になることはあり得ない。……。政府が支出や貸出を行うことで通貨を創造するのであれば、政府が支出するために租税収入を必要としない」（レイ、P.39〜40）。「支出が先で、租税は後——これが論理的な順序である」（同上、.P272）。「政府は通貨の独占的発行者であるから、自らの通貨において財政上の制約に直面することはない」（同上、P264）。

　それでは、**MMTは税金が不要だと考えているかといえば、そうではない。**やはり課税することが必要だと主張する。「『政府はキーストロークで支出する』というMMTの言説に初めて接した人の多くは、MMTは『政府は租税を必要としない』と主張しているという結論に飛躍する。ならば、税金を払いたい人はいないのだから、なぜ租税を廃止してしまわないのだろうか？」（同上、P.268）。

　何のために、政府は課税するのか。税を廃止すれば、誰も貨幣（政府の発行する通貨）を受け取らないであろうからだ、というのがMMTの答えである。言い換えると、課税は、貨幣に対する需要を生み出す。国民は税を支払うために必要な貨幣を入手しようとして一生懸命に働くが、納税の義務がなくなれば、誰も貨幣を得ようとして働かなくなる。貨幣に対する需要がなくなり、貨幣は経済のなかを回らなくなる、と。

　「政府が租税収入なしに支出できるならば、なぜ政府は租税を完全にやめてしまわないのか？　……。租税が貨幣を動かすからだ。つまり、租税が貨幣を償還するからである」（同上、P.270）。「租税は貨幣に対する需要を創造するために必要なのだ」（同上、P.272）。「税金は通貨への需要を生み出すためにある。税金を払うには、それに先立って（通貨を入手するために）働く必要がある」（ケルトン、P.46）

■ モズラーの娘たち

　《課税が通貨を動かす》というMMTの基本命題を説明するのによく使われるのは、W・モズラーの娘たちのエピソードである。

モズラーは投資家であり、MMT の創始者の１人である。彼は、自分の２人の娘に庭の芝刈りや食器を洗うなど家事を手伝ってほしい、家事を手伝えば対価としてパパの名刺を３枚あげようと言った。しかし、娘たちはパパの名刺に何の価値も見出さなかったので、一切手伝わなかった。

　そこで、モズラーは娘たちに名刺を毎月 30 枚集めて支払いなさいと命じた。それができなかったら、テレビも見させない、プールも使わせない、ショッピングモールにも連れてかない、と。すると、娘たちはたちまち台所や庭の掃除に走りまわるようになった。つまり、モズラーは自分の名刺でしか払えない税金を課したのだが、それによって何の価値もなかった名刺に通貨としての価値が見出され、名刺への需要が生まれた。その名刺で税金を払わないと娘たちは楽しい暮らしができないから、名刺つまり通貨を稼がなければならない状況に置かれた。

　ケルトンは、モズラーからこのエピソードを聞いて、課税が通貨を動かすという MMT を受け入れるようになった、と書いている（ケルトン、P.46 ～ 47）。

■ 国債発行はなぜ必要か

　政府は、通貨を自分で発行できるのだから、支出のための財源として税を必要としない。だから、同じように国債を発行して、通貨を借り入れる必要も本来はない、と MMT は主張する。「政府は支出をするために自らの通貨を『借りる』必要がない」（レイ、P.41）。「国債発行の目的は政府の支出を『まかなう』ことではない（支出はすでに行われているからだ）」（ケルトン、P.156）。

　では、なぜ、国債をわざわざ発行するのか。第１に、国債発行の目的は、**利子の付く金融資産を民間に提供する**ことである、と考える。通貨は政府の債務証書だが、保有していても利子はまったく付かない。下手すると、インフレで価値が下がることもある。国債は低リターンだが、国が利子を確実に払ってくれる安全な金融資産になる。政府は、投資家や銀行や企業や個人が利子収入を得られる金融資産を作ってやるのだ、と MMT は考える。

　米国では、ドル紙幣は緑色である。「緑のドル」＝貨幣を「黄色いドル」、つまり利子が支払われる国債に交換する機会を与えて、民間の金融機関や個人が金融資産を保有することを可能にする、と。「国債を発行するのは、準備預金※（緑のドル）を保有する人々がそれを米国債に転換できるようにするためだ」（ケルトン、P.121）。つまり「政府が人々に『緑のドル』を金利収入

の得られる『黄色いドル』に交換する機会を与えている」（同上、P.60）。「政府は、銀行、企業、家計、外国人が利息を得るための手段として利息の付く国債を提供している」（レイ、P.42）。

第2に、国債は金融政策の手段、とくに**短期金利**※※**をコントロールする手段になる。**中央銀行は、マネタリーベースの供給を増やしたり減らしたりすることで金利の変動を通じて市中に出まわる通貨量を間接的に調整しようとする。そのために、いくつかの手段を用いる。政策金利を上げたり下げたりするのが、最も基本的な手段である。

それ以外に、保有する国債を民間銀行との間で買ったり売ったりする操作（オペレーション）も用いる。買いオペは中銀が国債を民間銀行から買い上げて、代わりに通貨（マネタリーベース）を供給して、金利を下げる。逆に、売りオペは中銀が保有する国債を民間銀行に買わせる。民間銀行から通貨を吸い上げ、通貨を減らして、金利を上げる。こうして、金融市場の資金の取引の金利を操作する。

「国債売却（発行）の目的は、中銀が翌日物金利[短期金利]の誘導目標を達成するのを助けることにある」（レイ、P.41）。「国債の売り出しが重要なのは、……過剰な準備預金を除去することで、FRBが金利目標を達成する（金利を引き上げる）のに役立つからだ」（ケルトン、P.134）。「金利を下げたいときは、その逆で、国債を買い入れ」る（同上、P.133）。

※ 準備預金：中央銀行に民間金融機関が（原則的に）無利子で預ける預金。日本では日銀当座預金。

※※ 短期金利：取引期間が1年未満の資金の貸し借りに適用される金利。代表的なものは、銀行間で資金を融通しあうコール市場において無担保で翌日返済される資金の金利（無担保翌日物金利）で、中銀による政策金利（誘導目標金利）とされてきた。

1）横山昭雄『真説　経済・金融の仕組み』（2015年、日本評論社）

2）岩井克人『貨幣論』（1993年、筑摩書房）

3）同上、P.97

Ⅲ 貨幣と税に関する MMT の主張への疑問と批判

■ 貨幣を動かすのは課税だけか？

　1つ目の問題点は、**信用貨幣が貨幣の本質や起源だとする MMT の見方は一面的ではないか**ということである。MMT は、貨幣は商品貨幣・物品貨幣ではなく信用貨幣である、つまり債権・債務関係における債務証書や台帳から発している、と主張する。この捉え方について、西部　忠は、貨幣の本質や起源が「物品（商品）貨幣と信用貨幣のどちら」であるかという問い方は正しくなく、両者は「並行的に創発し拡大し続けてきた」[1] と指摘している。貨幣の本質は商品貨幣なのか信用貨幣なのかという長い論争があり、最近は信用貨幣説のほうが有力だが、私は西部の批判が的確だと考える。

　なお、西部は、MMT は現代の中央銀行券が「譲渡可能な債務証書であり、それは国家の徴税能力を担保にして発行されると……見ている」。だが、それは返済義務のない不換銀行券であるから「返済義務のない『債務証書』ではなく『出資証券』である」[2] と批判している。しかし、MMT の言う「債務証書」である通貨（中央銀行券）の「債務」とは、税の支払い手段として政府が必ず受け取るという約束＝義務を指す。その意味で、西部の批判は少しズレているように思われる。

　2つ目の問題点は、**課税だけが通貨を動かすのか**という疑問である。すなわち、通貨への需要は、納税の必要性からだけ生じるとは言えない。政府の支出した通貨を資材や労働力の提供の対価として受け取った企業や個人が、それを使って税を支払うことによって政府に通貨が還流する。こうして通貨が循環する。これは、たしかに通貨が流通する仕組みの不可欠の重要な要素である。しかし、政府と企業・個人の間での（銀行を介しての）通貨の循環は、経済全体における通貨の流通の一部である。政府の購入する財やサービスは、日本で見ると GDP の 25％である。

　より多くの通貨は、銀行を介する民間の企業や個人の間での取引の場面で流通している。**市場での企業や個人の間の取引が拡大すれば債権・債務関係も増大し、銀行が仲立ちする預金通貨への需要が増大する。**単純に考えて、貨幣への需要は、政府への納税という義務＝負債を負うことからだけではなく、市場での取引の拡大に伴って多くの債務を決済する必要性からも生まれる。

もちろん、MMTも、民間の取引における預金通貨の生成と流通を無視しているわけではない。しかし、（A）政府と企業・個人のやり取り（政府による財・サービスの購入と納税）による通貨の循環と（B）企業・個人同士の取引の間に生じる通貨（預金通貨）の循環との間に、どのような関係があるのかを、必ずしも明確に説明していない。両者の関係は、R・レイによって「負債（通貨）のピラミッド」として示されている（レイ、P.177）。下の階層には銀行以外の民間企業や家計の負債（通貨）が、真ん中の階層には銀行の負債（通貨）が、最上位には政府（中央銀行を含む）の負債（通貨）が位置づけられている。

　政府と民間の間の通貨のやり取り（A）は、市中銀行を経由して中央銀行（の当座預金と政府預金）に集約される。一方で、企業や個人どうしの間の通貨のやり取り（B）は、銀行の預金口座のネットワークに編成され、そのネットワークは中銀（の当座預金）に集約される。すなわち、中銀は、「政府の銀行」と「銀行の銀行」という二重の役割を担っている。MMTは政府と中銀を一体のものと見る「統合政府」論に立っているせいか、「通貨のピラミッド」では中銀の二重の役割の関係が掘り下げられていない。言い換えると、政府の発行する通貨と市場取引から創りだされる預金通貨の関係を、あらためて解明していく課題が残されたままである。

■ 政府支出は税によって事後的に埋め合わされる

　3つ目の問題点は、**政府の支出は税によって事後的に埋め合わされているではないか**という疑問である。MMTは《税の収入 → 政府の支出》ではなく《政府の支出 → 税の収入》であると主張している。しかし、政府の支出が先行するとしても、税として還流してきた政府発行の通貨は、政府支出を埋め合わせている。

　《政府支出 → 納税 → 政府支出 → 納税》という通貨の循環があれば、税は事後的にであれ政府支出の財源になっている。その際、税収が政府支出をすべてカバーするのか、部分的にしか補填していないか（赤字分を国債発行で補う）は、別の問題である。MMTが、政府の支出は税収によって制約されない、政府の支払い能力に限界はないと主張するのは、ある意味で正しい。すなわち、税収が足りなくて赤字になっても、政府は必要な支出を行うことができる。多くの場合、赤字国債を発行して補充するからである。しかし、このことは、税が政府支出の財源になっていないという命題を立証すること

にならない。

ケルトンは、「（税金＋借金）→ 支出」ではなく「支出 →（税金＋借金）」
である（ケルトン、P.43 〜 44）と言っている。そうであれば、これは税収が支
出の重要な財源であることを否定するものにはならない。

■ 何のために納税の義務を果たすのかという合意が成り立たない

４つ目の問題点は、**税がなぜ必要なのかに関する MMT の論理では、納税
の義務を果たす国民の合意が成り立たない**ということである。これが、税に
ついての MMT の主張の最大の難点であり、私が最も批判したい点の１つで
ある。

MMT は、国民が納税の義務を負っているということを**自明の前提**にして
いる。しかし、国民は、なぜ、納税の義務を負うのか。あるいは、どのよう
に納税の義務を引き受けるのかという肝心の点については、何も語らない。

課税は、国家の最大の強制的な権力行使にほかならない。しかし、近代国
家では、前近代の政治権力とは違って、**政府の権力行使は国民の同意を得る
という正当性がなければ成り立たない**。これは、社会契約の論理にもとづい
ていて、ある種のフィクションである。だが、その上に政治や経済の制度や
ルールが構築されるために必要なフィクションなのである。

MMT は、貨幣の捉え方のなかに政府による徴税という政治の契機を導入
した点では評価できる。しかし、国民が納税の義務を負うことを自明の前提
にしてしまい、この義務がなぜ、あるいはどのように成立するのかという仕
組みを考察しない。税が政府と国民の間のすぐれて政治的な関係であるにも
かかわらず、政治を理論の外に追いやっている。やはり経済主義に陥ってい
るのである。

課税という国家の権力行使は、何のために税を支払うのかという国民の同
意なしには正当性をもたない。すなわち、**政府が税を財源にして公共サービ
スを提供する責務を果たすという約束が必要不可欠**なのである。「通貨を動
かすため」とか「インフレを抑えるため」といった理由では、何のために納
税するのかという合意は成り立たない。

MMT の抱えるこの難点は、MMT 支持派のなかでも慧眼な人たちによっ
て的確な指摘がされている。

柴山桂太は、次のように指摘する。政府支出が税を財源としないならば、

「では人は何のために納税をしているのか、その（主観的な）根拠がきわめて曖昧になってしまうのだ。……。財政支出の原資は税金でないとなれば、『では、一体何のために税金を払うのだ?』という根本的な問いにあらためて向き合う必要が生じる」。「納税者は『インフレ抑制』とか『不平等の是正』といった抽象的な理由のために進んで税金を払うだろうか」。「人類はまだ『租税国家』論に代わる新たな物語——政府とわれわれを結びつける新たな物語を生み出せていない」[3]。

　この問いかけに対して、島倉　原は、「支払った税金に対する個人的な見返りを求めるのではなく、通貨や政府が公益のために果たし得る積極的な役割を認め、そうした制度を共同体の一員として支える行為が納税である、と理解すべきで」ある[4]と答えている。だが、「公益」とは、一体何のことだろうか。誰もが必要とする公共の財やサービスを意味するのではないか。政府がそれを提供する役割を「支える行為が納税」であると言うのであれば、税は公共サービスの財源として役立てられるという「租税国家」の論理を認めていることになる。

　また、松尾　匡も、課税を正当化するイデオロギーが必要だと指摘している。「課税は経済的機能としては財源ではなく、インフレ抑制のためにあるのですが、イデオロギーとしてこのことをどう正当化するかということは、経済的本質論とは別に必要になる」。そして、「その答えは……『収奪者を収奪せよ』」、「富裕層や大企業の儲けは、そもそも労働者から搾取したものだから、税金をいっぱいかけて、取り戻そうということ」である[5]。

　松尾の言う「課税は、搾取された儲け（利益）を収奪者から取り戻すために必要」という合意が成り立つためには、国民の多数派がこの社会は「階級社会」であるという認識を共有していることが前提になる。だが、これは容易なことではない。また、この合意内容では、累進所得税や大企業への法人税は正当化できるが、中所得者への所得税や消費税は認められないことになる。松尾の「収奪者を収奪せよ」は、納税の義務を引き受けるための論理としては無理がある。

　何のために納税するのかという問題に関して、モズラーの娘たちのエピソードについてもコメントしておく。モズラーはこの話を、納税の義務（名刺を毎月30枚集めてパパに支払う）を課すことによって人びと（娘たち）が通貨を入手するために働くようになる、つまり課税が通貨を動かすという命題を主張するために使っている。

しかし、このエピソードは、別のことも物語っている。娘たちは、名刺を納める義務を拒むこともできるが、そうするとテレビやプールを使ったり買い物に連れていってもらうことができなくなる。つまり、娘たち（国民）の納税の義務は、パパ（政府）から楽しく暮らせるサービスを受け取る権利とセットなのである。だから、このエピソードは、MMT の主張だけではなく、政府が公共サービスを提供する責務の履行を約束することが、国民の納税の義務についての同意の前提にあることを物語っている。

■ なぜ、これほど大量の国債が発行されるのか

5つ目の問題点は、**なぜ、これほど大量の国債が、借入の必要がないのに発行され続けているのか**について、MMT が説得力ある説明をしていないことである。

MMT は、政府が支出する能力には制約がないのだから、国債を発行して資金を借り入れる必要はない。国債発行の目的は、利子の付いた安全な金融資産を民間の経済主体に提供したり、中央銀行による金利操作の手段を提供することにある、と主張する。

たしかに、国債は、株式などに比べて低利だが安全な金融資産として、投資会社や銀行や年金基金の資金運用の対象になっている。現在の資本主義は、新しい革新的な製品をつぎつぎに作り出す生産活動によってよりも、情報や金融商品の取引によって高い利益を上げる金融化資本主義に変化している。国債は、株式や多くの金融商品とならんで金融化資本主義を支える重要な役割を果たしている。

ケルトンは、国債は、労働者が年金や退職金を積み立てる際に投資する「リスク分散に役立つ安全資産」（ケルトン、P.123）だと言う。しかし、「国債はすでに余裕資金のある人だけが買える贅沢品であり、……（国債発行による利払いで）政府は富裕層の懐を温め、所得分布の底辺と頂点の格差を広げている」（同上）という批判があることも紹介している。

とすれば、基本的に富裕層を富ませるために投資対象になる国債をわざわざ提供することが、なぜ、政府の公共的な役割になるのだろうか。もちろん、現在の国家が富裕層や大企業の利害を代弁したり擁護しているという見方に立てば、説明はつく。しかし、国民の共同の利益を代表する国家の公共性という建前に立てば、正当化されえない。

また、国債は、中銀による金利操作（買いオペ・売りオペ）の手段として短期金融市場で重要な役割を担っている。しかし、金利操作に必要な国債は、中銀と市中銀行がすでに保有する既発の国債で十分である。なぜ、中銀が新規発行債のほとんどを買い入れるという、これほどまでに大量の国債発行を続ける必要があるのか、説明できない。政府支出と税収のギャップがたえず拡大することが、国債の大量発行を行わせるのである。

　レイ自身は、「『政府は支出のために自らの通貨を借りる必要がない。政府は、銀行、企業、家計、外国人が利息を得るための手段として利息の付く国債を提供している。これは政策上の選択肢であって、必要不可欠なものではない』（レイ、P.42）と述べている。つまり、国債を発行する必要性は、必ずしもないのである。必ずしも発行の必要のない国債発行の理由についてのMMTの説明には、かなり無理がある。

1）西部　忠『脱国家通貨の時代』（2021年、秀和システム）、P.245
2）同上、P.268
3）柴山桂太「国家が貨幣を創る」（『クライテリオン』2020年9月号）
4）島倉　原『MMTとは何か』（2019年、角川新書）、P.292
5）松尾　匡『左翼の逆襲』（2020年、講談社現代新書）、P.256～257

Ⅳ MMTは政府支出とインフレの関係を　どう見ているか

▌インフレを抑えるのが課税の役割

　MMTは、課税の役割は政府支出を賄うことではなく、「通貨を動かす」ことにあると言う。さらに、課税の重要な役割は、**総需要を減らしてインフレを抑える**ことにあると主張する。なぜなら、自分で通貨を発行できる政府の支出能力には制約がないが、支出の無制限な拡大にはインフレが起きるという制約があるからだ、と考えるからである。

　「MMTは、総需要とインフレを調整するという租税の役割を強調する」（レイ、P.273）。「もし、税を廃止すれば……総需要を増大させインフレを引き起こす」（同）[1]。「税金はインフレを制限するためにある」（スティーブン・ヘイル）[2]。「税金の本来の目的は、政府の支出によって経済が完全雇用を越えない（インフ

レが起こらない）ように、企業や個人の支出能力を抑えること」（ケルトン、P.309）にある。

この役割に加えて、MMT は、租税の役割は所得と富の再分配、環境汚染など悪い行動の抑止にある、と主張している。「租税を使って所得と富の分配を変える。……。空気や水の汚染、喫煙や飲酒、輸入品の購入といった、悪い行動を抑止する」（レイ、P.276）。

では、**インフレは、何が問題なのか**。ケルトンは、インフレは多くの人びとの購買力を低下させ、社会の実質的な生活水準を下げると述べている。「インフレとは物価レベルが継続的に上昇することだ。……経済学者は健全な成長経済においては（インフレが）好ましいとさえ考えている。しかし物価がほとんどの人の収入を上回る速度で上昇し始めると、多くの人の購買力が低下することになる。その状態を放置すれば、社会の実質的な生活水準が低下することになる」（ケルトン、P.70）。

なお、レイは「デフレはインフレよりもっと悪い。実のところ、多少のインフレはおそらくよいものである」（レイ、P.451）と見ている。ハイパーインフレとは異なる「低いが持続的なインフレが実際に経済に悪影響を及ぼすという証拠はあまりない」（同上、P.452）。

インフレは、なぜ、起こるのか。MMT 派のなかでも、ケルトンはインフレの考察にかなり力を割いているように思われる。彼女によれば、インフレの原因は、**実物資源の供給能力、とくに労働力の供給を上回る需要の増加**にある。失業者が少なくなり労働力不足が生じると、賃金が上昇し、物価を押し上げる。つまり、経済が「完全雇用」という限界に達した時に、財政などによる追加支出を行って需要をさらに増やすことによってインフレが生じる。「経済が完全雇用という限界に近づくと、実物資源が次第に逼迫する。需要増加によって価格に圧力がかかり、最も生産能力が逼迫している産業ではボトルネックが生じる。インフレが加速する」（ケルトン、P.74）。「経済が完全雇用の壁に突き当たると、（政府の支出に限らず）あらゆる追加支出がインフレにつながる。これが過剰支出の状態であ」る（同上）。

MMT は、インフレの原因を労働力などの実物資源の供給の限界に見出し、インフレの原因は通貨の過剰な供給にあるという見方を否定する点で一致している。「MMT 派が否定しているのは、高インフレの原因は『過剰な貨幣』という単純なものだという、マネタリストの考え方である」（レイ、P.464）。

■ 政府支出とインフレ

MMTは、**政府の支出能力には**（税収などの財源による）**制約はないが、インフレという制約がある**、と考える。政府支出の拡大の限界は、一定水準以上のインフレにある、と。

「政府は歳入（租税収入）がなくても支出できる……、（だが）歳入を超えて支出することの危険性とは……──経済が生産能力を超えて拡大するとすれば──インフレの可能性である」（レイ、P.269～270）。「（米・英・日では）給付金をまかなう政府の支払い能力が問題になることはない。……。だからといって政府が責任を持って払える金額に上限がないわけではない。給付を際限なく増やすと、経済の実物的制約（完全雇用など）を超えてインフレが起きる可能性があり、全員にとってマイナスだ」（ケルトン、P.234）。

一定水準以上のインフレが進行している時に、政府支出をそれ以上拡大することはできない。そんなことをすれば、インフレをいっそう加速することになるからである。逆に言うと、**一定水準**（例えば2％のインフレ目標）**を超えるインフレになるまで、政府支出を拡大し財政赤字を増大させることは許される**。これがMMTの政策的主張である。

「政府が支出を野放図に拡大すると、いずれ需要過剰（供給不足）となって、インフレが止まらなくなってしまう。……言い換えれば、高インフレでない限り、財政支出はいくらでも拡大できる」（ヘイル）[3]。「財政赤字が小さすぎた証拠が失業（不完全雇用）である」（ケルトン、P.70）。「財政赤字はそれがインフレを引き起こした場合のみ、（政府の）過剰支出の証拠となる」（同上、P.68）。

MMTは、政府は財政支出によって《インフレなき完全雇用》を達成するという責務を果たすべきだ、と主張する。「『政府は、インフレを引き起こすことなく完全雇用を追求すべきだ』というのがMMTの政策規範」である（レイ、P.480）。

ところが、政府とFRB（米国の連邦準備制度、中銀に当たる）は、インフレを恐れるあまり、まだ「完全雇用」になっていないのに金利引き上げ＝緊縮政策に転じて大勢の失業者を放置する誤りを犯しがちである。

「FRB は時期尚早に……金利を引き上げ、過剰な引き締め政策に走りがちだ。このような過ちは、数百万人が意味もなく雇用市場から締め出されるなど、重大な弊害をもたらす」（ケルトン、P.79）。「FRB は完全雇用と物価安定という 2 つの使命を課せられているものの、その一方が他方より明らかに優先されている。物価の安定に 800 万から 1000 万人の失業者が必要であれば、それが FRB の定義する完全雇用状態となる」（同上、P.83）。

　現在の米国は、同じような状況に直面している。コロナ危機からの経済回復の過程で、FRB は「雇用の最大化まで金融緩和を続ける」（パウエル議長、2021 年 2 月 10 日）と宣言していた。2％を超えるインフレになっても、「雇用の最大化」、すなわち実質失業率の 4％への引き下げと景気回復を優先するという方針を採った。

　しかし、2021 年後半から消費者物価が急上昇し（10 月には 6.2％、2022 年 1 月には 7.5％）、高インフレが続く予想外の事態になった。FRB は「インフレは一時的」と言い続けてきたが、11 月に入るとインフレ抑制に軸足を移さざるをえなくなった。金融の量的緩和を縮小しながら、年 3 〜 4 回の利上げを行う方針を明らかにしたのである。失業率は 3.9％（コロナ前の 2020 年 2 月は 3.5％）に下がったが、失業者はまだ 632 万人（2020 年 2 月は 572 万人）いる。大量離職が起こっていて労働力不足が生じているが、この失業者の数は、MMT の見方からすれば「完全雇用」には遠い。FRB は、「完全雇用」達成の目標を捨てて、インフレ抑制に走っている、ということになる。

　この問題については、後で立ち帰ることにしたい。

■ インフレを抑えこむ方法

　MMT は、高インフレになるまで政府支出を拡大し財政赤字を増やしつづけることを主張する。そして、一定水準以上の**インフレが進行すれば、政府支出の削減と増税によってインフレを抑えこむことができる**、と言う。

　　「MMT 派は、高インフレと闘う方法の 1 つは政府支出削減あるいは増税だと常に主張してきた」（レイ、P.464）。「インフレ率が徐々に上昇し始めたら、議会は増税や支出削減によって対応すればいい」（ケルトン、P.91）。

「（ハイパーインフレの懸念に対して）財政拡張策にインフレ防止条項を入れておけばいい。例えば5年間のインフラ投資計画を通したとしても、2年目にインフレの兆しが出れば支出を取りやめる。MMTは財政で物価をコントロールする」（ケルトン）[4]。

しかし、政府支出の削減と増税によってインフレを抑えこむという方策よりも、すぐれた政策がある、とMMTは言う。それが、インフレ抑制と完全雇用の両立を可能にする「就業保証プログラム」（JGP）である。これは、「『公的部門が社会的に許容可能な最低賃金で、希望する労働者を雇用し、働く場を与える』という政策である」（ヘイル）[5]。

具体的には、不況時には政府は、就労を希望するすべての失業者に仕事を提供し、生活できる賃金を支払い、完全雇用を達成する。その際、「政府の提供する仕事はケアエコノミー関連が望ましい」（ケルトン、P.92）。つまり、ケア分野で政府による直接の雇用を増やす。反対に、景気が回復してくると民間企業は労働者の採用を増やそうとして、より高い賃金を提示して公共部門から労働者を移動させる（引き抜く）。政府が雇用する労働者は、自然に減少し、政府支出は削減される。

MMTは、JGPが「完全雇用と物価安定を促す、（経済の）自動安定化装置」（同上、P.92）である、と位置づける。なぜなら、「景気が悪化すれば、より多くの人が政府の提供する公共サービスの仕事を求めるようになり、それを支えるため政府支出は自然と多くなる。景気が回復し、民間部門の採用が再び活発になれば、労働者は制度を利用しなくなり、政府支出は自動的に減少する」（同上、P.315）。

■ 日本への政策提言

MMTが一躍話題になったのは、レイやケルトンが《日本はMMTの正しさを実証する良い例である》と発言したことによる。なぜなら、日本は先進国のなかで、政府債務比率が飛び抜けて高いにもかかわらず、インフレも起こっていないし、財政破綻も生じていないからだ、と。

「日本は先進国の中でもGDPに比べた借金の割合が最も高いが、インフレは起きず返済不能にもなっていない」（レイ）[6]。「日本は（MMTの正しさの）

有益な実例を提供しています。国内総生産（GDP）比の公的債務は米国の3倍もあるのに、超インフレや金利高騰といった危機は起きていません」（ケルトン）[7]。「MMTは、日本政府のような主権通貨の発行者は増税によって歳入を増やさなくても、医療や年金のコストを必ずまかなえることも示している」（ケルトン、P.12）。

そこで、MMT派は日本に対して、日本が2％のインフレ目標を達成できず長期の低成長から抜け出せていないのは、需要を喚起する財政支出が不十分である、つまり**財政赤字がまだ不足しているからだ**。したがって、財政赤字を恐れずに、政府支出を拡大すべきである。財政赤字の拡大こそ、長い経済停滞から脱出できる唯一の道である、と提言する。

「（政府の）債務がインフレを引き起こすレベルまで達していないことは確かです」。「日本はもっと（政府の）支出が必要です。そうして生まれる需要こそ、成長のエンジンなのです」（ケルトン）[8]。「日本が減税や歳出増で財政を拡張して……仮に3〜4％のインフレになるリスクがあっても、財政支出で長期停滞から脱却した方がいいのではないか」（同）[9]。「経済の完全な回復を支援するためには、政府は大規模な財政赤字を長期にわたって出し続ける必要があるだろう。……。財政赤字は、危機を脱する唯一の道だ」（ケルトン、P.9〜10）

1）ランダル・レイ「税は何のためか？　MMTのアプローチ」（2014年5月）

2）スティーブン・ヘイル「解説：MMTとは何か」（2017年1月31日）

3）ヘイル、同上

4）ケルトン「インフレを恐れるな」（日経新聞のインタビュー、2019年4月13日）

5）ヘイル、前掲。

6）レイ「ＮＨＫのインタビュー（2019年5月19日「おはよう日本」）」

7）ケルトン「日本の債務、全く過大でない」（朝日新聞のインタビュー、2019年4月17日）

8）同上

9）同「インフレを恐れるな」、前掲

V 政府支出とインフレに関する MMT の主張への批判

■ インフレをどう捉えるか

　MMT は、政府の支出能力は税収によって制約されないと主張する。たしかに、政府は、通貨を無制限に発行することができ、財政支出を好きなだけ増やすことができる。日本でも戦中は、日銀による国債の直接引き受けによって莫大な戦費を賄った。だが、その結果、敗戦直後にハイパーインフレが起こり、貨幣の価値は暴落し、国債は紙くずと化した。誰も貨幣を受け取りたがらなくなり、現物のコメと着物を交換する光景が出現した。

　政府は、中銀に国債を無制限に買い入れさせることを通じて、通貨を望むだけ発行し支出に充てることができる。その意味では、たしかに政府の支出能力には制約がない。しかし、それには、MMT も指摘するように、過剰な需要を引き起こして急激な物価上昇を招き、貨幣価値が下落するという強い副作用がある。インフレを招くこと以外に、中銀が巨額の国債を保有することによるリスクもある。その意味で、政府の支出能力は万能ではなく、超えられない制約がある。

　継続的な物価上昇を意味するインフレは、貨幣的現象のように見える。マネタリズムは、MMT も批判するように、貨幣数量説にもとづいてインフレが通貨の過剰な供給によって起こる貨幣的現象だと言う。だが、インフレは貨幣供給の増大が原因となって起こるのではなく、実体経済の需要・供給の変化（供給力を上回る需要の急増、供給コストの急上昇など）を反映している現象なのだ。

　MMT はインフレの原因がいろいろあることを認めているが、主として**労働力不足**に原因を見出している。失業者が減ってくると、労働力不足が顕在化する。それが賃金を押し上げ、企業は労働コストの上昇分を製品やサービスの価格に転嫁し、物価が上昇する。こうして起こるインフレは**賃金上昇を伴うインフレ**であり、「**良いインフレ**」と呼ばれる。レイも、この意味でインフレは「良いものである」（レイ、P.451）と言っている。MMT が許容するインフレ（その枠内で財政赤字の拡大が許される）は、経済が「完全雇用」に到達する過程に伴うインフレであろう。

　しかし、輸入される海外の資源、例えば原油や食料の急激な値上がりがイ

ンフレを引きこすことは、しばしば起こる。あるいは、為替レートの変動、例えば急激な円安が物価を上昇させる。あるいは、何らかの理由でグローバルなサプライチェーンが寸断され、低コストの部品が供給されなくなることも、インフレを招く。こうした原因から起こるインフレは、景気が回復しておらず（需給ギャップが解消されていない）失業率も十分に低下していなくても起こる。**賃上げを伴わないインフレ**であり、低所得層の家計を直撃する「**悪いインフレ**」である。

　消費者物価上昇率8％を超える（2023年12月でも6.5％の）米国の現在の高インフレは、主として原油などの資源高と賃金上昇に起因する。それでも、物価上昇に賃上げが追いつかないため実質賃金が低下し、低所得層の家計を苦しめている。日本の消費者物価上昇率はマイナス圏を脱したとはいえ0％台だったが、輸入に全面依存するエネルギーと食料の価格の急上昇が起こっている。急激な円安も加わって、2022年4月からは2％を超え、2％のインフレ目標が「想定外」の形で達成された。賃上げを伴わない「悪いインフレ」の到来である。

　賃上げを伴わない（あるいは賃上げが追いつかない）インフレ、つまり「完全雇用」に達していない状態での高インフレが進行するとすれば、MMTは、どのような政策的対応を提示するのだろうか。米欧ではインフレ目標をはるかに突破するインフレが起こったのだから、金融引き締めと財政支出の削減に踏み切るべきだと主張するのか。それとも、まだ「完全雇用」を達成していないのだから、金融緩和と財政支出の拡大を続けるべきだと言い張るのか。高インフレになるまで財政支出と財政赤字を増やし続けるべきだというMMTは、大きなジレンマにぶつからざるをえない。

■ インフレを抑えられるか／財政支出削減の困難

　MMTは、高インフレが進行すれば財政支出の削減と増税によって抑えこむことができる、と主張する。しかし、**インフレを抑えこむことは、簡単なことではない。**

　いったん拡大した政府支出、なかでも社会保障費を削減することは、有権者の強い反対を引き起こすから、政治的にひじょうに困難である。また、増税は、社会保障への支出増大のための増税であっても拒否する人たちが少なくない。まして、社会保障費の削減とセットの増税は激しい抵抗を呼び、政

権の存立さえ危うくなる。

　ケインズ主義に立てば、政府は、不況時には公共事業や社会保障などの財政支出を拡大すると同時に減税を行うことで需要を創出して景気回復を促す。逆に、好況時には財政支出の削減と増税によって景気の過熱を抑える。ケインズ主義は、こうした反景気循環型の政策をとることによって経済を安定させようとした。しかし、不況時の財政拡張と減税は誰からも歓迎されるが、好況になったからといって財政緊縮と増税を行うことは有権者の多くの反対にあって難しい。こうして、現代では政府が政権への支持を取り付けようとして、政府支出を拡大し続けて財政赤字が膨らむ傾向が避けられなくなる。これは、公共選択論のJ・ブキャナンらが指摘していた点である。

　ここから導き出せることは、増え続けることが避けられない社会保障費の財源は安定した税収に求める必要がある、ということである。言い換えると、インフレ時には必ず削減される赤字国債にその財源を求めることはできないのである。

　MMTがインフレ抑制と完全雇用の両立を可能にすると誇る「就業保証プログラム」（JGP）にも、大きな難点が潜んでいる。大勢の失業者がまだ仕事に就けていなくても、労働力不足以外の原因で高インフレが起こった場合、政府は重大なジレンマに直面する。「完全雇用」を達成するために、失業者を最後の1人まで雇い入れる財政支出の拡大を続けるのか。その選択は、インフレを加速することになる。反対に、インフレ抑制のために財政支出を抑えて、失業者の雇い入れを中止するのか。そうすると、「完全雇用」の目標の放棄になる。とすれば、JGPは、**多くの異なる原因や回路から想定外の姿で現れるインフレの不意打ちに柔軟に対応できなくなる。**

　もう1つは、JGPによれば、景気が回復してくると、ケア労働に従事している公共部門の労働者は、より高い賃金を提示する民間企業に移る。その企業が同じケア事業を営んでいる場合は別として、娯楽施設や飲食・ホテル業である可能性も高い。そうすると、ケア労働者が不足して十分なサービスができなくなる恐れが生じる。したがって、医療・介護・保育などケアに携わる労働者は、景気変動にかかわりなく公共部門で働き続けることのできる賃金と労働条件を保障される必要がある。JGPは、求められるケアを提供できるだけの労働者の十分な確保には向いていないのである。

■ 金利引き上げのリスク

　インフレを抑えるためには、財政支出の縮小だけではなく金融面からの引き締めが必要になる。というよりも、むしろ、中銀による金融の量的緩和の縮小と金利引き上げの政策が先行して採られる。すなわち、国債の買い入れによる通貨（マネタリーベース）の供給をやめて、国債売却によって通貨を吸い上げる。さらに政策金利を引き上げて、資金の借り入れのハードルを高くし通貨への需要を抑える。

　金利の引き上げは金融政策の主たる手段で、インフレ抑制の効果が高い。しかし、政府債務残高が膨れ上がると、利上げは大きなリスクをもたらす。

　まず、国債の利払いが急増する。それは、社会保障や教育への財政支出を圧迫することになる。日本では、財政赤字が増えて政府の債務残高がここまで巨額になっても、金利がゼロ水準にあったから利払いは少なくて済んできた（図1）。償還費を含めて国債費は25.2兆円と、一般会計の歳出の22.1%を占めるが（2023年度政府予算案）、そのうち利払い費は8.2兆円にとどまっている。しかし、金利が上がれば、当然にも利払いは増える。債務残高が大きければ大きいほど、その額は急増する。財務省の試算（2023年1月）では、

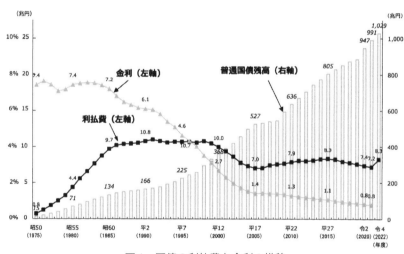

図1　国債の利払費と金利の推移

注1：利払費は、令和3年度までは決算、令和4年度は補正後予算による。
注2：金利は、普通国債の利率加重平均の値を使用。
注3：普通国債残高は各年度3月末現在高。ただし、令和4年度は補正後予算に基づく見込み。
出所：財務省「日本の財政関係資料」（2022年10月）

金利が1％上昇すると利払い費が増え、国債費は想定よりも3.6兆円増え、2026年度には33.4兆円にまで膨らむ[1]。こうして、財政赤字を積み上げたことのリスクが顕在化する。

さらに、金利上昇は国債価格を下落させ、国債保有者に含み損が発生する。500兆円もの国債を保有する日銀には、1％の金利上昇で20.6兆円の含み損（国債価格の下落）が発生すると予測される。含み損の顕在化を回避しようとすれば、国債の売却を控える必要がある。日銀は、通貨を吸い上げる売りオペという手段を封じられることになる。また、金利上昇は、日銀当座預金の利払いが国債の利息収入を上回ってしまう逆ザヤを招く（現在は国債の利回り0.4％＞当座預金の付利0.1％）。日銀が債務超過に陥り、信認が揺らぐ可能性がある。

■ デフレの原因は賃金が上がらないこと

先にみたように、MMTは、日本が低成長・低インフレ・低金利という経済停滞から脱却できないのは、財政赤字が不足しているからだ、と診断する。すなわち財政赤字の増大を恐れて、財政支出の大胆な拡大を躊躇してきたからだ、と批判している。

日本経済はアベノミクスの下で、コロナ危機の前まで緩やかな景気回復とデフレ脱却を続けてきた。しかし、それはあまりにも緩慢なペースでしかなかった。2013～19年の実質GDP成長率は年平均0.9％、消費者物価上昇率は0.8％にとどまった。この時期をデフレに沈んだままの時期と呼ぶのは粗雑な見方だが、1990年代以降、とくに1998～2013年はデフレ（物価の継続的低下）の時期であった。そして、この30年間、賃金は僅かに4.4％、18万円しか上がらなかった。さらに、2013～19年にかけて失業率が4.0％から2.4％にまで低下し労働力不足が顕在化したにもかかわらず、名目賃金は2.0％しか増えず、実質賃金は逆に3.8％も低下したのである。

そこから、《デフレであるから、賃金が上がらない》という言説が横行することになった。だが、けっしてそうではない。《賃金が上がらないから、デフレになる》、正確にいえば低成長・低インフレが続くのである。なぜなら、賃金が上がらなければ、企業は労働コスト上昇分を価格に転嫁しようとしないから、物価を押し上げる要因が小さくなる。また、賃金が伸びなければ、人びとの可処分所得が増えず、個人消費も低迷して需要が伸び悩むからである。

デフレ、あるいは低成長・低インフレであっても、賃金を上げることは不

可能ではない。アベノミクスの下でも、企業の利益や内部留保は急増していたから、《公正な分配》を実行する政治的・社会的な力があれば、賃上げは十分に可能であった。

　しかし、労働組合の弱体化や政権の姿勢もあったが、賃金が長期にわたって上昇しなかったのには構造的な要因が大きかった。何よりも雇用増大の主力は、低賃金・不安定就労の非正規労働者・女性・高齢者であった。グローバル市場競争の激化のなかで、製品やサービスの価格の引き上げが売上げの縮小を招くと恐れたため、企業は低賃金労働の利用によってコストを切り下げる道を選んだからである。そして、多くの大企業は、人口減少の進む国内市場に有望な投資先を見出せず、海外での生産や販売のための投資にシフトしてきた。

　MMT は、日本の経済停滞が財政赤字の不足に起因しているから、財政支出の飛躍的な拡大によって低成長・低インフレから抜け出すべきだ、と政策提言している。しかし、低成長・低インフレの要因は賃金が低迷し続けたことにあり、それは非正規雇用の急増、人口減少を見越しての海外投資へのシフトといった構造的な要因に起因する。また、賃金が上がって可処分所得が増えても、社会保障の将来への不安が強まっているから、消費支出が爆発的に活性化して経済を成長させることも期待できない。財政支出を拡大すれば、低成長・低インフレから脱却できるというほど単純な事柄ではない。

　MMT は、ケインズ主義の伝統を引き継いで、財政支出の拡大で経済成長が可能であるかのように述べている。マクロ経済政策の効力に対する過大な期待に陥っていると言える。

1）日経新聞 2023 年 1 月 28 日

VI 財政赤字の増大は人びとを富ませるか

■ 低インフレが続けば財政赤字を増やしつづけてもよいのか

　MMT が主張するように、インフレ目標に届かない低インフレが続けば、いくら財政赤字を増やし続けても、問題はまったくないのだろうか。

　米国と違って日本では、消費者物価が上昇に転じつつあるとはいえ、賃金の力強い上昇が望めない。そのため米国のような高インフレがただちに

到来する可能性は、いまのところ小さい。また、財政赤字が増え続け巨額の政府債務が積み上がっても、すぐに財政破綻が起こるわけではない。財政破綻とは、国が新たに借金しようしても国債の買い手が現れない、あるいは数

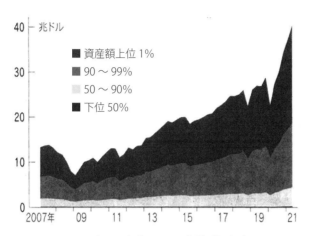

図2　米国の上位 10% の家計が保有する
金融資産（株式・投信）の割合は 89% に上昇
出所：日経新聞 2021 年 11 月 1 日

表　コロナ危機下の金融資産格差の拡大（日本）

2019 年から 20 年にかけて、年収では低所得層（Ⅰ・Ⅱ）が下がり高所得層（Ⅴ）が増えてジニ係数が上昇。金融資産の純増額では、高所得層の増え方が大きい。

年収（世帯）

	平均	Ⅰ	Ⅱ	Ⅲ	Ⅳ	Ⅴ	ジニ係数
19 年	514 万円	167	298	423	613	1072	0.346
20 年	516 万円	164	294	423	613	1085	0.351
増減	2 万円	▲ 3	▲ 4	± 0	± 0	13	

1 世帯当たり 1 カ月間の金融資産純増額（勤労者世帯）

	平均	Ⅰ	Ⅱ	Ⅲ	Ⅳ	Ⅴ
19 年	14.0 万円	6.1	9.9	11.5	15.5	26.9
20 年	15.9 万円	6.4	10.4	13.6	19.5	29.5
増減	1.9 万円	0.3	0.5	2.1	4.0	2.6

出所：浦川邦夫「所得階層間で異なる影響」、「コロナ下の格差拡大」⊕、
日経新聞 2021 年 11 月 16 日「経済教室」

10％といった高い利子を付けないと国債が売れない、といった状態に陥ることである。日本では、国債の買い手に占める外国人投資家の割合も低く、市中銀行から日銀がただちに買い上げるから、国債の引き受け手がいなくなる事態は簡単には生じない。

　では、高インフレも財政破綻も起こらないのだから、財政赤字を増やし続けてもよいのかといえば、けっしてそうではない。高インフレにならなくても、財政赤字の増大が引きおこす重大な副作用がすでに現れている。それは、**金融緩和による過剰なマネーが株式市場に大量に流入して株価を高騰させ、結果として資産格差を拡大させている**ことである。財政赤字が拡大すれば、政府は大量の国債を発行し、日銀はこれを市中銀行経由で買入れるが、そのことによって大量の通貨（マネタリーベース）を供給する。つまり、日銀は大規模な金融緩和を進める。しかし、企業が設備投資や人件費を増やすために貸し出しの拡大を求めなければ、マネーはだぶついて日銀の当座預金が積み上がる。あるいは資産市場に流れこんで、株価だけが高騰するのである。

　事実、コロナ禍で実体経済がマイナス成長に落ち込んだにもかかわらず、米国でも日本でも株価が急騰した。NY 株式市場のダウ平均は史上最高値をつぎつぎに更新し、3 万ドル台を突破した。日経平均株価も一時は 1 万 7000 円台を割った（2020 年 3 月）後は急激に値を上げて、2021 年に入るとバブル崩壊から 29 年ぶりに 2 万 9000 円台に乗せた。

　株価の高騰は、富裕層の金融資産を急増させ、資産格差をいちじるしく拡大した。米国では、上位 10％の富裕層の株式・投信保有額は 1 年間で 10 兆ドルも増えたが、下位 50％の人びととのそれは僅か 2600 億ドル増えただけである（図 2）。日本でも、19 年から 20 年にかけて 1 世帯当たり 1 カ月間の金融資産純増額を所得階層の間で比べてみると、高所得層の増え方のほうがずっと大きい（表）。株価高騰の恩恵は、間違いなく株式を多く保有する高所得層にもたらされている

　MMT は、財政赤字の増大が国債の大量発行によって中銀の大規模な金融緩和と連動して、あり余るマネーの株式市場への流入による株価高騰を招き、資産格差を急激に拡大していることに目をつむっている。

■ 財政赤字は誰を富ませるのか

　この問題点は、財政赤字の増大は民間（企業や家計）を富ませる、つまり民

間の金融資産を増やすという MMT の主張と関わっている。

　MMT の特徴的な考え方の１つは、**財政赤字をやむをえないもの（必要悪）ではなく、民間の金融資産を富ませるものとして積極的に捉える**ことである。すなわち、政府の債務は、民間の債権であり金融資産である。財政赤字は国民の貯蓄を食いつぶすのではなく、むしろ増大させる、と。

　　「政府の債務は非政府部門の金融資産である。政府赤字は非政府部門の黒字に等しく、その結果所得が生まれて貯蓄となる。貯蓄とは政府に対する債権であり、最も安全な資産である」（レイ、P.49 ～ 50）。「財政赤字は国民の貯蓄を食いつぶすのではない。むしろ増やすのだ」（ケルトン、P.146）。「均衡予算が意味するのは、政府の支出によって供給された政府の通貨がすべて納税により『返却されて』しまい、その結果非政府部門には何も残らない」（レイ、P.49）。「支出削減と増税によって財政を均衡させようとすると、経済成長を減速させてしまう可能性がある」（同、P.79）。

　政府と民間と海外部門の資金の収支を合計すると、会計上つねにゼロになる。だから、海外部門の収支を脇に置くと、当然にも政府部門の赤字は民間部門（企業と家計）の黒字になる。日本の部門別の資金収支を、日銀の資金循環統計で見ると、2005 年からずっと民間部門（企業と家計）が黒字で、政府部門が赤字であることが分かる（図3）。

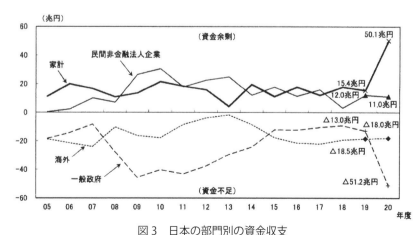

図3　日本の部門別の資金収支
出所：日本銀行「循環統計」2021 年第 2 四半期

コロナ危機への対応による巨額の財政出動は、財政赤字を急激に拡大させ、政府部門の赤字は急増した。対照的に、個人金融資産は1年間で108兆円も増えて2000兆円にまで増えた（2021年9月）。

だが、このことを、MTTのように民間が富んだと手放しで称賛してよいだろうか。**2000兆円にまで増えた民間の黒字＝金融資産は、その内部にとてつもなく拡大した格差を抱えている**のだ。日本では、米国ほど格差が大きくないとはいえ、最上位のわずか2.5％が純金融資産（ローンなどを差し引いた株式や預金の合計）全体の2割強（21.4％）を、上位8.7％が4割弱（37.8％）を保有している（2019年）[1]。また、大和証券の調査によれば、上位1％が金融資産全体の11％を占め、上位10％が46％を占めていて（2019年）、その割合は5年前より上位1％が1.6％、上位10％が2.8％上昇している[2]。

対照的に、金融資産ゼロの世帯は22.0％にも上っている（2021年、金融広報中央委員会の調査）。大和証券の調査でも、金融資産ゼロ世帯は10％、100万円以下の世帯が23％を占める[3]。

また、個人金融資産が1年間で108兆円も増えて2000兆円にまで達したことは、1人あたりの金融資産の保有額の平均値が1年前より303万円増えて2021年には2024万円と、これまでで最も大きくなったことに表れている。ところが、中央値（多い順に並べた時に真ん中になる世帯の値）で見ると、100万円下がって800万円となる。これは18年と19年のそれと同じである。これは、大半の人の金融資産は増えておらず、限られた富裕な人だけが金融資産を大幅に増やしたことを示している。

コロナ危機を通じて、金融資産の格差はますます大きくなっている。**民間の黒字＝貯蓄が増えても、豊かになるのは一握りの富裕層だけなのだ。**MMTの《政府の赤字は民間の黒字》論は、ますます拡大する資産格差を見ようとしない重大な欠陥をもつ、と言わねばならない。

---

1) 野村総研「NEWS RELEASE」2020年12月21日
2) 藤原　翼「『日本型』金融資産格差を読み解く」（2021年11月30日）
3) 同上

[原題「いま、MMTをどう考えるか」、初出：「テオリア」№114〜116、2022年3月10日、4月10日、5月10日]

　日本経済の衰退を嘆く声が、日増しに高まっている。

　無理もない。日本は名目 GDP こそまだ世界第 3 位だが、米国や中国との差は開く一方で、逆に第 4 位のドイツに追いつかれつつある。バブル崩壊後の 30 年間は、実質 GDP 成長率 0.9％（年平均）と事実上のゼロ成長に陥ってきた。国民 1 人当たりの GDP は、世界 8 位（1990 年）から 23 位（2020 年）に転落した。頼みの労働生産性は、OECD 加盟 38 ヶ国中 28 位に沈んでいる。そして、労働者の賃金は、人手不足が顕在化してきたにもかかわらず、ほとんど上がらなかった（月の現金給与総額は平均で、1990 年の 32.9 万円から 2019 年の 32.2 万円へ）。

　いま、米中覇権争いの激化に伴って世界経済（サプライチェーン）の再編の焦点になっているのが、半導体である。この分野で、日本は 1980 年代後半には世界のシェアの 50％を占めていたが、現在では 10％（2019 年）にまで落ち込んでいる。日本の経済的衰退を象徴している事例である。

　こうした衰退と長期停滞の現実を目の当たりにして、私たちはどこに活路を見出せばよいのだろうか。高い経済成長の復活に日本経済再生の道を求めようとする言説が、いまなお主流である。いわく、高い付加価値をもつ製品やサービスを供給できる成長産業を創出する。いわく、デジタル化（DX）とグリーン化（GX）への投資を推進する。いわく、生産性（1 人当たりの付加価値＝売上高）を高めて、賃金を引き上げる、云々。

　リベラル・左翼の側からも、所得分配を優先し、賃上げによる可処分所得の向上によって個人消費を活性化し、経済成長につなげる。あるいは、脱炭素化のグリーン・ニューディールによって経済を成長させる、といった提案がされている。

　しかし、生産性がきわだって高い情報・通信や金融の分野は、大量の労働者を働かせる必要がなく、雇用創出力が小さい。生産性が高いと同時に、雇用創出力が大きく賃金も高いといった産業分野を新たに見出すことは難しい。中長期的に見れば、次の要因からも経済成長の復活は望めない。労働力人口の急速な減少が進むが、これを補完する画期的なイノベーションによる労働生産性の飛躍的向上は当てにできない。また、思い切った脱炭素化の実現には、ガソリン車の使用禁止など過剰消費の大胆な削減が必要になる。す

なわち、経済（GDP）の規模縮小と減速は避けられない。

☆　☆　☆

　それでは、人びとは経済成長の復活について、どう見ているのだろうか。日銀の「生活意識に関するアンケート調査」（2022年12月）によれば、「より低い成長しか見込めない」と思う人が62.8％と、「現状並みの成長が見込める」の34.2％、「より高い成長が見込める」の2.0％を圧倒している。政府はといえば、2024〜32年の実質成長率を平均1.8％と、相変わらず高めに予測＝期待している（2023年1月の試算）。

　人びとは、政府やほとんどの政党とは対照的に、もはやゼロ成長に近い低成長しか望めないと、リアルに予測しているのだ。言いかえると、生活の安定や働く場が確保される前提条件を、これまでのように右肩上がりの経済成長に見出せなくなっている。そして、経済成長なき時代には、どうすれば現在と将来の生活や雇用の保障を手に入れることができるのか、と大きな不安に囚われている。岸田政権が勧めるNISAへの投資で何とかなると考える人など、少数にすぎない。

　この不安に真正面から答えようというのが、脱成長というオルタナティブである。それは、利潤の最大化と飽くなき経済成長の追求ではなく、人びとの切実な社会的必要性の充足を最優先する。そのために、経済と社会の中心をケア（医療、介護、子育て、教育など）の分野に移す。この分野では、ていねいな対話や応答には多くの人手を必要とするから、生産性は低いが雇用創出力は最も高い。ケア労働への社会的評価を抜本的に改めて、賃金を大幅に引き上げるならば、社会の賃金水準を高めることができる。誰もが安心して利用できる無償のケアが提供されれば、貯蓄にだけ頼る「自己責任」型の社会から税を公正に負担しあう連帯・助け合い型の社会に舵を切ることができる。

　これからは、ケアを中心に置くと同時に、エネルギーと食料の過度の輸入依存から脱却し、再エネと食の地域自給を推進する。東京一極集中型の経済・社会から地方分散のネットワーク型の経済・社会に組み替える。巨大企業主導型の経済から中小企業・協同組合・自営業のネットワークが先導する経済に転換する。グローバル化に依存した「低賃金・低価格と企業の高利益」の経済は、「高賃金・高価格と企業の低利益」の経済に移行する。

　これが、本書で描こうとした日本経済の再生の構想である。

☆　☆　☆

　振り返ると、私が脱成長を初めて明確に主張したのは、30年前である。「『経

済成長をめざさない』エコロジカルで循環型の経済と社会の形成が必要である」（『蒼生』№7，1992年5月，工人社。ここには、宮部　彰「資本主義的解決策の限界」も掲載されている）。この立場は、温暖化の進む地球環境危機の解決をめぐって「持続可能な開発」論を批判的に検討するなかから導き出された。経済成長と環境保全の両立は可能かという当時の議論の枠組みは、グリーン成長かそれとも脱成長かという現在の論争に引き継がれている。

　脱成長の思想や理論は、ローマクラブ『成長の限界』（1972年、大来佐武郎監訳、ダイヤモンド社）やE・F・シューマッハー『スモール　イズ　ビューティフル』（1973年、斎藤志郎訳、佑学社、1976年）に起源をもつ。日本では、玉野井芳郎の「生命系の経済学」や地域主義の提唱（『エコノミーとエコロジー』1978年、みすず書房。『地域主義』1978年、学陽書房）が重要な起点となった。

　そこから、中岡哲郎編『自然と人間のための経済学』（1977年、朝日新聞社）、古沢広祐『共生社会の論理』（1988年、学陽書房）、室田　武・多辺田政弘・槌田　敦編著『循環の経済学』（1995年、学陽書房）など、エコロジーの視点に立って経済成長主義を批判する労作が生まれた。また、高木仁三郎の近代科学技術批判も、エコロジー思想の発展に重要な役割を果たした（『科学は変わる』1979年、東洋経済新報社。『いま自然をどう見るか』1985年、白水社）。さらに、三里塚闘争は、経済成長・巨大開発の路線を真正面から批判しエコロジカルな社会を探求する実践的な原点の1つとなった。

　冷戦終焉から21世紀にかけて、グローバル化による経済成長の波が世界を席巻した。だがリーマン・ショックを転機にして、資本主義は先進国で長期停滞（低成長の常態化）に陥った。脱成長論は、これらに対抗するオルタナティブとして展開されてきた。日本では、広井良典の「定常型社会」の提唱（『定常型社会』2001年、岩波新書）、セルジュ・ラトゥーシュの脱成長論の紹介（『経済成長なき社会発展は可能か』2004年・2007年、中野佳裕訳、作品社、2010年）、高坂　勝の「減速」の提案（『減速して生きる』2010年、幻冬舎）、水野和夫の「資本主義の終焉」論の展開（『資本主義の終焉と歴史の危機』2014年、集英社新書）などが重要な問題提起を行なった。こうして、脱成長に関する多彩で生産的な議論や研究が日本でも積み上げられてきたのである。

　だが脱成長論に対して、脱成長は、すでにゼロ成長に陥っている日本では失業と格差を拡大し、暗くて悲惨な社会になるだけだといった類の批判や非難も繰り返された（例えば小峰隆夫『日本経済論の罪と罰』2013年、日経プレミアムシリーズ）。さらに、アベノミクスが、金融緩和と財政出動と成長戦略の「3

本の柱」で経済成長を復活させると呼号して華々しく登場した。前著『脱成長を豊かに生きる』（2014年、社会評論社）は、脱成長論批判とアベノミクスによる経済成長の幻想に対する反論を試みたものである。ここで展開した脱成長の基本的な論理は、いまでも変わっていない。

とはいえ、前著では「脱成長経済は、資本主義ではないシステムへの踏み出しである」（P.90）と述べるにとどまっていた。資本主義そのものを積極的に乗り超えていく、つまりポスト資本主義の構想という作業に本格的に取りかかったのは2017年からである（本書第Ⅱ部第3章の初出原稿）。そして、ある程度まとまった考えを2020年の座標塾で2回にわたって発表することができた。同じ年の秋には、斎藤幸平『人新世の「資本論」』が刊行され、大きな反響を呼んだ。斎藤の仕事は脱成長と資本主義の乗り超えを不可分一体のものとして明確に提示していて、共感する所が多かった。そこで、『季刊社会運動』の白井和宏編集長をはじめ何人かの方から勧められたこともあって、本書の刊行を思い立ち、社会評論社の松田健二社長に相談して引き受けていただいた。

ひたすら経済的利益の最大化だけを追い求める資本主義は、けっして人間を幸せにしない。資本主義に代わる新しい社会は可能であるはずだ——若い時からずっと私が抱き続けてきたこの想いをあらためて言葉にして発すれば、次のようになる。この日本でも「反資本主義」の声をもっと大きく！　「ポスト資本主義」の中身をもっと具体的に！

☆　　☆　　☆

私が昨年春に80歳の坂を越えた時に、親しい運動仲間の吉田和雄さんが「傘寿」の祝いをしてやると申し出てくれた。私は、そういう祝いではなく、脱成長とポスト資本主義に関する本を出版するので、それをネタにした集まりをしてほしいとお願いした。

ところが、肝心の本づくりの作業が遅々として進まなかった。その理由の1つは、友人の李　泳采さんが主宰する「新時代ピースアカデミー」講座の1つのコースとして、マルクス『資本論』の解読を担当することになったことである。『資本論』は、リーマン・ショック直後の座標塾で一度取り上げたが、本格的に論じるとなると半世紀ぶりのことになった。手元に置いてあった国民文庫版は、開いてマーカーで線を引き直そうとするとバラバラになってしまい、新しく買い直す羽目になった。あらためて『資本論』を読み直し、過去のものから新しいものまで何冊かの研究書に目を通して、6回分の報告（ス

ライド）を作成する作業に昨夏の大部分の時間を費やすことになった。

　しかし、この作業は、自分自身の資本主義批判の論理が間違っていないことを確証し、より明確にすることに大いに役立った。40年前のことになるが、私は、資本主義に代わる社会の基準を「〈使用価値〉のための生産」と暫定的に規定した（『もうひとつの革命』P.158 ～ 162）。昨夏の『資本論』の講座では、商品という謎めいた存在、自己増殖する価値、労働力商品化の不条理、資本主義にとっての恐慌の意味、資本主義の〈内〉と〈外〉といったテーマを論じた。この作業を通じて、ポスト資本主義の原理や基準——社会的必要性（使用価値）、利潤最大化原理の乗り超え、脱労働力商品化、市場の制限と脱商品化など——を本書で提示することに確信をもつことができた。

　いま、私たちの前に横たわる課題は大きくて重い。ロシアによるウクライナ侵略が１年を超えて続き、米中覇権争いがアジアでも軍事的緊張を高めている。それに伴って国家の権力が暴走する傾向が勢いを増し、人びとの自由な運動や言論が圧殺されつつある。また、経済ナショナリズムが台頭し、エネルギー危機に乗じて石炭火力や原発の利用を拡大する逆流も大きくなっている。戦争と戦争準備をやめさせ国家権力を制限する非軍事化と政治的民主主義や自治のためのたたかいを発展させること、また気候危機をストップする行動を強めることが緊急に求められている。グローバルな資本主義を地域から蚕食する脱成長のポスト資本主義への実践は、こうしたたたかいや行動と一つになって前進することを問われている。

　本書の出版までには、ピープルズ・プラン研究所や研究所テオリアで一緒に討論し活動するメンバーをはじめ多くの方から助言や批判をいただいた。連れ合いの西村光子には、初校のゲラを読み通してもらった。助言・批判・励まし・手助けをいただいた方々に心から感謝する。

　2023 年 3 月

白川真澄（しらかわ　ますみ）

　1942 年、京都市生まれ。京都大学大学院経済学研究科修士課程修了。60 年安保闘争、ベトナム反戦闘争、三里塚闘争などの社会運動に関わりつづけ、新左翼の政治党派・共産主義労働者党の書記長としても活動。1990 年代からは地域から政治を変える運動にも参加。フォーラム 90s、ピープルズ・プラン研究所など在野の理論的ネットワークの活動に力を注いできた。2021 年まで『季刊ピープルズ・プラン』編集長。また 2017 年まで河合塾小論文科（社会科学系）講師も務めた。現在、ピープルズ・プラン研究所運営チームメンバー、「座標塾」（研究所テオリア）講師。

　著書：『コロナ・ショックは世界をどう変えたか』（2021 年、研究所テオリア）、『左翼は再生できるか』（2016 年、同上）、『脱成長を豊かに生きる』（2014 年、社会評論社）、『金融危機が人びとを襲う』（2009 年、樹花舎）、『格差社会を撃つ』（2008 年、インパクト出版会）、『格差社会から公正と連帯へ』（2005 年、工人社）、『脱国家の政治学』（1997 年、社会評論社）、『もうひとつの革命』（1980 年、同上）ほか。

　共編著：『根本（もと）から変える』（2011 年、樹花舎）、『アソシエーション革命へ』（2003 年、社会評論社）、『20 世紀の政治思想と社会運動』（1998 年、同上）ほか。

脱成長のポスト資本主義

2023 年 4 月 14 日　初版第 1 刷発行

著　者　白川真澄
発行人　松田健二
発行所　株式会社 社会評論社
　　　　東京都文京区本郷 2-3-10　〒 113-0033
　　　　tel. 03-3814-3861 ／ fax. 03-3818-2808
　　　　http://www.shahyo.com/

装幀・組版デザイン　中野多恵子
印刷・製本　　　　　倉敷印刷株式会社

塩原俊彦 / 著　—ウクライナ戦争の本質に迫る論考3部作—

復讐としてのウクライナ戦争
戦争の政治哲学：それぞれの正義と復讐・報復・制裁

本書では、ウクライナ戦争が米国の「ネオコン」（新保守主義者）と呼ばれる勢力によるロシアへの復讐、ロシアのウラジーミル・プーチン大統領のウクライナへの復讐、さらに、ウクライナのウォロディミル・ゼレンスキー大統領のロシアへの復讐という、三つの復讐の交錯のもとに展開していると論じたい。この復讐という感情がウクライナ戦争の終結を難しくしていることを示すことにもつながる。

2600円＋税　A5判並製 264頁

ウクライナ 3.0
米国・ＮＡＴＯの代理戦争の裏側

米国の「好戦論者」の一方的なやり方に異論を唱え、冷静に議論できなければ、民主国家の優位自体が失われることになる。マスメディアは主権国家の代理人たる一部の政治家と結託し、公正中立といった理念からかけ離れた報道に終始している。この現状を是正するには、本書のような解説書が何よりも必要であると自負している。

1800円＋税　A5判並製 160頁

プーチン 3.0　殺戮と破壊への衝動
ウクライナ戦争はなぜ勃発したか

揺らぐ世界秩序。侵攻へと駆り立てたものの本質に迫る。問題は、そのプーチンを追い詰め、戦争にまで駆り立てた世界全体の構造にある。それは、近代化が生み出した制度への根本的問いかけを含むものだ。つまり、本書で語りたいのは、制度が軋み、爆発したという世界秩序のほうであり、プーチンはそのなかに登場する「悪人」の一人にすぎない。

2600円＋税　A5判並製 304頁

横浜寿町 ~地域活動の社会史

寿歴史研究会 / 編著

寿町にとどまらず、日本社会の底辺が抱えてきた課題を解明するとともに、将来に向けての根本的な解決の道筋を示す。

2600 円＋税　A5 判並製 312 頁

2600 円＋税　A5 判並製 312 頁

石塚正英／著　—文明を支える原初性シリーズ—

バロック的叛逆の社会思想
ニーチェ・フロイト・ブルクハルト批判
現代世界において先史文化、原初的文化は滅んでいない、過去と現在の応答や交互運動、その視座を研究に取り込む意義を伝える。文明的思想家への原初的批判を通して行われるリベラルアーツの破壊と再建をめざす。

3400 円＋税　A5 判上製 384 頁

歴史知のアネクドータ　武士神道・正倉院籍帳など
様々な地域と領域で〝価値転倒〟が起きている。最たるは、二度にわたる世界大戦の反省に立ちながらも再び対立へ逆戻りしている国際社会。本書は〝価値転倒〟をモティーフにした研究遍歴を通し、歴史が創った思想と現代をつなぐ思念の意義を伝える学問論。

3200 円＋税　A5 判上製 368 頁

歴史知の百学連環　文明を支える原初性
歴史知的な立場・視座は、その双方の価値や意義を、転倒という構えで以って連結させる。科学知・理論知の立場を転倒させると生活知・経験知の立場に至り、その両極を交互的に連結させる構え、パラダイムが「歴史知」なのである。

3000 円＋税　A5 判上製 328 頁

フレイザー金枝篇のオントロギー　文明を支える原初性
フレイザー『金枝篇』は、つとに文学・芸術・学術の諸分野で話題になってきた基本文献である。学術研究のために完結版の翻訳を神成利男から引き継いできた意義をオンライン解説講座で語り続けた記録。

3400 円＋税　A5 判上製 436 頁

歴史知のオントロギー　文明を支える原初性
先史・野生の諸問題を通して現在この地球上に生きて存在する意味を問う。この地球上に生きて存在していることの意味、自然環境と社会環境の只中に内在していることの意味、あるいは、人と自然が互いに存在を認め合う関係が指し示す意味、歴史知のオントロギーを問う。

3400 円＋税　A5 判上製 424 頁

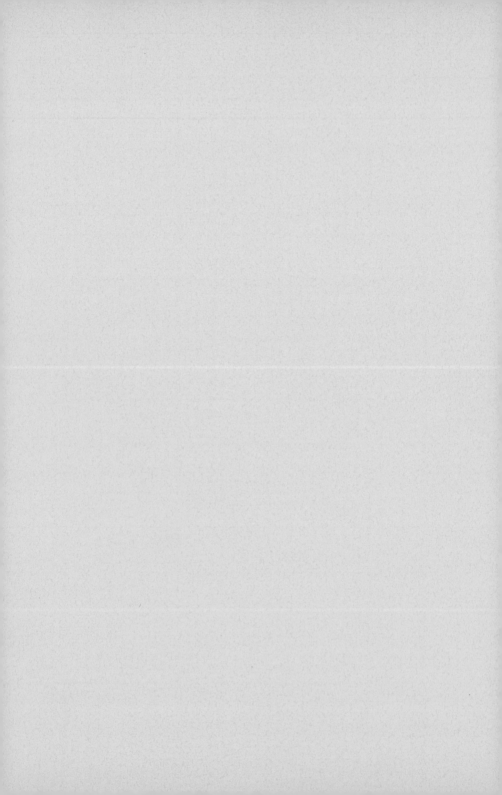